新型城镇化与新型城乡空间研究丛书
主编　王兴平

（国家自然科学基金项目批准号 51078071）

基本公共服务设施区位评价

胡　畔　著

东南大学出版社
SOUTHEAST UNIVERSITY PRESS
南京·2015

内容提要

本书以基本公共服务设施的区位评价为核心,以公平与效率为研究视角,探讨了基本公共服务设施的理论体系、模型框架以及实证应用三大内容。通过对基本公共服务设施研究中主客体关系的解析,提出了以设施为共同客体,从供给、使用主体以及规划协调中介三大方面共同认识基本公共服务设施的研究模式;基于供需平衡原则建立了源于共同价值观的主体协调均衡理念,并形成了本书的区位评价理论框架;在此理论框架的基础上构建了以协调公平与效率为主要目标的基本公共服务设施区位评价综合体系,并以南京市11个城区为例进行了实证分析。

本书可供高校城市规划专业及其他人文社科类专业学生参考与使用,也可供规划编制单位相关技术人员,政府规划、建设相关部门公务人员参考。

图书在版编目(CIP)数据

基本公共服务设施区位评价/胡畔著. —南京:
东南大学出版社,2015.1
(新型城镇化与新型城乡空间研究丛书/王兴平主编)
ISBN 978-7-5641-5304-5

Ⅰ.①基…　Ⅱ.①胡…　Ⅲ.①城市-社会服务-服务
设施-评价-中国　Ⅳ.①D669.3

中国版本图书馆 CIP 数据核字(2014)第 251761 号

书　　名:**基本公共服务设施区位评价**
著　　者:胡　畔
责任编辑:孙惠玉　徐步政　　　　　编辑邮箱:894456253@qq.com
文字编辑:李　贤

出版发行:东南大学出版社
社　　址:南京市四牌楼 2 号　　　　　邮　　编:210096
网　　址:http://www.seupress.com
出 版 人:江建中

印　　刷:兴化印刷有限责任公司
排　　版:江苏凤凰制版有限公司
开　　本:787 mm×1092 mm　1/16　　印张:10.5　　字数:272 千
版 印 次:2015 年 1 月第 1 版　　2015 年 1 月第 1 次印刷
书　　号:ISBN 978-7-5641-5304-5
定　　价:29.00 元

经　　销:全国各地新华书店
发行热线:025-83790519　83791830

总序

在人类社会漫长而无限的时空演进场景中,城镇的出现虽然历史悠久,但是它主导、引导人类社会的发展进程和城镇化成为人类社会演进的主旋律和主推力,却是最近两三百年的事情。然而,在这数百年波澜壮阔的城镇化发展进程中,人类社会发展变化的节奏、速度和程度,远远超过了此前数千年。一方面,城镇化的发展推动了人类社会的快速发展,另一方面则是人类社会迭次涌现的新技术、新制度、新观念等不断改变着城镇化的模式和方向,新型城镇化模式也由此而阶段性地出现,并随之改变着城乡空间的类型、功能、图景和关系。

在全球层面来看当下的世界新型城镇化模式,其中既包括全球新技术革命带来的城镇化方式的创新,也包括由于中国快速崛起、中国城镇化迅猛推进带来的全球城镇化重心的转移,也就是中国特色城镇化模式。从演进历程来看中国城镇化正在迈入的新型城镇化阶段,我们看到的是中国最近 30 多年快速城镇化所达到的城镇化水平超过 50% 的现实基础、所累积的复杂的资源环境与社会问题,以及所面临的老龄化、机动化和国际环境变化带来的挑战。这与 30 多年前中国城镇化水平在 20% 以下时的处境大不相同,也与 10 多年前中国城镇化水平跨越 30% 门槛时面临的形势有本质区别。如果说,中国在达到城镇化水平 50% 以前,还可以借鉴,甚至照搬与模仿西方工业化、城市化高峰时期的理论、模式、经验来指导中国城镇化发展的话,现在我们面临的许多问题,是西方既往城镇化"教材"所没有的,我们只能依靠对自身特点、经验、教训的深刻解读和对未来的超前预判和分析,来设计出适合中国发展的新型城镇化路径,这是我们面临的重要理论问题,也是中国学术界的历史责任,需要极大的创新勇气和艰苦的探索才可能找到答案。

和新型城镇化相对应,世界和中国城乡空间的变革也日新月异,这其中既包括新的城乡关系,也包括新的城乡空间类型、功能、景观,以至于新的城乡空间需求和理念,以及新的城乡空间研究视角和规划模式。仅就中国而言,计划经济、传统产业时期的城乡空间规划与建设理念和模式,与改革开放以来的市场经济、外向型产业和观念多元化变革时期的城乡空间规划与建设理念和模式截然不同,物质空间为本时期与以人为本时代的城乡空间建设与规划模式也不同,加上新技术带来的空间变革,一个新型城乡空间关系、空间类型、空间建设与规划模式涌现的新时代正在来临,需要我们见微知著、详加研判。

城镇化模式与城乡空间类型的创新既有阶段性的质变,也有连续性的渐变,学术研究要遵循事物发展客观具有的"承前启后"的因果链条。因此,本丛书所指的"新",其历史起点定格在 20 世纪 70 年代全球化和新技术革命开启的新阶段以后,特别是中国改革开放以来,既包括对已经走过的 30 多年所积累的与传统阶段相比有所不同的"新型"的既往式总结,也包括当下即将进入新世纪第二个 10 年、中国城镇化进入加速发展后期以及迈向成熟期之时,对即将面临的"新"时期的预见性展望。希望通过对已经走过的 30 年新实践诸如开发区建设、新城开发、都市圈与城市群等培育进行系统总结和提炼,构筑当代"中国特色城镇化模式"的科学起点,通过对正在成为共识的"以人为本"新阶段所蕴含的新型城镇化的新趋势、新型城乡空间的新类型等进行基于国情现实的预判,改变长期的"拿来主义"倾向和重新确立基于发展自信的文化自信,在面向未来、寻求新路的同时更加对准中国历史原点,逐步建立起未来真正意义上"中国特色城镇化模式"的科学内涵与理论构架。

本丛书是一个动态扩展的开放式学术专著集成平台,围绕"新型城镇化和新型城乡空间"这一总的方向,立足时代前沿、扎根中国实践进行理论探索。丛书既包括新世纪以来对中国城镇发展与规划进行探索的中青年学术骨干的著作,也包括不断涌现的"80后"年轻学人的学术专著,预计"90后"新学人的专著也为时不远。欢迎学术同仁、社会各界对丛书进行指导和支持,也欢迎对本丛书有兴趣的高水平学术新作不断充实进来,汇集涓涓细流,形成推动中国城乡空间与规划研究的新力量。

王兴平
东南大学建筑学院教授、博士生导师
东南大学区域与城市发展研究所所长
2013 年于东南大学建筑学院

前言

随着中国新型城市化阶段的到来,基本公共服务正在成为城市功能转型与提升、统筹城乡发展、促进社会公平与正义的关键要素与重要动力。目前针对基本公共服务的相关研究仍旧主要从公共财政和政策体制出发,缺乏从空间角度进行的评价与分析,国家政策难以在城市中得到落实,公平与效率的合理协调在设施的布局过程中仅仅作为规划的目标与口号,却难以衡量。尤其在城市规划领域,由于基本公共服务设施概念界定的模糊性以及设施空间布局科学评价标准、差异化分类标准的缺失导致城乡基本公共服务设施布点的盲目性与随意性,不仅使政府投入的资金得不到充分的利用,也给居民的日常生活带来了极大的不便。

针对目前公共服务区位相关理论研究成果的复杂与多元化,本书以基本公共服务设施的区位评价为核心,以公平与效率为研究视角,探讨基本公共服务设施的理论体系、模型框架以及实证应用三大内容,目的在于建立一个多学科、多元主体统一的研究平台与框架。在研究方法方面,本书以地理信息系统软件(ArcGIS)以及统计产品与服务解决方案软件(Statistical Product and Service Solutions,简称 SPSS)为分析平台,运用了时间可达性、空间自相关等空间分析方法以及因子分析、交叉分析等数据处理方法。

本书共 8 章,第 1 章为绪论部分,在梳理基本公共服务研究的迫切性与必要性的基础上明确本书的研究目的与研究意义,并进一步从基本公共服务的概念出发,在其所具有的应时性、基础性、普遍性以及可变性的基础上界定基本公共服务设施的种类与级别;同时,结合基本公共服务设施的属性特征,从居住空间、就业空间以及服务空间三大空间目前的相关研究以及居民一天内的时空移动特征出发,明确本书区位研究的对象与空间范围以及基本公共服务设施区位的具体内涵。

第 2 章梳理了我国基本公共服务设施发展与规划的现状与问题。首先分别从省域尺度以及城市尺度选择相关指标,分析基本公共服务设施供给水平与城市化水平之间的相关关系,明确目前基本公共服务设施的发展现状;然后进一步从城市层面基本公共服务设施规划与配套标准的相关内容以及供给与使用的空间表现出发,分析当前背景下基本公共服务设施区位发展的问题,为后文合理构建城市层面基本公共服务设施区位评价理论框架以及全面梳理基本公共服务设施区位影响要素提供有效的支撑;同时,基于新型城市化这一时代背景与其内涵,梳理了基本公共服务设施发展的切实要求。

第 3 章从区位论的理论研究出发,将区位研究划分为生产性服务业区位研究与生活性服务业区位研究两大方面,并针对公共服务设施区位论的相关理论研究进行了深入梳理,包括公共服务设施的"空间公平"、"人本化"、"社区化"、"均等化"以及评价等几个方面;针对公共服务设施区位研究涉及的相关理论、原则和方法进行了小结,总结了理论研究的核心问题与未来研究的突破点,包括多元统一的研究平台与框架、定性定量相结合的研究方法、时空统一的研究与评价视角以及以人为本的评价与规划理念四个方面。

第 4 章结合前文对基本公共服务发展现状的梳理以及理论研究的总结,基于理论研究中所提出的突破点,从区位评价的理论基础出发,引入复杂科学的概念及其特征,并基于复杂科学视角重新审视目前基本公共服务的相关研究。接着从哲学层面认识论的视角探讨复杂科学中主客体的关系,并以此为基础从基本公共服务设施的主客体界定以及主体间性的梳理出发,提出了基于供需平衡原则的基本公共服务设施区位评价主体框架,并进一步梳理了以基本公共服务设施为共同客体、供给主体、使用主体以及规划协调中介三者在基本公共服务设施区位布局中的影响要素。其中,供给主体的影响要素包括公平与效率价值观的选择、基本公共服务设施的供给与监管模式以及公共财政制度的构建;使用主体的影响要素包括居民的需求、满意度以及社会属性与生活习惯;规划协调中介的影响要素包括城市用地分类与规划建设用地指标、设施的分类与分级、各类设施空间布局的要求以及设施之间的相互影响。最后提出了基于主体视角的区位评价基本原则。

第 5 章从"公平与效率"的价值观出发,探讨基本公共服务设施区位评价的标尺与视角,确立了在新型城市化"以人为本"的背景下"公平优先,兼顾效率,并尽量满足效率最大化公平"的价值取向。在此基础上,一方面构建了以时间成本可达性、空间自相关为基础方法,以协调空间公平与空间效率为主要目标的评价模型;另一方面,从问卷调研方法的设计、问卷内容的设计、预调查与问卷修改和最后问卷调查的实施几个方面具体阐述了基于居民满意度与需求的问卷评价方法与过程,并从供给主体和使用主体两个方面对综合模型进行了深化解释与优化补充。接着结合复杂科学视角下的方法论体系构建涵盖还原与整合两条路径的基本公共服务设施区位评价综合框架。

第 6 章以南京市 11 个城区作为研究对象进行实证分析。首先从分析南京市城乡基本公共服务设施供给的特点和水平入手,梳理不同类型的基本公共服务设施发展的主要矛盾和问题;其次进一步分析在城市的不同空间使用主体视角下的基本公共服务设施的满意度与需求;最后运用第 5 章所提出的综合评价框架,以医疗设施和教育设施为例进行空间公平与空间效率的深入分析,分析得出南京市江南八城区和外围三区基本公共服务设施存在整体性非均衡以及明显的区域分异特征——城市主城核心区设施的空间公平与空间效率水平都较高且各区之间呈空间正相关关系,主城边缘区、城乡结合部以及乡村地区两者的关系则更加复杂。

第 7 章结合对基本公共服务设施使用者的满意度调查,提出了结合主城区、主城区边缘区以及乡镇地区包括空间公平与空间效率的相关关系与绝对数值,居民满意度的可能性以及需求种类在内的几大发展模式。在针对南京实证案例分析的基础上,本书针对基本公共服务设施所具有的社会复杂巨系统本体论意义的典型性,进一步从模型的适用范围、适用条件等方面探讨了综合评价模型在其他城市的可行性与延伸性,突出了该模型的方法论意义。另外为提高综合评价框架的可操作性,本书提出了新时期公共服务设施规划在总体规划以及控制性详细规划阶段的内容建议以及基于综合评价模型基础上的政府考核框架建议。

第 8 章总结了本书的主要结论,并对本书研究的不足与有待进一步解决的问题进行了梳理,提出了下一步的研究展望。

本书由胡畔撰写并统稿,研究得到了国家自然科学基金项目"新型城市化阶段长三角城市区域就业空间演化与重组研究"(2011—2013 年,编号 51078071)的资助。

胡 畔
2014 年 3 月于南京

目录

1 绪论

1.1 研究背景

21世纪中国快速的城市化进程为社会经济发展提供了强大的动力,创造出巨大的社会财富、就业机会。随着国内各大中心城市功能的高级化、城乡一体化水平的不断提升,轨道交通建设的网络化以及区域同城化效应的不断强化,中国的城市化发展已经迈入了经济、社会、文化、政治全面协调可持续发展,城乡统筹一体的新型城市化阶段。在经济转型加速、产业高端化加速、国际化进程加速、城市化进展加速的关键时期,面临着城市综合实力竞争的新机遇,建立生活舒适、品质宜居的城市成为众多地区发展的目标,而城乡基本公共服务体系的建设正是满足居民新需求和提升城市品质与功能转型的重要手段。

2006年中共十六届六中全会明确提出"完善公共财政制度,逐步实现基本公共服务均等化"的政策[①],"基本公共服务"这一概念开始进入人们的视野;随后中共十七届三中全会提出了构建城乡一体化新格局的战略目标和推进城乡基本公共服务均等化的重要任务;紧接着中共十七届五中全会也将未来五年的聚焦点放在促进社会公平与正义。这充分体现了我国正全面进入以科学发展观为统领的新型城镇化阶段。2012年7月《国家基本公共服务体系"十二五"规划》[②]的发布,标志着关注社会公平与正义成为"十二五"期间的重要发展原则。十八大报告[③]明确提出逐步建立以权利公平、机会公平、规则公平为主要内容的社会公平保障体系,努力营造公平的社会环境,保证人民平等参与、平等发展的权利。"十二五"期间,城乡居民对衣食住行、就业、教育、医疗卫生、社会保障等方面的质量要求会更高,多样化的公共服务需求将全面快速增长。在这样的宏观政策引导下,基本公共服务体系建设的重要性不断提升,建设力度不断加大,突出表现在以下几个方面:

1.1.1 城市功能转型与提升

面临着资源、能源、生态环境等要素的制约,我国城市发展模式已经开始从粗放型土地扩张转向集约型精明增长,以往城市的发展往往把经济功能的提升作为首要任务而忽视社会功能的完善,从而造成一系列社会问题,如城市活力不足,卧城的大量出现,城乡差距的逐步扩大,等等。与国外发达国家相比,我国城市在基本公共服务体系的建立以及公共财政的投入方面具有明显的差距,难以满足居民对于教育、医疗、文化体育以及社会保障等日益增长的需求。近几年,国家加大了对于基本公共服务设施的投入力度,并大力提倡教育均等化、医疗均等化等理念,促进"以人为本"和谐社会的发展,以基本公共服务设施的完善为切入点提高城市化的品质,而人均公共服务设施的拥有量也成为各大城市综合竞争力的重要指标之一。2010年,我国在教育、卫生、社保、住房、文化等方面的基本公共服务投入

---

① 中国共产党第十六届中央委员会第六次全体会议(简称中共十六届六中全会)通过《中共中央关于构建社会主义和谐社会若干重大问题的决定》,其中指出了"完善公共财政制度,逐步实现基本公共服务均等化"这一理念。

② 国务院于2012年7月11日印发了《国家基本公共服务体系"十二五"规划》。

③ 胡锦涛同志于2012年11月8日在中国共产党第十八次全国代表大会上的报告。

比2009年增长了19.9%①,2011年全国财政支出2.82万亿元大力发展社会事业②,促进经济社会协调发展。财政支出结构得到进一步优化,在教育、社保和保障性住房的相关投入增幅均高于国内生产总值(Gross Domestic Product,简称GDP)增幅。基本公共服务体系的建设已经成为实现经济和社会协调发展,推动城市功能转型与提升的关键要素。

1.1.2 城乡统筹与社会公平

新阶段城乡统筹发展的任务包括缩小城乡差距、提高农村劳动力素质、发展现代农业、加大农村公共服务投入、刺激和扩大农村消费需求,可见基本公共服务体系在城乡统筹发展中具有非常重要的地位。在城乡统筹政策的指引下,一些地区加大乡村基本公共服务投入力度,缩减城乡差距,而一些经济发达地区则进一步从促进城乡等值入手,促进城乡公共服务共享和同标。例如南京市玄武区自2006年起就推进实现了辖区内低保标准的城乡同标,为城乡全面统筹提供了有力支撑。但在社会发展的新时期,我国城乡矛盾依旧凸显,2011年城乡收入比为3.13∶1,基尼系数突破0.55③,已经成为世界上贫富差距最大的国家。城乡差距的不断扩大不利于社会的稳定与和谐发展。而新阶段统筹城乡发展的实质即在于承认和保障农民的基本生存权和公平发展权,重点在于实现城乡基本公共服务均等化。

同时,基本公共服务设施涉及面广,关系到不同年龄、不同职业、不同性别的各类人群,除了需要满足普通城市居民不断提高的需求之外,大量弱势群体目前在享有基本公共服务方面还存在明显的障碍,全国农民工群体在医疗、子女教育以及社会保障方面与城市居民还存在巨大的差距,残疾人基本公共服务的供需也存在明显的城乡倒挂的现象,实现基本公共服务均等化能够有效地保障弱势群体的基本权利。因此实现基本公共服务设施在城乡范围内的合理布局,将有利于促进社会公平与正义的实现,维护社会协调发展。

1.1.3 公平效率的合理协调

基本公共服务相关的各种理论研究涉及众多学科,包括经济、社会、地理、管理、政策等多个方面。国内外学者在针对公共服务设施空间区位的研究中,对于设施公平与效率的界定以及评价方法多种多样,既有多元化的计算模型,也有从社会学科、伦理哲学角度的思辨。目前的研究趋势表明如何协调公平与效率不仅是社会发展需要解决的核心矛盾,也成为设施区位空间布局中的核心研究内容。在多元供给主体的研究中,主体的价值观、财力以及供给和管理模式影响公平与效率的有效协调;在居民使用公共服务设施的过程中,如何一方面满足其均等化的需求,另一方面提高设施的使用效率,减少设施的浪费也成为设施建设关注的重点内容;同时从城市规划的研究视角出发,相关标准与指标的设定,如何协调不同城市之间、城市内部不同空间之间、不同的社区之间以及不同的居民群体之间的公平与效率都成为目前在区位研究中需要解决的问题。因此如何将这些不同学科的研究成果进行有效的统一与整合,如何通过建立统一的框架重新梳理不同学科对基本公共服务设施区位公平与效率的相关研究并进行评价,避免由于评价体系的不完善带来公平与效率协调问题的恶化,已经成为基本公共服务设施区位研究的重要突

---

① 参见 http://news.cntv.cn/china/20110308/106037.shtml 相关内容。
② 参见 http://lianghui.people.com.cn/2012npc/GB/239293/17292414.html 相关内容。
③ 联合国数据显示,2010年中国的基尼系数突破0.52;2011年中国的基尼系数将突破0.55,成为世界上贫富差距最大的国家。

破点与核心内容。

1.1.4 基本公共服务均等化

2008 年,广东率先破题研究编制全省基本公共服务均等化规划。《广东省基本公共服务均等化规划纲要(2009—2020 年)》[①]的正式出炉,标志着广东将在全国先行先试基本公共服务均等化。该规划纲要确定的基本公共服务范围包括两大类八项内容:基础服务类包括公共教育、公共卫生、公共文化体育、公共交通等四项,基本保障类包括生活保障(含养老保险、最低生活保障、五保)、住房保障、就业保障、医疗保障等四项。这些内容直接关系民生。该规划纲要中的成果包括:公共教育——三年实现城乡免费义务教育;公共卫生——基层卫生站半小时就能到达;文化体育——建成"农村十里文化圈";公共交通——2017 年实现公共交通为主。2009 年《常州市城乡基本公共服务设施布局均等化研究》[②]以"在常州市域范围内实现基本公共服务设施的优质全覆盖"为最终目标,按照"公平性、战略性、可持续"的原则,仔细分析了常州市城乡基本公共服务设施布局现状,重点研究了城乡公益性社会服务设施、市政公共基础设施等方面的均等化布局,并提出了标准规划引导和实施政策建议。2010 年南京市围绕"十二五"期间推进城乡基本公共服务均等化与提升公共服务水平进行专题研究[③],探索基本公共服务在新时期的内涵以及实现均等化的合理路径。可以说近几年各地都在积极地探索如何在城乡规划以及各类发展规划中实现基本公共服务均等化。2012 年 7 月刚刚颁布的《国家基本公共服务体系"十二五"规划》[④]明确指出"十二五"时期是我国加快转变经济发展方式的攻坚时期,建立健全基本公共服务体系是促进基本公共服务均等化、深入贯彻落实科学发展观的重大举措,是构建社会主义和谐社会、维护社会公平正义的迫切需要。

1.2 相关概念界定

1.2.1 基本公共服务设施

研究基本公共服务设施首先要明确基本公共服务的概念。基本公共服务是指建立在一定的社会共识基础上,根据一国经济社会发展阶段和总体水平,为维持本国经济社会的稳定、基本的社会正义和凝聚力,保护个人最基本的生存权和发展权,所必须提供的公共服务(陈昌盛等,2007)。《国家基本公共服务体系"十二五"规划》提出的基本公共服务是指建立在一定社会共识基础上,由政府主导提供的,与经济社会发展水平和阶段相适应的,旨在保障全体公民生存和发展基本需求的公共服务。

按照马斯洛的需求层次理论:在同一地区不同时期,人们的需求层次会随着生产水平的变化而变化,而个人需求的变化与社会发展程度、生活指数、城乡统筹的程度紧密相关,需求层次的变化会影响权利实现程度的高低,从而影响到基本公共服务的服务内容以及服务水平。按照目前我国的经济社会发展水平,基本公共服务一般包括基础教育、

---

① 广东省人民政府.2009.广东省基本公共服务均等化规划纲要(2009—2020 年)[Z].

② 常州市规划局.2009.常州市城乡基本公共服务设施布局均等化研究[Z].

③ 南京市发展和改革委员会.2010.南京市"十二五"规划前期研究课题成果汇编[Z].该课题由笔者导师主持,本人作为执行负责完成,课题组其他成员包括:管驰明、孙世界、赵虎、朱凯、戎一翎、李蔚然、吕冬敏、蒋瑞明、涂志华。

④ 中华人民共和国国务院.2012.国务院关于印发国家基本公共服务体系"十二五"规划的通知[Z].

基本公共卫生、社会保障(本书涉及住房保障)、劳动就业、公共安全、基础设施、社区建设与管理等领域[中国(海南)改革发展研究院,2008]。

综合以上定义,笔者将"基本公共服务"的概念界定为在特定的社会发展条件下,为维持经济发展的稳定以及社会的公平与正义,满足全体公民最基本的生存和发展所必须提供的公共服务。从其内涵出发,基本公共服务具有以下四个特点:① 应时性——基本公共服务应与当前经济发展水平和公共财政能力相适应;② 基础性——基本公共服务的界定对于人的基本生存和发展的权利具有核心的作用;③ 普遍性——基本公共服务在不同的区域、城乡之间以及不同的群体以及个人之间具有普遍的需求性;④ 可变性——基本公共服务的内涵与种类将随着社会的发展和公民需求的变化而改变(图1-1)。

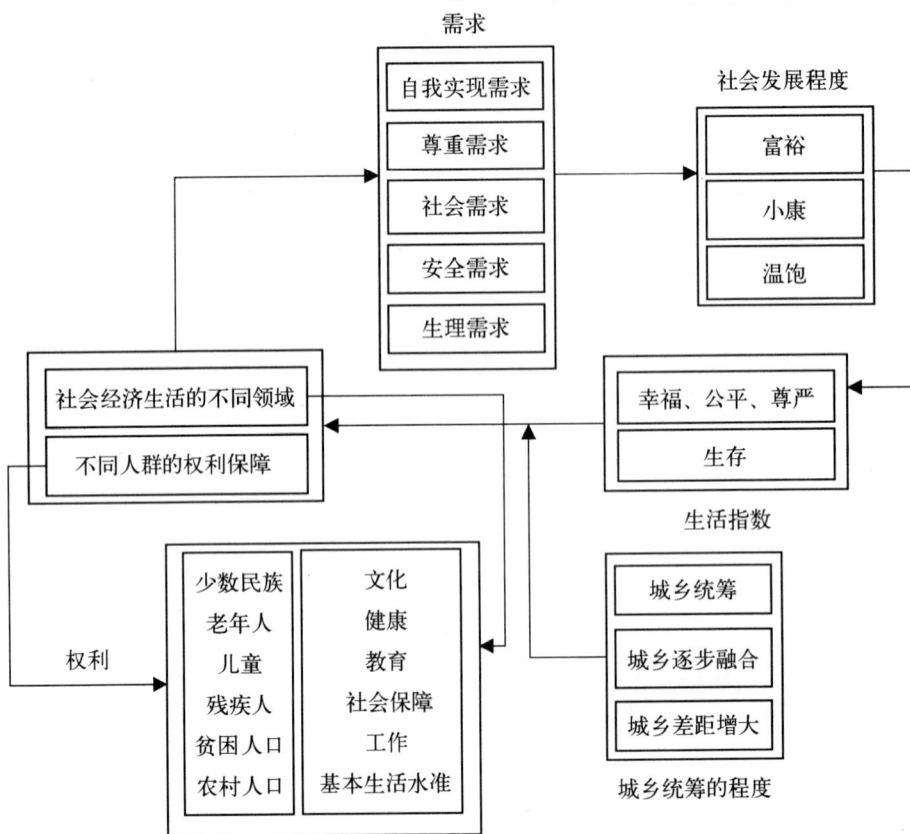

图1-1　基本公共服务内涵示意图

从国外的相关研究来看,目前并没有明确提出"基本公共服务"这一概念。按照前文所提到的基本公共服务基础性、普遍性等特征,国外相关的研究主要集中在社区公共服务设施方面。社区作为社会生活中最基本的单位,与居民的日常生活联系最紧密,最能够反映居民的根本利益。如美国作为西方国家中最早开展社区工作的国家之一,它的社区公共服务设施的建设包括社区图书馆、社区教育设施、小型运动场所、老年人及青少年服务设施、社区卫生服务设施(包括社区医院、家庭式护理中心以及社区卫生服务中心)等;日本社区中含有本国特色的社区体育俱乐部和承担社区教育功能的公民馆;新加坡社区邻里中心的建设已经得到多个国家的推广和借鉴。邻里中心以居住人群为中心,全部设施满足人们在家居附近寻求生活、文化交流的需要,构成了一套巨大的家庭住宅延伸体系。邻里中心的服务对象以本区居民日常活动为主,有别于中心商务对外交流为主的城市功能,但两者又互为交叉,共同构成城市人民活动中心的完整系统。总的来说,针对社区公共服务的研究基本集中在教育、医疗、体育以及老年服务设施等方面。

从我国《国家基本公共服务体系"十二五"规划》[①],胡锦涛同志在十七大报告中提出的"五有"目标[②]以及一些社会发展报告如《2007/08 年中国人类发展报告》[③]、中国改革发展研究院 2009 年的《农村基本公共服务现状与问题入户问卷调查报告》[④]可以看出广义的基本公共服务一般包括:基础教育、基本公共卫生、社会保障、劳动就业、公共安全、基础设施、社区建设与管理等领域。

结合"基本公共服务"的概念,"基本公共服务设施"即在特定的社会发展条件下,为维持经济发展的稳定以及社会的公平与正义,满足全体公民最基本的生存和发展所必须提供的具有空间表现形态的公共服务设施。由于基本公共服务设施涉及的种类多、层级复杂,本书结合国内外的相关研究对其属性又进行了进一步的界定:

① 以社区、居住小区为载体。
② 与居民的日常生活联系最为紧密,互动最为频繁。
③ 普及所有居民,涉及老年人、残疾人、儿童。
④ 能够保证居民一段时间内正常生活的运行。
⑤ 居民在使用设施的过程中不受消费水平等级差异的影响与限制。
⑥ 以政府投资为主体的公益性设施,部分为政府与私人共同投资但仍旧为公益性设施,具有非竞争性和较强的非排他性的特征。

按照这一概念,结合《城市居住区规划设计规范》(GB 50180—93)(2002 年版)中的公共服务设施分类与分级,确定本书所界定的基本公共服务设施如表 1-1 所示。

表 1-1　基本公共服务设施种类和级别

设施种类	设施级别	
	基层社区级(0.5万—1.0万)	居住社区级(3.0万左右)
教育设施	幼儿园,托儿所	小学、中学、九年一贯制学校
医疗设施[⑤]	社区卫生服务站	社区卫生服务中心
体育设施	体育活动场地,体育活动站	体育活动中心室外活动场地
文化设施	文化活动站	居住社区级文化中心
社会福利与保障设施	托老所	养老院,老年公寓
行政管理与社区服务设施	社区管理服务设施	社区服务中心、派出所

其中商业金融服务设施[⑥]以及大部分已经市场化转型的邮政电信设施设施[⑦]虽然满

---

① 中华人民共和国国务院.2012.国务院关于印发国家基本公共服务体系"十二五"规划的通知[Z].
② 十七大报告中的"五有"目标指:学有所教、劳有所得、病有所医、老有所养、住有所居。
③ 中国(海南)改革研究院.2008.2007/08 年中国人类发展报告——惠及 13 亿人的基本公共服务[M].北京:中国对外翻译出版公司.
④ 参见 http://www.chinareform.org.cn 相关内容。
⑤ 在实证案例分析中,由于大型三甲综合医院在居民的日常生活中起到举足轻重的作用,它们与社区卫生服务站以及社区卫生服务中心一起构成较为完善的医疗设施体系。因此,为保证综合公平度的准确性,医疗设施的分析也涉及部分针对三甲医院的内容。
⑥ 基层商业金融服务设施包括菜市场、超市、药点、理发店、书店、礼品店、鲜花店、照相馆、日用杂品等设施。
⑦ 基层邮政电信设施包括电报、电话、信函、包裹、兑汇和报刊零售等邮电综合业务服务设施。

足以上前五个特征,但这些设施受市场力的作用较大,主要通过市场配置。尤其是在2012年开始实施的《城市用地分类与规划建设用地标准》①也将公益性与盈利性公共设施用地进一步分化,将原标准"公共设施用地"(C)拆分为公共管理与公共服务用地(A)和商业服务业设施用地(B),充分体现了商业服务设施与其他设施的不同属性。为保证本书研究的统一性以及便于后文对具有相同属性设施区位影响要素进行梳理与分析,本书的研究中不包括商业和金融设施以及邮政电信设施。

另外,一些地区级以及市级公共服务设施包括三甲综合医院、大型体育馆、文化馆等设施,虽然在居民日常生活中起到举足轻重的作用,但是这些大型设施的建设主要遵循自上而下的投入建设模式,受到政府政策以及大事件推动等多种不确定要素的影响,不纳入本书空间量化分析的主要研究框架与内容当中,仅作为定性分析解释或模型修正的补充内容。

1.2.2 基本公共服务设施的区位

本书涉及基本公共服务设施的区位评价,因此如何理解基本公共服务设施的区位是区位评价体系与模型构建的关键。区位一词来源于德语"Standort",有位置、场所的意思,我国译成区位,日本译成"立地",有些国家则翻译为位置或布局。一般来说,某事物的区位包括两层含义:一方面指该事物本身的空间位置,另一方面指该事物与其他事物的空间联系。因此区位不仅表示一个位置,还表示放置某事物或为特定目标而标定的一个地区、范围。

因此研究基本公共服务设施的区位必然需要明确其所涉及的空间对象及空间范围。目前针对城乡空间研究的内容主要由居住、就业以及服务三大空间构成,针对三大空间以及不同空间之间的相互关系几乎涵盖了居民日常生活的所有活动。笔者对现有与三大空间相关的研究话题进行了梳理,目前针对居住空间的研究主要包括社会空间分异、城市社会空间结构、基于社区的居民活动空间等内容;针对服务空间的研究主要包括零售商业空间以及城市商业中心结构、公共服务中心体系构建、大型商业空间消费者行为等内容;针对就业空间的研究主要包括产业空间布局、企业区位特征以及不同类型的就业人员区域空间分布等内容。在涉及不同空间相互关系的研究中,居住空间与服务空间的相关性研究包括基于社区尺度的公共服务设施供给以及社会分异研究,居住空间与就业空间的相关性研究主要围绕职住平衡的空间研究展开。而从人文地理学角度基于居民行为的商业、文化、娱乐场所的微区位研究则贯穿了居住、服务与就业三大空间(表1-2)。

表1-2　三大空间相关研究

空间名称	居住空间	服务空间	就业空间
居住空间	社会空间分异研究	基于社区区位的公共服务设施供给研究	职住平衡研究
	城市社会空间结构研究	基于社区服务资源配置的社会分异研究	—
	基于社区的居民活动空间研究	基于居民行为(社区生活质量)的商业(文化、娱乐)场所微区位研究	基于居民行为(社区生活质量)的商业(文化、娱乐)场所微区位研究

---

① 中华人民共和国住房和城乡建设部.2011.城市用地分类与规划建设用地标准(GB 50137—2011)[M].北京:中国建筑工业出版社.

空间名称	居住空间	服务空间	就业空间
服务空间	—	零售商业空间以及城市商业中心结构研究	开发区公共产品供给研究
		公共服务中心体系构建研究	基于居民行为(社区生活质量)的商业(文化、娱乐)场所微区位研究
		大型商业空间消费者行为研究	
就业空间	—	—	产业空间布局研究
			企业区位特征研究
			不同类型的就业人员区域空间分布研究

　　而本书针对基本公共服务设施的区位研究是否要从这三大空间出发还要由居民日常行为以及基本公共服务设施配置的范围和对象来决定。

　　首先从居民个体的视角进行分析,以加百利(Gabriel,2008)所提出的以家庭为单位的居民一天内的时空移动特征为基础进行进一步分析。图 1 - 2 中 A 代表了家中有工作的成员,B 代表全职居家的成员,C 为子女。每天早晨 A 先送 C 去学校,然后去上班,直到下午下班结束回家,B 每天在家附近的文化、娱乐等基层设施进行活动(包括一些购物行为),图中虚线的圈代表每类设施的服务范围,B 于下午 C 放学的时间接 C 回家①。

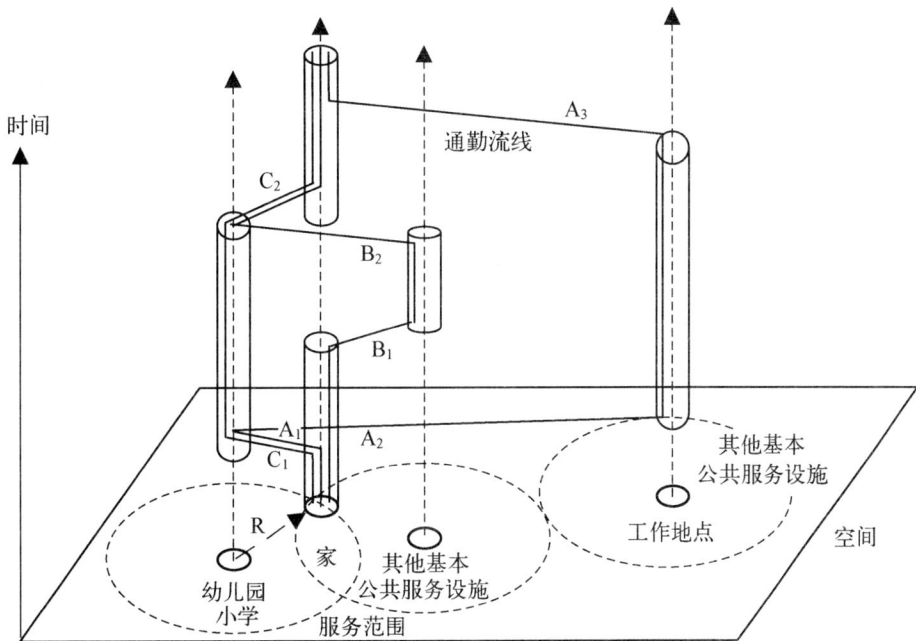

图 1 - 2　以家庭为单位的居民一天内的时空移动特征

---

　　①　本图对原图的修正共有三处:第一将原图中的购物中心修改为基本公共服务设施并增加设施的服务范围;第二按照目前大多数就业者的实际情况,中午的午餐基本在单位内部或者周边解决,到购物中心或者能够与家庭另外一成员同时就餐的机会较少,因此将两者同时就餐的空间行为取消;第三在家附近的基本教育设施主要为幼儿园和小学,小孩在这一就学阶段基本上都由父母(或家庭其他成员)负责接送,修正原图小孩自己回家的情况。

该图中以学校为代表的基本公共服务设施的区位布局从居民高效率使用的角度来说有两种情况：第一种情况即设施与居住地之间的距离在设施的服务半径之内，第二种情况即位于工作地点与居住地点的通勤出行流线上（图中所示的 A_2），从家庭的一般构成来考虑，如果家庭中有一位全职人员，那么接送子女的任务会落在他（或她）身上，则学校最好满足布局在居住地附近；如果在家庭中有大于或等于两个人工作的情况下，一般都是由不同的成员共同分担接送子女上下学的责任，而两人的通勤路径又很难在相同的流线上，因此也最好满足在居住地附近设立学校以便可以在下班之后方便任何一方接送子女。所以教育设施（在本书中主要指幼儿园、小学等基础教育设施）一般只需要满足居住的单可达性即可。

其他基层医疗设施和文化体育设施的布局则相对较有弹性，既可以在居住地附近也可以在就业地附近。对于托老所以及社区管理服务设施等，由于受到其使用人群的特殊性以及受到行政区划等要素的影响一般也应当布局在居住地附近。对于一些不用花费过多时间稍作停留即可完成的服务来说，居民除了可以在其居住和就业地附近完成之外，也可以在其通勤流线上完成，主要包括便利店、药店、银行等基层商业设施以及一些邮政设施，但这些设施不算在本书研究的范畴之内。

基于上文从居民视角对基本公共服务使用特征的分析，满足居住空间的可达性是基本公共服务设施区位选择在新的商品房社区的发展模式下的一种较为合理且对所有设施具有普适性的模式。

当然也可以看出，设施的空间布局必然也与居民的就业空间相关，满足就业空间的可达性也可以成为部分设施如医疗和文体等设施空间布局的选择。因此设施的空间布局还需要从基本公共服务设施的配置对象和范围来进行进一步的界定。

基本公共服务设施的配置与主要关注居民个体行为的研究不同，由于公共服务设施的供给对象是居民群体，尤其是针对一个居住小区或者一个社区。我国原有的单位制社区是将居住、就业和服务这三大空间进行耦合的最佳形式，在单位制中同一社区的居民甚至夫妻双方往往在同一单位工作，因此服务设施的布局可以满足以上两种条件即居住与就业地的双可达。单位制度改革之后，随着单位制社区向商品房社区的转变，居民新增就业岗位的分布变得十分复杂（柴彦威等，2008），每个社区中居民就业地点多样，不可能满足每一个人的就业以及居住的共同需求，其最终目标是以满足群体性需求为主的供给模式。因此从这个角度来说，满足服务空间和居住空间仍旧是基本公共服务设施区位布局需要考虑的关键要素和原则。

根据以上两点，本书对基本公共服务设施区位的研究（不包括对就业空间的分析），主要是探讨服务空间与居住空间之间的关系。基于此，本书所探讨的基本公共服务设施的区位概念一方面指基本公共服务设施本身的空间位置，而另一方面在基本公共服务设施与其他事物的空间联系中，其区位的内涵还包括依据基本公共服务设施的等级、规模所设定的一定地域内的可达性范围或未覆盖到的盲区以及这些区域与周边居住空间的相关关系。

1.3 本书框架及研究方法

1.3.1 研究框架

本书的研究框架如图 1－3 所示。

基本公共服务设施区位评价的框架、模型、应用

| 规划与配套标准的空间分析 | → | 新时期我国基本公共服务设施的发展与要求 | ← | 供给与使用的空间表现 |

第3—5章

国内外相关研究综述

| 区位论发展的历程
生产性服务业
生活性服务业
基本公共服务均等化 | 涉及层面 | | 基础理论 | 公平的理论
效率的理论
复杂科学
主体与客体 |

相关基础理论与研究突破点

基本公共服务设施区位评价理论框架

| 供给主体要素 | 使用主体要素 | 规划协调中介要素 | ← | 理论框架构成 |

| 共同价值观 | → | 基于GIS的区位综合评价模型与框架 | ← | 模型的修正与优化 |

第6—7章

评价及实证

模型可行性与延伸性探讨

| 定性评价 | | | | 定量评价 | | | |

| 分类型 | 分区域 | 发展路径 | 与城市化的关系 | 综合可达性 | 空间公平 | 空间效率 | 公平效率的关系 |

综合评价总结

第8章

结语

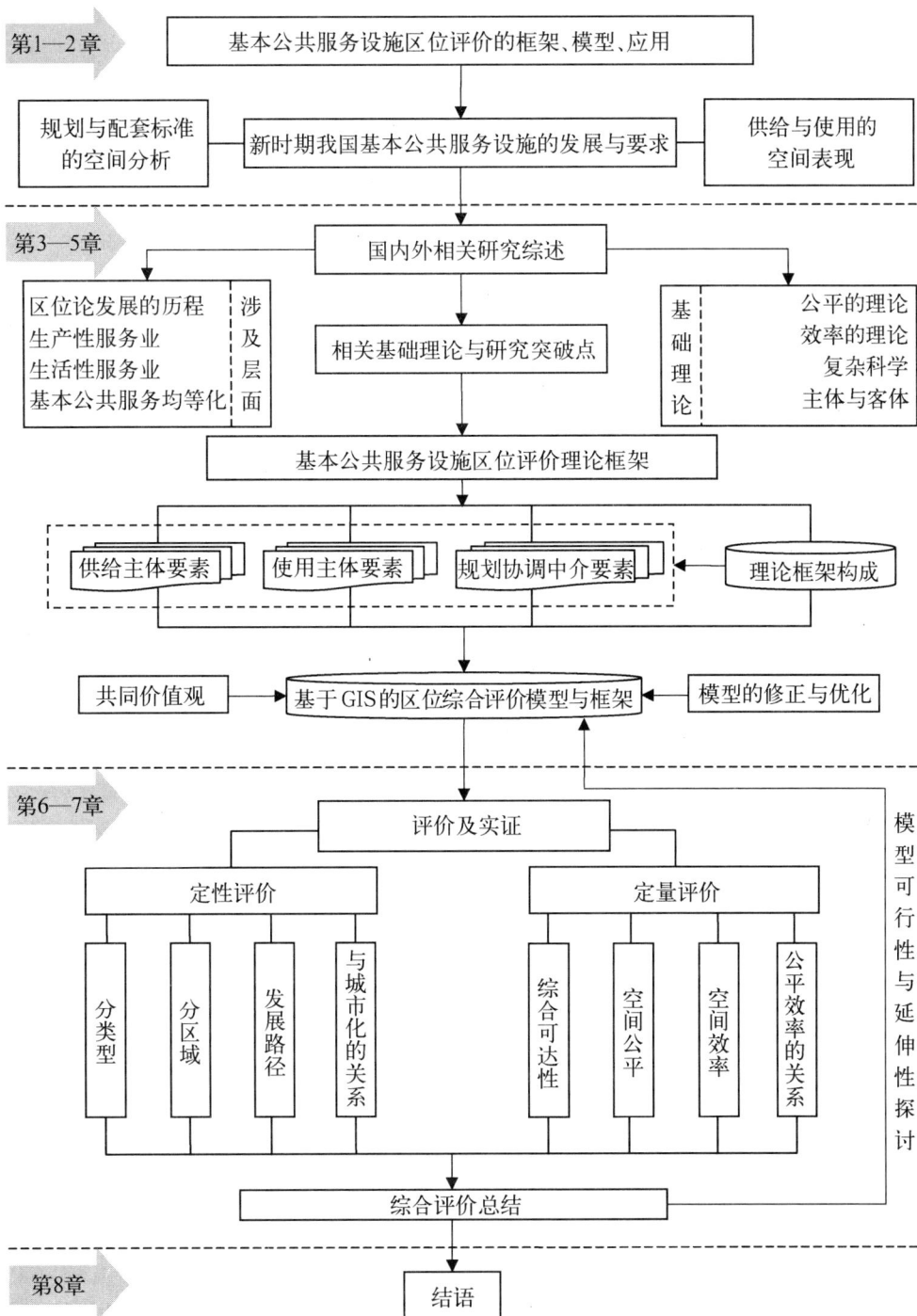

图1-3 本书研究框架

1.3.2 研究方法

1) 基于文献资料的多元学科交叉分析方法

由于公共服务的相关研究涉及经济学、地理学、社会学、规划学等多个学科,需要对大量的文献资料进行综合分析。文献资料既包括相关理论研究内容,其中涉及区位论的研究、基本公共服务"均等化"的研究以及针对公共服务评价的研究;同时也包括各个国家、城市和地区的公共服务设施配套规范,需要对这些规范中的相关内容进行对比交叉研究并针对差异性进行分析。同时在构建基本公共服务的综合评价模型的过程中,需要从多角度、多学科出发,探索如何通过对各学科文献资料的梳理与提升,建立统一的研究平台与分析框架。

2) 基于地理信息系统平台的综合可达性方法的扩展运用

本书以 ArcGIS 为平台,构建以时间、空间可达性为基础,结合时间成本、居民行为于一体的综合可达性量化方法。第一,利用地理信息系统(Geographic Information System,简称 GIS)平台对海量空间数据进行有效管理,建立现状设施数据库,包括设施的等级、类型以及服务人口等数据;第二,通过对居民使用公共服务设施的行为调查,将出行结构、满意度等数据进行定量化处理;第三,构建综合成本栅格图(Synthetical Cost Raster),将目标地块各等级道路、用地的速度、人口的需求偏好以及一些地理要素相叠加,其中,定量要素设置具体的数值,定性要素赋予权重;第四,运用空间公平与空间效率的评价模型对现状设施布局的合理性进行分析。

3) 基于 SPSS 软件建立综合评价指标体系

运用 SPSS 软件对问卷资料进行整理,通过因子分析、时间序列分析、交叉相关分析等方法对影响基本公共服务的各项要素进行深入处理,分析居民在使用公共服务设施过程中的满意度与需求,通过量化分析将主观评价与社会经济数据进行相关分析,探索影响居民满意度的各类要素。建立多元主体的评价体系,从公共服务的使用者的角度出发,明确区域间差异,分析各要素之间的相关性,找到提高公共服务公平与效率的关键因素,从多视角、多侧面、多层次为政策的制定提供重要的支撑和参考。

2 新时期我国基本公共服务设施的发展

基本公共服务发展的一系列政策包括"均等化"、"城乡一体"等概念,是我国在总结社会经济发展的过程中,不断协调公平与效率的关系而提出的适应于新型城市化①背景下的新策略。从区位研究的空间范畴来看,"基本公共服务"的研究主要偏向于区位研究中宏观以及中观尺度,而"基本公共服务设施的区位"则主要倾向于城市尺度甚至是居住区、社区尺度的研究,是属于区位研究中微观尺度的空间范畴。基于此,本章内容首先从基本公共服务所在的这一时代背景出发,探讨省域层面以及城市层面基本公共服务设施供给与城市化水平之间的关系,明确现阶段基本公共服务设施的发展趋势;然后从城市层面基本公共服务设施规划与配套标准的相关内容以及供给与使用的空间表现出发,分析当前背景下基本公共服务设施区位发展的问题,结合新型城市化的内涵与本质梳理新时期基本公共服务设施区位布局的核心矛盾与要求,为后文合理构建城市层面基本公共服务设施区位评价理论框架以及全面梳理基本公共服务设施的区位影响要素提供有力的支撑(图 2-1)。

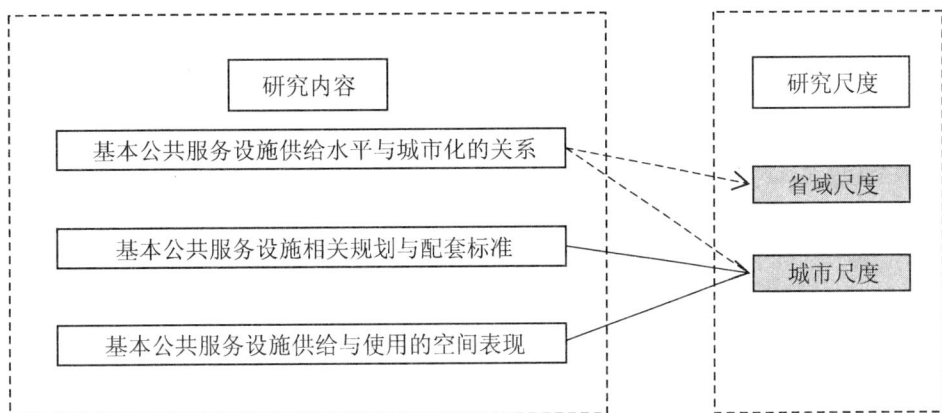

图 2-1 第 2 章研究内容与研究尺度示意图

2.1 公共服务水平与城市化

基本公共服务作为健康城市化的必要条件,自 2006 年在中共十六届六中全会中被正式提出之后,即开始承担着促进社会公平与正义的实现,保障民生与民权的重要任务,而这一任务也成为 2010 年之后中央经济工作的重点内容之一。赵燕菁(2012)指出城市化是公共服务水平提高的过程,城市化的质量是用居民享受公共服务的水平度量的。从

---

① 城市化(Urbanization),又译作城镇化,两者无本质区别,"城市化"概念的出现早于"城镇化"。中共中央第十五届四中全会通过的《中共中央关于制定国民经济和社会发展第十个五年计划的建议》中正式首次采用"城镇化"一词。官方政府文件中多用"城镇化"一词,但经常与"城市化"相混淆。本书主要以城市层面为主,考虑到学术研究的严谨性以及国内外交流的易读性,全文均采用"城市化"的说法,政府报告中的原文引用保留"城镇化"的说法。

两者的逻辑关系来看,基本公共服务作为政府应该提供的公共产品,在经济越发达的地区,其供给能力应越强,民生问题解决得越好,同时也能够进一步促进城市化质量的提高;反之,在经济落后地区,其供给能力越弱,城市化质量越低。按照两者的关系,结合马斯洛的需求层次理论,基本公共服务的供给与城市发展之间存在应时性、普遍性和阶段性的特征,基本公共服务的内涵与种类将随着城市社会经济的发展和公民需求的变化而改变,即城市综合实力的提升与基本公共服务发展水平的提高之间存在互相促进与制约的作用。基于此,本书分别从省域尺度和城市尺度来分析基本公共服务设施的供给水平与城市化协调关系的现状特征。

2.1.1 省域尺度

改革开放以来,全国直辖市、各省、自治区公共服务体系的建设力度不断加大,"十二五"规划中也将建立、健全九大基本公共服务体系作为重要内容。统计全国直辖市、各省、自治区2009年教育、社会保障与就业、医疗卫生以及城乡社区事务四大类基本公共服务的一般财政预算支出占总支出的比例,除西藏等个别省、自治区外,投入比例基本保持在40%—50%(图2-2,表2-1)。

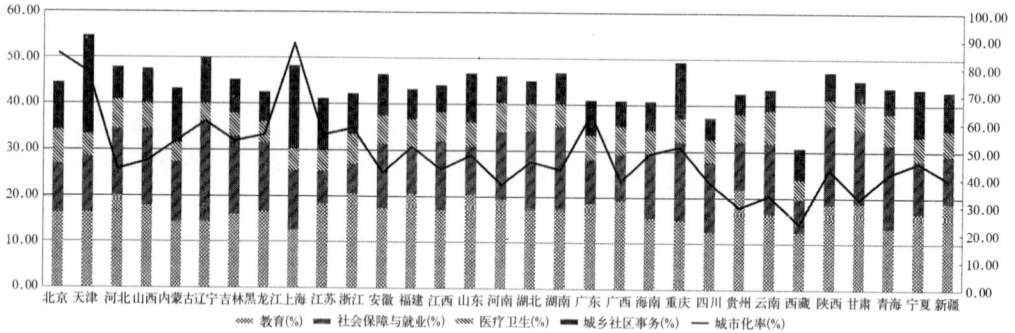

图2-2 全国直辖市、各省、自治区的基本公共服务一般财政预算支出比例与城市化水平

表2-1 全国直辖市、各省、自治区2009年基本公共服务一般财政预算支出数据 （万元）

	一般预算支出	教育	社会保障与就业	医疗卫生	城乡社区事务
北京	19 592 857	3 162 957	2 093 285	1 450 513	1 998 383
天津	8 677 245	1 416 985	1 057 164	419 156	1 850 121
河北	18 816 696	3 769 819	2 713 726	1 202 379	1 324 967
山西	13 150 175	2 349 868	2 183 811	714 959	1 011 763
内蒙古	14 545 732	2 064 017	1 915 179	598 205	1 704 399
辽宁	21 534 348	3 063 600	4 699 675	839 012	2 172 211
吉林	11 801 223	1 880 346	1 998 556	595 176	853 743
黑龙江	15 423 004	2 566 199	2 286 253	716 984	985 375
上海	25 939 161	3 260 628	3 349 669	1 222 840	4 686 252
江苏	32 474 927	5 926 032	2 315 241	1 486 116	3 617 904
浙江	22 085 756	4 539 902	1 415 223	1 428 690	1 939 499
安徽	16 471 253	2 862 557	2 282 005	1 038 442	1 478 746

	一般预算支出	教育	社会保障与就业	医疗卫生	城乡社区事务
福建	11 377 159	2 332 923	1 092 914	742 741	750 936
江西	12 100 730	2 068 578	1 793 603	769 195	707 820
山东	27 046 613	5 509 929	2 850 525	1 404 184	2 894 598
河南	22 816 093	4 440 264	3 302 343	1 454 726	1 353 822
湖北	16 502 763	2 841 940	2 813 003	950 838	852 202
湖南	17 652 249	3 112 601	3 103 120	875 987	1 200 158
广东	37 785 681	7 033 269	3 628 345	2 011 467	2 832 940
广西	12 971 100	2 512 210	1 289 769	787 683	723 033
海南	3 579 708	556 331	494 349	186 377	225 139
重庆	10 160 112	1 534 951	1 722 665	516 362	1 246 138
四川	29 488 269	3 692 812	4 489 554	1 435 606	1 364 752
贵州	10 537 922	2 297 665	1 074 568	647 375	465 094
云南	14 702 388	2 419 508	2 247 201	1 045 872	675 136
西藏	3 806 589	470 800	279 000	163 548	259 956
陕西	14 285 208	2 649 055	2 455 574	783 906	867 798
甘肃	9 684 336	1 829 256	1 536 984	583 150	447 835
青海	3 635 950	488 084	655 673	246 615	204 838
宁夏	3 246 064	540 553	370 490	171 073	333 778
新疆	10 593 638	1 992 132	1 090 598	586 403	888 805

本书选取基本公共服务设施中居民关注度最高的教育、医疗设施的供给水平进行标准化综合比较,其中,省域层面教育相关指标包括普通小学、初中、高中师生比;卫生相关指标包括设卫生室的村数占行政村数百分比、每千人口医院和卫生院床位数、每千农业人口乡镇卫生院床位数、每千农业人口乡镇卫生院人员数、社区卫生服务中心病床使用率(表 2 - 2、表 2 - 3)。

表 2 - 2　全国直辖市、各省、自治区 2009 年基层医疗设施配套情况统计表

	设卫生室的村数占行政村数(%)	每千人口医院和卫生院床位数(个)	每千农业人口乡镇卫生院床位数(个)	每千农业人口乡镇卫生院人员数(人)	社区卫生服务中心病床使用率(%)
北京	78.8	6.80	0.88	2.72	37.9
天津	42.3	4.26	0.86	1.42	22.2
河北	100.0	2.95	1.09	1.04	47.8
山西	99.9	3.78	1.07	1.17	57.5
内蒙古	100.0	3.16	1.07	1.34	48.9
辽宁	100.0	4.09	1.19	1.21	58.6

	设卫生室的村数占行政村数(%)	每千人口医院和卫生院床位数(个)	每千农业人口乡镇卫生院床位数(个)	每千农业人口乡镇卫生院人员数(人)	社区卫生服务中心病床使用率(%)
吉林	98.4	3.70	1.09	1.71	35.5
黑龙江	100.0	3.49	0.86	1.14	53.4
上海	84.0	5.67	—	—	87.0
江苏	100.0	3.16	1.48	2.11	53.3
浙江	46.5	3.35	0.56	1.45	55.7
安徽	100.0	2.40	0.97	1.16	48.1
福建	100.0	2.73	0.95	1.07	55.7
江西	100.0	2.22	0.86	1.22	41.5
山东	65.2	3.40	1.32	1.55	44.5
河南	100.0	2.65	0.94	1.20	42.3
湖北	87.6	2.80	1.15	1.85	70.1
湖南	95.1	2.81	1.10	1.31	47.5
广东	100.0	2.99	1.09	1.84	62.5
广西	100.0	2.34	0.94	1.06	49.2
海南	93.7	2.51	1.04	1.73	7.1
重庆	100.0	2.65	1.18	1.24	56.5
四川	100.0	2.88	1.37	1.23	70.7
贵州	100.0	2.23	0.75	0.59	58.6
云南	100.0	2.94	0.85	0.67	55.1
西藏	69.1	2.82	1.17	1.10	—
陕西	92.4	3.26	0.93	1.19	46.4
甘肃	93.4	2.85	1.00	0.96	57.7
青海	100.0	3.32	0.75	0.93	60.7
宁夏	100.0	3.33	0.60	0.84	30.7
新疆	78.8	4.84	1.55	1.59	49.9

  同时进一步结合全国直辖市、各省、自治区 2009 年的城市化率进行散点分析,得出大部分直辖市、省、自治区的基本教育、医疗综合供给水平与城市化率之间呈现较明显的线形相关关系,但同时也不乏很多例外的直辖市、省、自治区,按照坐标轴的象限分区进一步将其细分为不同的四种类型(图 2－3)。

  第一象限为双高地区,即城市化率与基本教育、医疗设施的供给水平都较高,以北京、上海为代表,这类地区城市化率已经相对平稳,一方面在经历了快速城市化所带来的各种问题之后,大多数城市已经将基本公共服务均等化作为城市化后期的重要目标,另一方面这一目标的实现也具有良好经济实力的支撑。

表2-3 全国直辖市、各省、自治区2009年普通高中、初中、小学教师、学生及师生比情况统计表

	普通高中在校学生数(人)	普通高中专任教师数(人)	普通高中学生数与教师数比值	普通初中在校学生数(人)	普通初中专任教师数(人)	普通初中学生数与教师数比值	普通小学在校学生数(人)	普通小学专任教师(人)	普通小学学生数与教师数比值
北京	203 477	19 814	10.269 355 00	318 874	30 423	10.481 35	647 101	49 257	13.137 24
天津	187 554	14 993	12.509 437 74	287 031	26 471	10.843 22	507 385	37 942	13.372 65
河北	1 308 690	81 756	16.007 265 52	2 418 637	186 179	12.990 92	4 886 544	321 238	15.211 60
山西	805 659	51 447	15.659 980 17	1 726 832	119 901	14.402 15	3 046 931	193 657	15.733 65
内蒙古	519 643	31 139	16.687 851 25	832 216	64 217	12.959 43	1 493 013	114 848	12.999 90
辽宁	718 333	43 570	16.486 871 70	1 359 494	101 548	13.387 70	2 255 977	149 711	15.068 88
吉林	468 554	27 629	16.958 775 20	869 037	67 985	12.782 78	1 461 099	128 301	11.388 06
黑龙江	608 221	40 113	15.162 690 40	1 338 839	102 719	13.034 00	1 903 733	155 025	12.280 17
上海	177 589	16 896	10.510 712 59	426 081	33 617	12.674 57	671 245	44 278	15.159 79
江苏	1 422 174	98 630	14.419 284 19	2 562 224	188 255	13.610 39	3 960 228	254 665	15.550 74
浙江	855 457	60 520	14.135 112 36	1 767 195	119 638	14.771 18	3 251 416	170 102	19.114 51
安徽	1 305 719	63 881	20.439 864 75	2 974 241	160 745	18.502 85	4 868 785	248 595	19.585 21
福建	719 067	52 339	13.738 646 13	1 415 209	99 446	14.230 93	2 397 594	156 779	15.292 83
江西	772 405	47 512	16.257 050 85	1 892 398	117 933	16.046 38	4 227 464	201 461	20.984 03
山东	1 574 869	112 607	13.985 533 76	3 418 475	259 943	13.150 86	6 268 120	389 962	16.073 67
河南	2 011 981	104 855	19.188 221 83	4 742 528	278 050	17.056 39	10 520 259	489 139	21.507 71
湖北	1 286 751	70 790	18.177 016 53	2 363 351	160 662	14.710 08	3 592 629	198 188	18.127 38

	普通高中在校学生数(人)	普通高中专任教师数(人)	普通高中学生数与教师数比值	普通初中在校学生数(人)	普通初中专任教师数(人)	普通初中学生数与教师数比值	普通小学在校学生数(人)	普通小学专任教师(人)	普通小学学生数与教师数比值
湖南	1 064 265	69 652	15.279 747 89	2 143 515	174 179	12.306 39	4 691 470	250 365	18.738 52
广东	1 924 412	118 549	16.233 051 31	5 036 732	256 571	19.630 95	8 876 522	418 311	21.219 91
广西	752 797	41 455	18.159 377 64	2 065 476	118 241	17.468 36	4 367 767	220 833	19.778 60
海南	155 893	9 118	17.097 280 11	445 840	24 760	18.006 46	834 016	52 368	15.926 06
重庆	591 983	30 093	19.671 784 14	1 328 175	76 451	17.372 89	2 081 367	117 460	17.719 79
四川	1 435 520	77 088	18.621 834 79	3 554 513	202 326	17.568 25	6 170 471	306 528	20.130 20
贵州	581 604	31 413	13.514 755 04	2 112 917	107 889	19.584 17	4 568 716	199 189	22.936 59
云南	630 654	39 728	15.874 295 21	2 038 185	115 487	17.648 61	4 441 438	233 811	18.995 85
西藏	38 383	2 721	14.106 210 95	143 187	8 777	16.313 89	305 235	18 686	16.334 96
陕西	944 083	53 070	17.789 391 37	1 802 742	117 107	15.393 97	2 714 408	178 320	15.222 12
甘肃	630 654	36 450	17.301 893 00	1 410 974	80 433	17.542 23	2 525 962	139 966	18.046 97
青海	107 783	7 518	14.336 658 69	214 883	13 790	15.582 52	533 255	26 794	19.902 03
宁夏	140 653	8 556	16.439 107 06	298 922	18 255	16.374 8	670 621	33 406	20.074 87
新疆	417 139	29 402	14.187 436 23	1 027 697	81 440	12.619 07	1 973 890	134 263	14.701 67

第二象限为一低一高地区,即城市化率较低,但基本教育、医疗设施的供给水平较高,以新疆为代表,但属于该象限的城市数量较少,因为基本公共服务的供给受到城市综合水平的制约,而且在城市化早期过于强调基本公共服务的发展会造成一定程度的浪费。

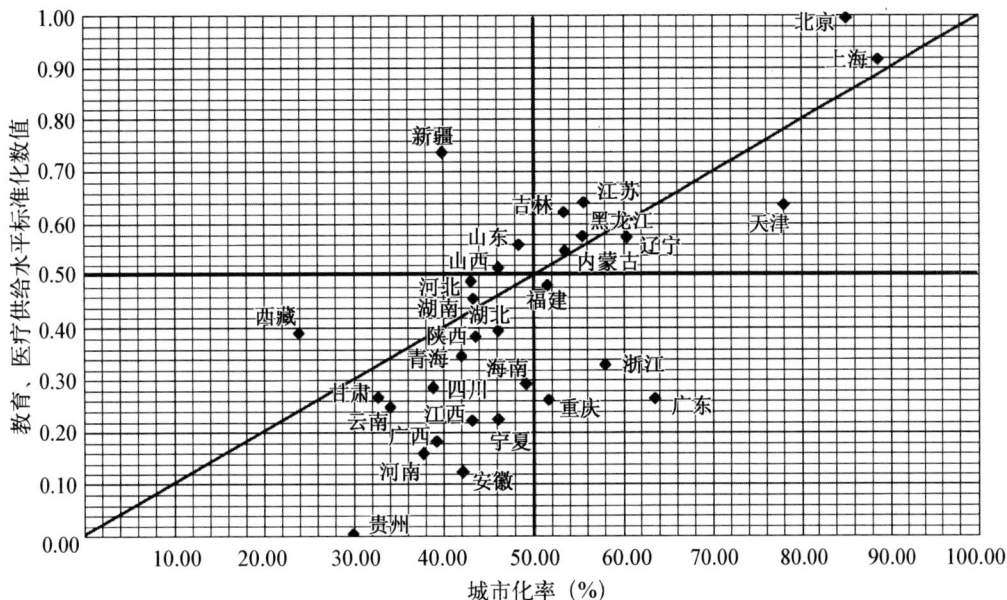

图 2-3 2009 年全国直辖市、各省、自治区的城镇化率与教育、医疗设施供给综合水平散点图

第三象限为双低地区,即城市化率与基本教育、医疗设施的供给水平都较低,包括了大量我国中西部地区以及云贵高原地区。在城市化发展早期,城市发展重点主要集中在经济规模的增长方面,基本公共服务的供需矛盾并不明显。

第四象限为一高一低地区,即城市化率较高,但基本公共服务设施供给水平较低,以浙江、广东为代表,但两者脱节的现象说明了这类地区在城市经济功能的提升过程中忽视了城市最基本的教育、医疗设施的建设,在新型城市化发展阶段,必将面临城市化进一步提升所带来的众多社会矛盾。

虽然从总体趋势上看,省域尺度下基本教育、医疗卫生设施的供给水平与城市经济发展水平基本遵循了相互影响、相互促进的关系。但是从严格意义上来讲,位于对角线下方的省、自治区、直辖市,基本教育、医疗的供给水平落后于城市化水平的发展,即全国有超过半数的地区两者之间仍存在脱节的现象,而其中又有 1/3 的地区脱节现象较为严重。

2.1.2 城市尺度

本书中针对基本公共服务设施区位的相关内容属于微观尺度,因此为了进一步说明城市层面基本公共服务设施供给水平与城市化率的关系,本书以江苏省 13 个地级市为例进行分析。按照第 1 章对于基本公共服务设施类型与等级的界定,本书分别从卫生、教育、文化三个方面进行标准化综合分析①,数据选取如表 2-4 所示。

---

① 因其他三类——体育、社会保障以及社区管理设施缺乏历年来统一口径的建设数据,本章分析仅选择教育、卫生以及文化三类设施进行分析。

表2-4　城市层面基本公共服务设施数据来源及选取指标统计表

数据来源	年份	统计年鉴名称及出版单位	选取指标
教育	2000—2009	《江苏教育年鉴》,江苏省教育厅	普通小学、初中、高中师生比
卫生	2000—2010	《江苏卫生年鉴》,江苏省卫生厅	卫生机构数、每千人口床位数、每千人口卫生机构人员数(包括卫技人员、执业医师、注册护士)、病床周转次数、病床使用率、病床工作日、平均住院日
文化	1999—2000	《江苏省文化产业统计资料》,江苏省文化厅	文化站机构数、文化站从业人员数、文化站藏书、文化站年收入、文化站年支出合计
	2001、2008	《江苏省文化统计年鉴》,江苏省文化厅	
	2002—2009	《江苏文化年鉴》,江苏省文化厅	

首先,综合教育、医疗卫生以及文化三个方面,选择2002年、2005年以及2008年三个年份进行数据的标准化处理,对比江苏省13个地级市基本公共服务设施综合水平,南京与无锡、苏州一直处于第一梯队,其中苏州市在2006年之后超过无锡处在第一位;第二梯队包括常州、南通、扬州、镇江和泰州;盐城市的基本公共服务水平较2002年略有下降,与其他城市同属第三梯队(图2-4)。

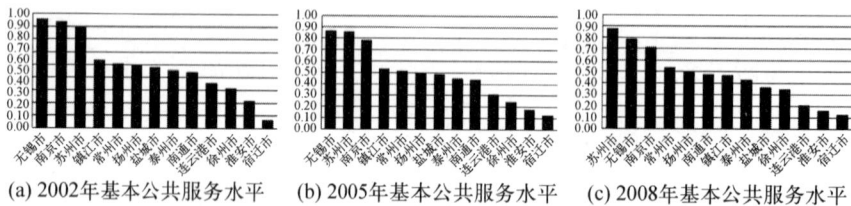

(a) 2002年基本公共服务水平　(b) 2005年基本公共服务水平　(c) 2008年基本公共服务水平

图2-4　2002年、2005年、2008年江苏省13个地级市基本公共服务供给水平

其次,进一步分析近年来13个地级市的城市化率的发展情况。与全国2000年城市化快速提升的转折点相对比,江苏省13个地级市2000—2008年城市化率的变动大部分以2003年为转折点,南京、无锡、镇江、扬州、连云港、徐州、盐城在2003年城市化率都有了显著的提升,以无锡最为明显。其中连云港除了2003年的提升外,在2005年有了第二次提升。宿迁在2003年城市化率降低,在2004年有了一定程度的反弹,其他几个城市城市化率的增长都比较平缓(图2-5)。

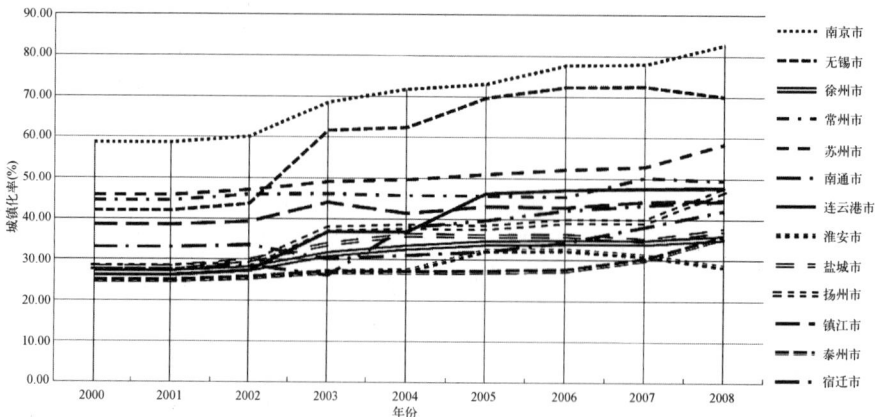

图2-5　江苏省13个地级市2000—2008年城镇化率变动情况

对比江苏省 13 个地级市 2000—2008 年基本公共服务供给水平与城市化率之间的关系(表 2-5),得出以下几点结论:

表 2-5　江苏省 13 个地级市历年基本公共服务水平变动及其与城市化水平之间的关系

		基本公共服务水平与城市化水平之间的关系		
		基本公共服务水平大于城镇化水平	基本公共服务水平与城镇化水平保持一致	基本公共服务水平小于城镇化水平
历年基本公共服务水平变动情况	上升	苏州	—	—
	平稳	无锡、南通、扬州、镇江、泰州	南京－、徐州＋、常州＋	连云港－、宿迁＋
	下降	—	盐城	淮安

注:平稳中包括平稳略有上升及下降,其中"＋"为平稳略有上升,"—"为平稳略有下降。

(1)除了苏州市等个别城市外,基本公共服务设施的水平并没有随着城市化率的提高而提升,近 10 年来基本保持比较平稳的发展状态,2003 年在城市化率显著提升的背景下,基本公共服务的水平大多出现了上升的拐点,但之后并没有保持上升的态势,又回落到原来的水平。

(2)江苏 13 个地级市中基本公共服务的层次大于城市化率水平的地区,包括苏州、南通、镇江、扬州、泰州等地,尤其是苏州,虽然城市化率的水平并没有南京、无锡等城市高,但是基本公共服务发展的层次却远远大于这些地区,充分说明苏州市在城市化率提升的过程中,更加注重城市功能的完善,关注民生,强调对于居民个体的关怀。以基层文化设施的供给为例(图 2-6),2008 年,苏州市的基层文化设施供给在文化站的人员配备,图书馆的流通人次等方面都遥遥领先其他地区,而作为省会城市的南京市并不具有明显的领先优势。

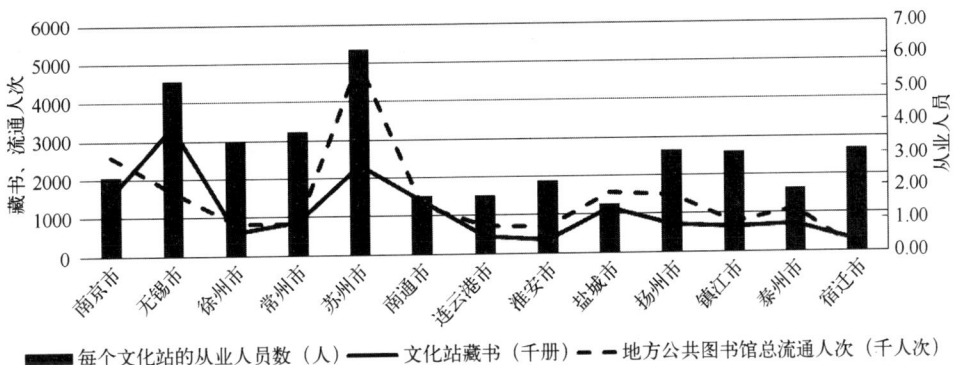

图 2-6　2008 年 13 个地级市基层文化设施水平

(3)另外一类是基本公共服务发展的层次小于城市化率水平的地区,包括宿迁、淮安、连云港,这些城市与省域层面双低地区的形成原因类似,还不具备发展完善的基本公共服务体系的经济实力,但是不同点在于目前这些地区的基本公共服务水平还没有能够适应现状的城市化发展阶段,不利于自身城市化质量的提高。

(4)还有一些城市如淮安、盐城,基本公共服务的水平随着城市化率的提升不升反降,不符合一般城市发展的规律,说明在其城市发展过程中,由于过分注重城市经济指标的提升,使得财政投入方面供给不足。随着城市的进一步发展必将面临着由于公共服务的缺失所带来的社会矛盾。

综上所述,整个江苏省,只有苏州市基本公共服务的供给曲线稳步上升且与城市化率的发展相互促进,而城市化率较高的南京市与无锡市的基本公共服务综合发展水平却落后于苏州市,虽然在实际调研过程中基本公共服务设施的普及率较高,但是服务质量与管理水平较低。江苏 13 个地级市的基本公共服务设施供给水平并没有因为新型城市化发展阶段的到来而稳步上升,却出现了与城市化率发展明显错位的不协调与梯度差异,甚至有部分略显反常的情况。

从城市层面来看,基本公共服务设施的供给与城市化发展之间存在着较为复杂的关系,这些关系受到各种经济、社会发展要素的影响。在快速城市化的过程中,基本公共服务设施在供给、使用以及规划等不同的方面为适应城市化的发展,正处于一个不成熟的过渡阶段,在这一阶段中对于设施的各种需求全面开花,但相关的规划标准以及方法却没有能够及时完善与调整,导致基本公共服务设施在空间发展与布局中呈现出了各种问题。

2.2 相关规划与配套标准

《国家基本公共服务体系"十二五"规划》[①]中明确了基本公共服务均等化——全体公民都能公平且可及地获得大致相等的基本公共服务,其核心是机会均等,而不是简单的平均化和无差异化。该规划对城市规划中公共服务设施的规划具有重要的指导意义。其中提出与基本公共服务布局相关的三个主要发展目标包括:① 发展较为均衡。资源布局更趋于合理,优质资源共享机制加快建立,县(市、区)域内基本公共服务均衡发展基本实现,农村和老少边穷地区基本公共服务水平明显提高。② 服务方便可及。以基层为重点的基本公共服务网络全面建立,设施标准化和服务规范化、专业化、信息化水平明显提高,城乡居民能够就近获得基本公共服务。③ 群众比较满意。城乡居民基本公共服务需求表达机制有效建立,服务成本个人负担比率合理下降,绩效评价和行政问责制度比较健全,社会满意度不断提高。从该规划出发,审视目前基本公共服务设施各类规划的相关内容,主要有以下几个方面:

2.2.1 控制单元与设施类型

比较国内各大城市公共服务设施配套的标准以及规模门槛,各个城市在《城市居住区规划设计规范》出台后,依此为背景结合各个城市的特点对控制单元的划分进行了延伸。首先从控制单元的划分来讲,基本上都划分为市级、地区级,居住区层面有些划分到居住小区级,如南京、武汉,有些划分到组团级、街坊级,如北京、上海。其目的在于填补小于 1 万人甚至小于 0.5 万人的居民组团的公共服务设施配套标准的空白。同时北京、上海等地区单元规模与其他城市相比相对较大,公共服务设施的类型也略有不同,北京市将交通设施纳入体系当中,上海的公共服务设施体系则纳入了绿地。杭州、青岛等地不同的控制单元具有不同的设施种类。另外,重庆仅包括公益性公共服务设施,并不包括商业金融、邮政电信等设施。各个城市对于公共服务设施概念的界定并不一致,划分单元也不尽相同(表 2 - 6)。

---

① 中华人民共和国国务院.2012.国务院关于印发国家基本公共服务体系"十二五"规划的通知[Z].

表 2-6 各地公共服务配置指标控制单元以及公共服务设施类型

范围	标准名称及出台时间	控制单元划分	单元规模（万人）	公共服务设施类型
全国	《城市居住区规划设计规范》，1993 年 7 月	居住区级	3.00—5.00	包括教育、医疗卫生、文化体育、商业服务、金融邮电、社区服务、市政公用和行政管理及其他 8 类设施
		居住小区级	1.00—1.50	
		组团级	0.10—0.30	
南京	《南京新建地区公共设施配套标准规划指引》，2006 年 4 月	市级	—	包括教育、医疗卫生、文化娱乐、体育、社会福利与保障、行政管理与社区服务、商业金融服务、邮政电信 8 类设施
		地区级	20.00—30.00	
		居住社区级	3.00 左右	
		基层社区级	0.50—1.00	
武汉	《武汉市新建地区公共设施配套标准指引》，2008 年	区级（组团级）	15.00—25.00	包括教育、医疗卫生、文化娱乐、体育、社会福利与保障、行政管理与社区服务、商业金融服务、邮政电信 8 类设施
		居住区级	3.00—5.00	
		居住小区级	0.50—1.20	
北京	《北京市居住公共服务设施规划设计指标》，2006 年 3 月（修订中）	区域级	＞5.00	居住公共服务设施按性质分为教育、医疗卫生、文化体育、商业服务、社区管理服务、社会福利、交通和市政公用 8 类设施
		居住区级	3.00—5.00	
		居住小区级	0.70—2.00	
		组团级	0.30—0.50	
深圳	《深圳市城市规划标准与准则》，2004 年 3 月	市、区、居住地区级	15.00—20.00	包括教育、医疗卫生、文化娱乐、体育、社会福利与保障、行政管理与社区服务、商业和市政公用 8 类设施
		居住区级	4.00—6.00	
		居住小区级	1.00—2.00	
上海	《上海市城市居住地区和居住区公共服务设施设置标准》，2006 年 4 月	居住地区级	20.00	行政管理、文化、体育、教育、医疗、卫生、商业、金融、社区服务、绿地、市政公用及其他 11 个类别设施
		居住区级	5.00	
		居住小区级	2.50	
		街坊级	0.40	
杭州	《杭州市城市规划公共服务设施基本配套规定》，2009 年 7 月	居住区级	3.00—5.00	城市级、城市片区级公共设施包括：教育、医疗卫生、文化、体育、商业、社会福利、行政办公等七类设施；居住区公共服务设施包括：教育、医疗、文化、体育、商业、金融邮电、社区服务、市政公用、行政管理等 9 类设施
		居住小区级	1.50—2.00	
		基层社区级	0.45—0.60	
青岛	《青岛市市区公共服务设施配套标准及规划导则》，2010 年 5 月	居住区级	3.00—5.00	市、区级公共服务设施分为七类：教育、医疗卫生、文化、体育、商业金融、社会福利、行政办公；居住区级以下公共服务设施分为八类：教育、医疗卫生、文化娱乐、体育、商业金融服务、社会福利与保障、行政管理与社区服务、市政公用
		居住小区级	0.70—1.50	
		居住组团级	0.10—0.30	

范围	标准名称及出台时间	控制单元划分	单元规模（万人）	公共服务设施类型
重庆	《重庆市城乡规划公共服务设施规划导则》，2007年12月	居住地区级	10.00—20.00	包括教育、医疗卫生、文化体育、社会福利与保障和行政管理与社区服务五类设施（仅针对需要设置的公益性公共服务设施）
		居住区级	3.00—6.00	
		居住小区级	0.45—1.50	
		居住组团级	0.09—0.30	

2.2.2 设施区位布局要求

长久以来公共服务设施的建设只有行业内配套标准而缺乏空间布局准则，一方面，部分地区盲目追求全覆盖的均等化，忽视了必要的运营规模以及居民的需求倾向，导致了基本公共服务设施建设不必要的浪费；另一方面，部分地区和个别领域盲目追求集中和集聚，推进设施布点的大幅度撤并，导致城市边缘地区出现较大范围的服务盲区，加重了该区域居民的就学就业等负担。

本书将各大城市公共服务设施配套标准中与设施空间布局要求相关的内容进行整理，包括交通便利性、布局关联性、环境卫生要求、疏散要求以及一些特殊要求。目前国内的各大标准中对于基本公共服务设施空间布局的指标主要以服务半径和服务人口作为基本配套准则，从数量上控制设施的布局，而对于实际设施到底建在哪里并没有量化评价的标准，造成在实际规划过程中较大的随意性（表2-7）。

表 2-7 各类设施空间布局要求梳理

设施种类		交通便利性		布局关联性	环境卫生要求	疏散要求	其他特殊要求
		服务半径或服务人口	建议主导交通方式				
教育设施	中学	1 000 m	步行或自行车	独立设置	安静	—	—
	小学	500 m	步行或自行车		阳光充足、安静		出入口方便家长接送
	幼儿园、托儿所	200—250 m	步行				
医疗设施	综合医院	20万—30万人	公交车、地铁	独立设置	安静，避开污染源和易燃易爆物的生产、贮存场所	便于疏散	应有对外方便的出入口和无障碍通道
	社区卫生服务中心（站）	500—1 000 m	步行、公交车	可独立布局，也可结合同级别的社区服务中心设置	—	—	
文体设施	大型设施	20万—30万人	公交车、地铁	独立设置	—	便于疏散	—
	文化、体育活动中心（站）	500—1 000 m	步行、公交车	结合公共绿地、同级别的社区服务中心设置	—	—	

设施种类		交通便利性		布局关联性	环境卫生要求	疏散要求	其他特殊要求
		服务半径或服务人口	建议主导交通方式				
社会福利设施	区级社会福利院	20万—30万人	公交车、地铁	独立设置	阳光充足,环境绿化条件好,安静、安全	—	—
	养老院、老年公寓	—	—				
	托老所	200—250 m	步行	结合同级别的社区服中心设置	—		
行政管理与社区服务设施	社区服务中心	200—250 m;400—500 m	步行	结合公共绿地,与同级别公共服务设施集中布局	—	—	步行时间不宜超过15分钟

2.2.3 常规规划布局方法

目前在城市总体规划以及控制性详细规划中均按照服务半径和服务人口进行公共服务设施的布点,只能保障在应有的服务范围内有相应的设施,但是该设施建在哪里才是公平与效率的最佳位置缺乏科学合理的依据,尤其是控制性详细规划直接指向建设,定点弹性过大导致开发商随意侵占公共服务设施用地现象的频繁出现。以某地级市教育设施的布点为例,因为服务半径划分的随意性导致了以下一些问题的出现:设施服务范围重合(图 2 - 7)、服务盲区过大(图 2 - 8),以及设施服务范围与居住用地结合不够紧密(图 2 - 7、图 2 - 8)。

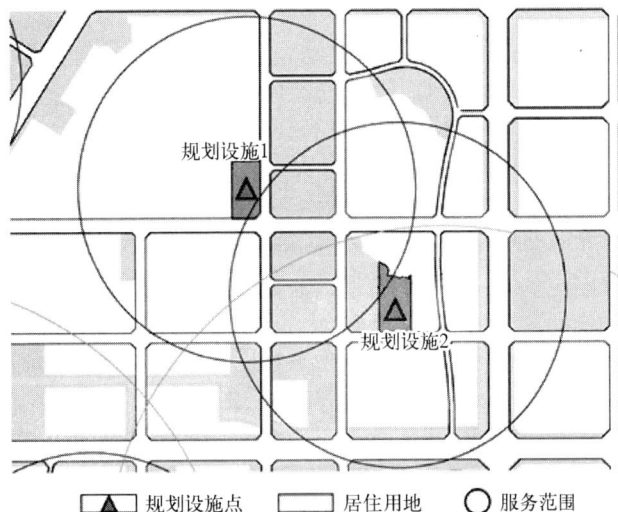

图 2 - 7 基本公共服务设施专项规划设施布点示意图 A

△ 规划设施点　☐ 居住用地　○ 服务范围

图 2-8　基本公共服务设施专项规划设施布点示意图 B

2.2.4　设施布局的差异与时序

　　基本公共服务规划中缺乏对于城市不同的发展片区公共服务供给特点的认识,城市主城区、边缘区以及乡村地区在公共服务设施的使用和需求方面都有自己独有的特点。第一,目前在城市总体规划或控制性详细规划中针对公共服务设施的空间布局规划标准并未提出针对城市不同发展片区公共服务设施的配套措施,同时也缺乏对于规划范围内居民需求与满意度的调研与访谈,尤其是城市边缘区,受到开发区、大学城等发展的影响,用地分割、管理主体多元化、人口构成复杂,只有进行深入的调研才能够掌握其发展的现实情况。第二,对于不同类型的公共服务设施,在市场经济条件下,由于供给主体的多元化,每类设施的影响要素亦不相同,相互之间存在着竞争与合作的复杂关系,在目前的规划中对于什么样的设施适合集中布局,什么样的设施需要单独布局都缺乏科学合理的依据,对于不同等级的设施如何权衡公平与效率的关系也一直存在着矛盾。第三,公共服务设施规划指向终极目标,时序性的安排也缺乏合理的科学依据,目前的规划中仅按照城市扩张的规律适当地缩小用地作为近期建设规划的内容,但是没有分析不同等级的设施对于城市不同片区的带动作用,实际上对于建设的指导作用微乎其微。公共服务设施空间布局存在刚性不足、弹性缺失并存的问题。

2.2.5　不同部门规划的衔接

　　除了规划部门制定公共服务设施规划之外,与公共服务设施相关的教育部门、卫生部门、文化部门等也需要制定相应的规划,如“十二五”规划以及布局发展目标。江苏省政府于 2012 年 11 月提出建设城市社区“10 分钟体育健身圈”,计划到 2015 年 6 月底,完成全省城市社区“10 分钟体育健身圈”的建设任务,即在市、县(市)主城区,居民以正常速度步行 10 分钟左右(直线距离为 800—1 000 m)范围内,建设便民利民的公共体育设施;卫生厅提出到 2015 年,江苏省建成覆盖城乡居民的“15 分钟健康服务圈”。郑州市 2011年提出“15 分钟生活圈”,居民在任何地方居住,只需步行 15 分钟就能够找到政府为居民服务的机关,日常事务在社区就可以得到服务,如 15 分钟孩子可以到达学校,15 分钟能够找到医生看病,15 分钟能够找到强身健体休闲的场所,15 分钟能够找到满足日常生活基本需要的市场、超市,15 分钟能够到达城市的快速路,上了快速路 15 分钟能够出城等。这些发展目标往往一概而论,缺乏对于实际情况的考量,一方面仅以时间作为划分标准缺乏对于居民出行方式、服务人口的考虑,另一方面这些目标的提出也并没有合理体现在现有的总体规划与控制性详细规划当中。

2.3 供给与使用的空间表现

基本公共服务设施的区位不仅涉及其本身的空间位置,也包括该设施与周边环境的关系。由于基本公共服务设施的使用主体和供给主体的多元化,存在着各种时间错位和城市空间发展差异化所带来的问题。基本公共服务设施的区位与城市空间的关系反映了城市在不同发展阶段以及不同空间公共服务设施供给与需求不均衡所带来的矛盾。同时受使用主体居民属性的影响,不同类型的社区对于基本公共服务设施需求的不同也将会带来不同的区位布局结果。

2.3.1 配套速率与城市空间的扩张

在城市拓展初期,城市边缘区由于具有优良的土地资源优势,往往选择建设大学、开发区等引擎型的发展主体,这些大型载体有利于带动相关领域的产业发展,但在开发区作为独立产业区的发展阶段,往往以招商引资、促进产业集聚为主要目标,忽视载体环境的建设,到开发区发展的中后期,随着人口的不断集聚,开始注重学校、医院等配套设施的建设,但此时由于用地的制约和管理权限的分割,很难从全局发展的角度进行安排,只能见缝插针。这种各自为政的发展方式,以及这些载体空间布局的随意性,导致周边服务设施布局过程中缺乏有效的统筹与整合。以开发区的公共服务设施配套为例,其供给模式包括同步供给、前置带动、后置补充以及单一发展几个方面(谢晖,2010)。虽然同步供给有利于各项功能的协调,但是以新区为发展目标的大多数开发区都位于城市边缘地带,选择后置补充的形式进行配套,从而造成了严重的职住分离现象的出现。这种以开发区建设和商业地产开发为主要支撑的新城市空间开发模式,导致城市新建地区基本公共服务设施配套严重滞后,一方面阻碍了本地活力的提升,另一方面也给主城带来了更大的压力,进一步加剧了城市区域间公共服务设施不均等的状态(表 2-8)。

表 2-8 开发区与城市动态整合路径对比分析

发展路径	优点	缺点	适用类型	典型案例
同步供给式	有利于开发区各项功能的整体协调	开发周期较长	适用于分期滚动开发、面积较大的开发区	江宁经济技术开发区
前置带动式	以公共服务设施引导开发区建设,有利于在较短时间内促进人口集聚	前期投入较大	适用于距离城市较远、功能相对独立的开发区	杭州经济技术开发区
后置补充式	前期投入开发较快,利于开发区的快速启动	不利于人口集聚,短期内容易造成职住分离现象	适用于城市边缘型开发区的建设前期	苏州工业园区,南京市高新区
单一发展式	保留单一的开发区功能,有利于开发区的快速启动	功能相对单一,规模不宜过大	适用于面积较小、位于城市内部的街区型开发区	上海闵行经济开发区

2.3.2 中心与外围地区发展差异

城市"中心—边缘"的发展结构导致基本公共服务设施的布局与其服务品质之间存在严重的不匹配。从教育设施的发展来看,各个城市不管教育资源丰富与否,都或多或少地存在"教育失衡"的问题。旧城区名校云集,办学质量高,但是生均设施水平低,班额较大;而新城区和外围乡村地区生均设施水平高,但是办学质量较低,优质资源密度低,说明教育设施均等化成绩显著,但是教育质量的均质化矛盾重重。位于我国中部地区的西安市五大优质名校(包括西北工业大学附属中学、高新第一中学、铁一中学、西安交通大学附属中学和陕西师范大学附属中学)的布局都与西安城墙外最为繁荣、房价最高的地段吻合,如图2-9所示,"■"为房价15 000元/m²以上的小区,"●"为房价10 000—15 000元/m²的小区,这些小区均在五大中学的服务半径之内,享受着最好的教育资源。而南京名牌优质中小学(如北京东路小学、拉萨路小学、南京外国语学校等基础教育重点学校)也高度密集分布在旧城区,一直是家长争抢的对象。正是由于教育设施布局的非均质性,导致了普遍的择校行为的出现。以南京为例,2009年南京市统计局所做的南京市居民家庭教育消费专题调查报告[①]中指出,南京三成以上的居民家庭有过择校行为,而且择校比例与收入水平成正比,居民家庭收入越高,有择校行为的比重越大。这种现象不利于基础教育均等化的发展趋势,收入上的差距带来了对于教育资源享受的差距,也造成了部分设施的浪费与空置。

图2-9 西安市品牌中学分布与居住区分布的关系示意图

2.3.3 行政区与设施服务范围

现有公共服务设施的布局大多以行政区为配套基础单元进行配置,如街道服务中心、社区文化服务中心,基本保证每个对应的行政区配套一个,基层文化设施基本以街道

---

① 国家统计局南京调查队.2009.平衡教育资源,社会通力"减负"——南京市居民家庭教育消费专题调查报告[EB/OL].[2009-12-31]. http://www.njtj.gov.cn.

中心为布局位置建立文体服务中心。但是一方面,目前城市中的街道、行政区划分差异明显,街道大小不一但都配套标准一致的公共服务中心,难免会造成设施使用的浪费与不足问题共存的现象。图 2-10 显示了南京市不同街道社区卫生服务中心的配置,主城区每个街道基本都有两三个中心,而向北的栖霞区拥有更大的街道却只配置了一个中心。另一方面,基层公共服务设施需要满足居民便捷性的需要,应当将居民的便捷使用放在首位,应当尽量缩短服务范围内居民的步行距离。图 2-11 为南京市鼓楼区的三个社区卫生服务中心,虽然满足了每个社区配置一个卫生服务中心的需求,但是由于空间布局的不合理,并没有发挥设施应有的效率,三者均位于社区的边界区域并且其中有两个中心都没有与社区内的居住用地良好结合,正是因为如此也出现了一些跨区使用公共服务设施的现象,从而造成管理上的混乱。

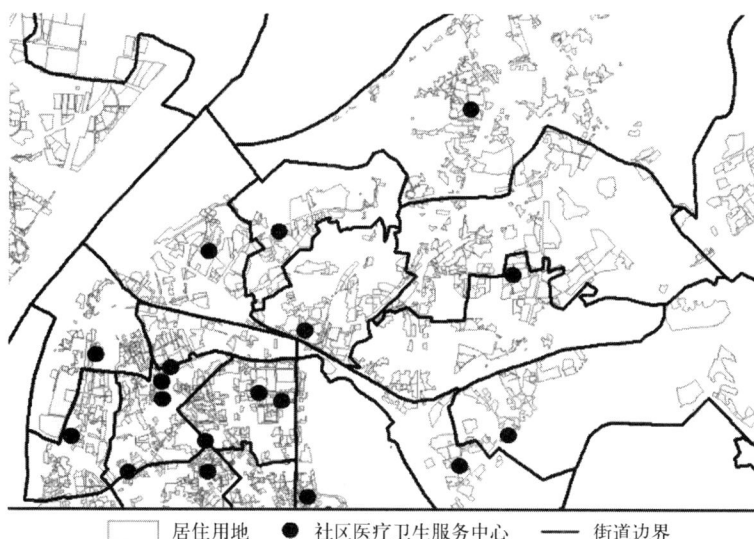

　　　□ 居住用地　　　● 社区医疗卫生服务中心　　　—— 街道边界

图 2-10　南京市某区域不同街道社区卫生服务中心布局示意图

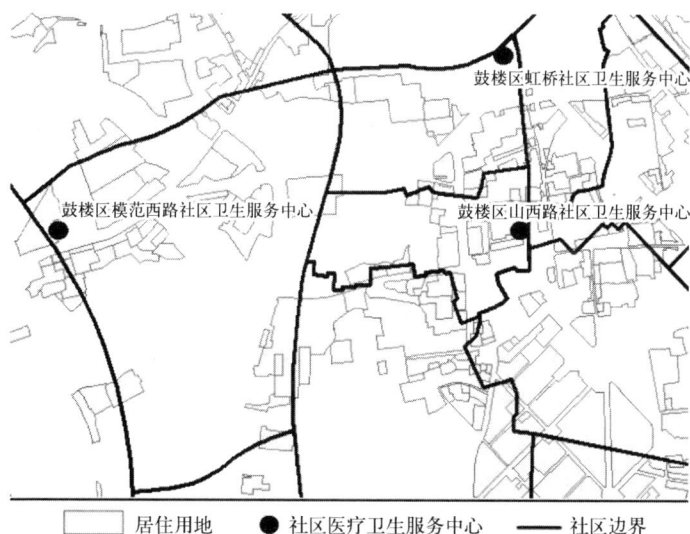

　　　□ 居住用地　　　● 社区医疗卫生服务中心　　　—— 社区边界

图 2-11　南京市鼓楼区某区域三个社区卫生服务中心的空间布局示意图

2.3.4 不同属性社区发展现状

　　基本公共服务设施与居民的基本需求相关,而不同的居民受其文化程度、收入水平、生活方式等方面的影响,在选择以及使用基本公共服务设施的过程中都表现出巨大的差异性。如在城市边缘区出现的大型商品房小区,居住者多以年轻人为主,职住分离现象较为明显,对公共服务设施的需求较高,而目前新区设施配套的滞后又无法满足他们的需求,进一步加剧了主城公共服务设施的压力,尤其是教育和医疗卫生资源表现得特别明显。另外随着保障房数量的增加,保障房居民群体也成为城市社会中的重要组成部分。以保障房社区中拆迁安置房为例,基本公共服务设施的配套面临两种情况,一是在这类小区建设初期,一般都选择在城市边缘区布点,这样必然与城市公共服务设施体系相脱节,造成基本公共服务设施供给缺失的问题。二是目前在保障房建设的过程中出于优化空间布局的考虑,也建议将保障房配建在商品房社区内,使其能够享受同样的社区配套和公共资源设施,但是由于人员构成的差异、社会属性的差异,不同属性的居民在相同的社区中居住、享用同样的设施配套将间接地导致现有设施供需不足或者供需错位的问题。与这两类人群相比,中心城区的老社区,包括计划经济时代大量的单位福利房中的居民,基本上都以老年夫妇为主,受其年龄影响,活动范围较小,但是由于主城区本身基本公共服务设施配套较为完善,他们对于公共服务设施的满意度较高,也可以通过周边公园以及高校中的设施进行弥补,供需基本平衡(表2-9)。

表 2-9　不同小区居民属性分析

	拆迁安置房小区居民(包括商品房小区中的拆迁安置房居民)	城市边缘区大型商品房小区居民	中心城区老社区居民(包括大量的原有单位福利房小区居民)
家庭构成	核心家庭和主干家庭为主,家庭构成相对复杂	核心家庭为主(多为年轻夫妇)	核心家庭为主(多为老年夫妇)
职住分离状况	职住相对平衡	职住分离现象较明显	职住相对平衡
年龄结构	年龄跨度较大	以青壮年为主	相对老龄化
收入水平(元)	1 000—3 000	4 000—6 000	收入不等
日常活动范围	受原有生活方式影响,活动范围较小,以社区内部及社区附近地区为主	受职住分离及年龄影响活动范围较大,娱乐活动地点也呈现多区位的特征	受年龄影响,活动范围相对较小,以社区内部以及周边公园、高校为主
公共服务需求	供需错位,现有设施使用率低,不能满足需求	供不应求,对公共服务设施水平的要求较高,现阶段倾向于选择主城的设施	供需平衡,总体满意度较高

2.4　新时期发展的核心矛盾

　　目前,在城市化发展的新阶段,基本公共服务设施供给水平作为新型城市化水平评价的重要指标,两者的发展水平之间仍旧存在着严重的脱节与不协调,影响了城市化质量的提升。而基本公共服务设施规划与配套标准以及设施供给与使用所表现出的一系列空间问题又进一步说明,现状基本公共服务设施区位布局存在的核心矛盾即多元主体下由于供需不对称所带来的公平与效率的不合理问题。

2.4.1　主体多元化

基本公共服务的概念从供给主体的角度被首次提出,之后便分别在各个领域(包括公共财政、城市规划、社会文化等方面)得到不同角度的重视与落实。从现状发展的问题中可以发现,基本公共服务设施在其建设初期的的资金供给、空间规划、时序安排,到建设之后的管理、维修,无不涉及各种主体对其施加的影响。不同主体的价值观、专业标准与理念的不同直接或间接地造成了基本公共服务设施区位布局中各种问题的出现。

2.4.2　供需不对称

现状中所出现的供需不对称主要包括供不应求、供需错位等问题。而供需不对称现象的产生与基本公共服务的特征紧密相关。按照第1章的梳理,这些特征分别包括应时性、基础性、普遍性和可变性。从供需平衡的角度来说,应时性说明基本公共服务设施的相关标准必须具备合理的弹性,能够随着经济发展水平和公共财政能力的变化而进行有效的调整;基础性说明随着居民需求的提升,基本公共服务设施必须从其规模、服务质量、服务半径等多元化的指标入手,通过调整不断适应居民最基本的需求;普遍性说明在不同的区域、不同的城市空间、不同的群体与个人之间,相关建设标准必须因地制宜才能够让在不同地区的具有相同需求的居民得到同等水平的服务供给;而可变性也说明设施的种类可以随着社会的发展不断调整,弹性与刚性并重。只有基本公共服务设施满足了以上一些要求,才能保证设施的供给与需求会随着社会经济的发展不断互动调整从而保持一个相对稳定的平衡状态。

2.4.3　公平与效率不协调

可以说正是由于主体的多元化与供需不对称使得基本公共服务设施在区位布局的过程中长期存在着公平与效率不协调的问题,并影响居民在使用设施过程中的满意度水平。这种公平与效率的不协调导致了设施区位与城市空间发展的不同步,而在设施区位布局的过程中,由于区位评价体系中针对公平与效率评价的不完善与缺失以及现有评价指标选取的不合理又进一步加剧了这些问题的产生以及矛盾的深化。

作为基本公共服务设施区位布局的核心矛盾与区位评价的关键内容,应当从哪一视角着手构建"公平与效率"的评价体系还要从"新型城市化"的内涵出发。

2.5　新型城市化的发展要求

从全球城市化的三次浪潮来看新型城市化出现的历史背景(图2-12)。第一次浪潮起始于欧洲,以英国为代表,伴随着工业革命的发展而发展,1750年英国城市化率为20%,1850年达到50%,历时200年到1950年基本完成城市化;第二次浪潮以美国为代表,1860年美国的城市化率为20%,历时大约100年的时间到1950年达到71%,在这一阶段针对第一次浪潮之后英国及欧洲城市化过程中出现的众多问题而提出《雅典宪章》,对第二次的城市化浪潮产生了重大影响;第三次浪潮发生在拉丁美洲及其他发展中国家,南美诸国在1930年的城市化率为20%左右,到了2000年已经基本完成了城市化进程,但是由于过度的城市化,带来了环境恶化问题,使其陷入了"拉美陷阱"①的危机之中。面临着严峻的环境与人类发展问题,1977年《马丘比丘宪章》讨论通过,强调有机的城市空间、功能混合,强调人与人之间的关系在城市发展及城市规划当中的重要作用。10年后,针对世界环境与发展方面存在的问题,世界环境与发展委员会发表了报告"我们共同的未来",并提出了著名的"可持续发展"的理念。我国的城市化发展即在西方国家对于城市化的反思与改革的呼声中开始。

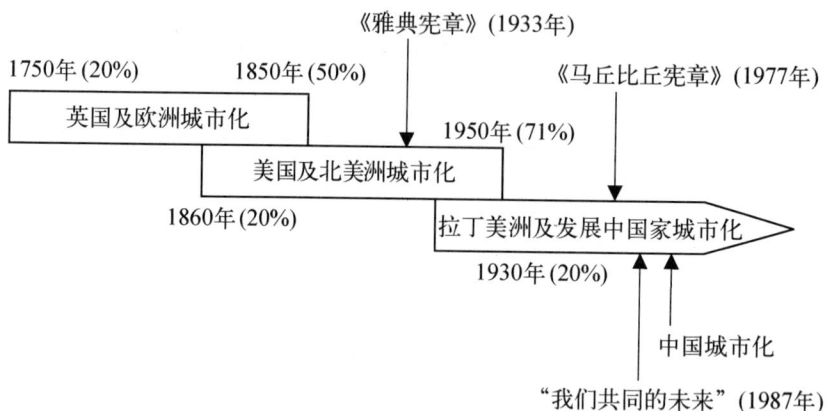

图 2-12　全球城市化三次浪潮示意图

　　纵观中国城市化的发展历程(图2-13),新中国建立到改革开放前,中国城市化率的变动受到大规模工业建设、"大跃进"、"文化大革命"等重大事件的影响,经历了迅速恢复、快速发展以及停滞不前等曲折的发展过程。1978年以后,城市化率开始稳步上升,其中1979年由于将建制镇人口统计到城市化人口当中,城市化率出现增长的高峰。1992年以邓小平"南巡"为标志,中国的改革开放进入了一个新阶段,经过1993年国家对设市标准的调整,1995年城市个数基本达到稳定(中国发展研究基金会,2010),而城市化率一直在不断攀升。21世纪之后,在国家积极财政政策的带动和我国经济高速发展的拉动下,城市化率的增加值迅速上升,国内各大城市进入快速城市化发展阶段,2002年中国共

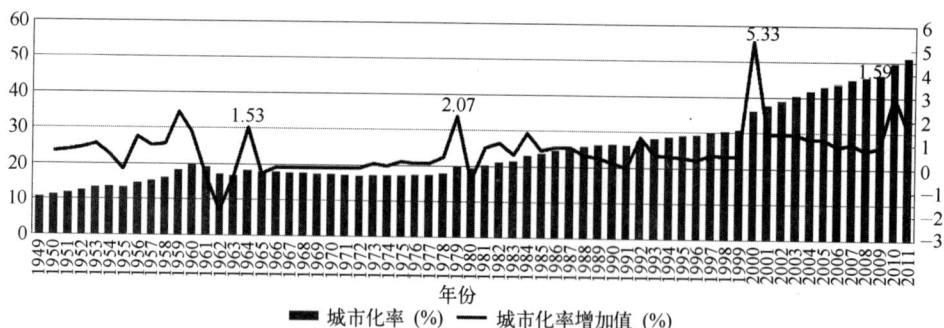

图 2-13　历年中国城市化率增长趋势及其变动情况

---

　　① "拉美陷阱"即20世纪70年代,拉丁美洲国家的贫富不均、两极分化,城市化失衡造成环境恶化、失业人口较多、公共服务不足现象。过度城市化不仅没有推动拉丁美洲经济持续发展,没有解决其农村农业问题,反而使拉丁美洲各国都陷入了更为棘手的城市危机之中。

基本公共服务设施区位评价

产党的十六大报告第一次明确提出"走中国特色的城镇化道路"①,是我国由传统城市化进入新型城市化发展的重要标志。仇保兴(2009)在总结西方国家城市化的经验基础上提出了城市化发展的"C模式"概念,即在坚持"发展"的前提下,既充分利用市场机制的高效,又能低成本地补偿其负面影响的新型城镇化模式;并进一步指出"中国特色城镇化道路"的科学内涵:是走向经济效率与社会公平相协调、人口分布同资源环境相协调的道路,是彻底解决城乡二元结构问题、实现经济发展和社会和谐的道路。

2011年,我国城市化率达到51.27%,城市人口历史上首次超过农村人口。2012年中国共产党第十八次全国代表大会的讨论内容中包含了大量对新型城镇化关注的问题,胡锦涛同志在十八大报告中提出,要坚持走中国特色的新型工业化、信息化、城镇化、农业现代化道路,推动信息化和工业化深度融合、工业化和城镇化良性互动、城镇化和农业现代化相互协调,促进工业化、信息化、城镇化、农业现代化同步发展。2014年新型城镇化院士专家座谈会提出新型城镇化要由资本积累转向社会需求,建立空间与人的积极联系,要面向人的需求进行空间生产。同年,首部国家级城镇化规划的出台也进一步明确了"以人为核心的城镇化"的发展方向。

全国各界人士针对新型城市化道路的内涵与本质展开了许多探讨,主要涉及以下几个方面:第一,新型城市化是伴随着新型工业化的产生而产生的,并以其为基础(姜永生等,2008;何铁,2008);第二,新型城市化强调"以人为本"(黄升旗,2010;王永昌,2007;杨重光,2009),倡导社会的和谐与公平;第三,新型城市化坚持以科学发展观为核心与指引(张浩,2010;彭红碧等,2010;董嘉明等,2008),实现集约化和内涵式的发展模式;第四,新型城市化需要实现政治、经济、文化、社会的全面协调与可持续发展(王永昌,2007;彭红碧等,2010);第五,新型城市化是实现大中小城市与小城镇协调发展,城乡统筹的城市化道路,并将以城市群战略为重点内容(姜永生等,2008;邹军等,2011)。《中国新型城市化报告2009》对新型城市化战略的内涵进行了总结,提出了涵盖上述内容的"六大坚持"的核心战略内容(牛文元,2009;2011)。十八大报告中认为新型城市化的"新"即城乡统筹、城乡一体、产城互动、节约集约、生态宜居、和谐发展,是大中小城市、小城镇、新型农村社区协调发展,互促共进的城市化。

可以说新型城市化的要求是不断提升城市化建设的质量内涵,基本公共服务的发展作为衡量城市化质量的重要因素,面临着包括"以人为本,全面统筹"、"公平优先,兼顾效率"、"与时俱进,多元合作"以及"城乡统筹,协调发展"众多转型发展的要求和原则,而其核心的发展原则即"以人为本"。发展城市的目标在于为人服务,让广大人民群众共享城市发展的成果。在近代城市规划的发展历程中,"以人为本"这一思想始终贯穿着城市发展与城市规划思想演变的整个过程。《雅典宪章》指出,对于从事城市规划的工作者来说,人的需要和以人为出发点的价值观是衡量一切建设工作成功的关键;《马丘比丘宪章》提出人的相互作用与交往是城市存在的基本依据,城市规划必须建立在各专业设计人员、城市居民以及公众和政治领导人之间系统的、不断的互相协作配合的基础上。基本公共服务与人的基本权利与需求相关,应该关注人的共性、个性以及普遍需求,实现对人的全方位关怀,从协调人与人之间的关系出发促进社会发展的公平与正义。因此新时期基本公共服务设施区位公平与效率的评价体系的构建将"以人为本"作为着眼点,并以此为基础进行相关理论与实践研究。

---

① 中国共产党的十六大报告中提出,要逐步提高城镇化水平,坚持大中小城市和小城镇协调发展,走中国特色的城镇化道路。

3 基本公共服务相关理论研究述评

本章首先简要概述区位论发展的历程,接着将区位论的相关理论研究分为两大部分——生产性服务业区位论以及生活性服务业区位论,对生活性服务业区位论中公共服务设施区位论的相关内容进行了重点介绍,按照基本公共服务设施主体多元化的特征,从不同的学科和角度进行理论综述,包括公共服务设施的"空间公平与空间效率"、"人本化"、"社区化"、"均等化"以及评价等几个方面;然后针对公共服务设施区位研究涉及的相关理论、原则和方法进行了,总结了理论研究的核心问题与未来研究的突破点(图 3 - 1)。

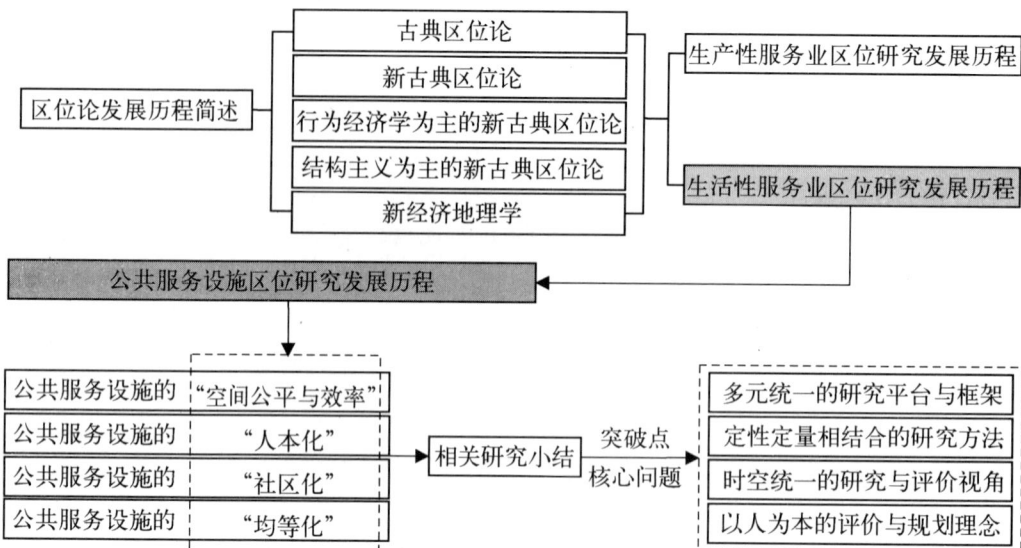

图 3 - 1　第 3 章内容框架

3.1　相关理论研究进展

理论研究进展从区位论的发展历程出发,并结合服务业区位论研究的类型进行梳理,主要集中在与基本公共服务设施相关的生活性服务业的区位研究中。

3.1.1　区位论的发展历程概述

区位论(Location Theory)或称区位经济学、地理区位论,是关于人类活动,特别是经济活动空间组织优化的学问(杨吾扬,1988)。广义的区位论认为,区位论就是研究世界各国、各地区人类各种活动区位的选择、形成和发展的科学;狭义区位论是指关于区位研究的理论,即通过地球表面的集合要素及其组合实体,从空间或地域方面研究自然和社会、经济现象,关于人类活动,特别是经济活动空间组织优化的学问(杨吾扬等,1997;刘继生等,1994)。

19 世纪下半叶至 20 世纪 40 年代,是区位理论的建立和初期发展阶段(杨吾扬等,1997)。杜能、韦伯、克里斯塔勒、廖什是这个阶段的代表,他们所提出的理论有如下共同特点:对象是单个或某一方面的经济客体,如工业企业、农业种植区、市场中心的区位选择;方法是在一定假设前提下的纯理论推导;基本点是空间距离关系,忽略了环境的变化与人的主观能动性。因此,又可称之为静态的区位理论或古典区位理论。

"二战"以后,以艾萨德的《区位和空间经济》以及贝克曼《区位理论》的出版为标志,以新古典区位论为代表的现代区位论逐渐形成(陈文福,2004)。区位理论的研究形成了两个主要的相互联系而又有区别的方向。一方面即20世纪50年代末至70年代中所发展起来的区域科学方向,创始人是艾萨德,研究对象主要以地域经济综合开发和组织为主。另一方面即人文地理学的区域分析方向,代表人物有"二战"后美国的贝里、瑞典的赫格尔斯特兰、联邦德国的巴尔特尔斯、英国的哈格特等,他们将区位论与地理研究相结合引起了地理学家对于计量方法在实践和理论研究中的广泛应用(陆大道,1988)。

20世纪80年代之后,西方国家的产业化进程加速,其生产方式从大量生产方式转变为柔性生产方式,这时的区位理论基于产品周期理论和柔性专业化理论,诞生了斯科特的"新产业空间理论"(金相郁,2004)。新古典区位论的发展,包括1960年以行为经济学为主的区位理论,1970年以结构主义为主的区位理论,1980年以生产方式为主的区位理论都一直在探索突破更具有现实意义的区位论的理论体系。

20世纪90年代阿德尔和克鲁格曼(Krugman,1993)引入不完全竞争、规模经济、产品差异、报酬递增等概念体系发展了"新经济地理学",以一个多部门或多区域的世界为基本出发点,以收益递增与外部经济为核心,同时以一个空间经济系统的一般均衡模拟为平台,将"D—S"垄断竞争一般均衡模型、萨缪尔森关于运输成本的"冰山"理论以及强调历史与偶然性作用的演化观念相结合,通过"核心—边缘"模型、演化城市系统模型以及产业集中与贸易模型的建造,构建和逐步拓展内生的空间集聚与分散理论,提出了一个新的、规范的分析框架(苗长虹等,2003),并得出了与地理学多维转向研究相似但更为精细的研究结论,即城市与区域经济的增长源于在性质上是地方化的某些因素,如地方的外部性与收益递增、不完全竞争、历史和偶然事件、路径依赖等(Fujita et al,1999)。

3.1.2 生产性服务业区位研究

克鲁格曼"新经济地理学"的兴起,将区位理论研究的领域大大拓宽,也说明了传统地理学的研究方法论必须加强与其他学科以及社会生活的联系。进入20世纪90年代之后,现代区位理论的研究几乎涉及了所有人类事务的位置问题,其中出现了大量关于服务业领域中生产性服务业区位的研究。

生产性服务业是指那些为进一步生产或者最终消费而提供服务的中间投入,一般包括对生产、商务活动和政府管理而非直接为最终消费者提供的服务,主要包括金融、物流、会展、中介咨询、信息服务、软件外包、科技研发、创意、教育培训等服务行业。

但是从地理空间角度探讨服务业的文献与主流经济学的方法所进行的研究成果相比还有相当差距。即便如此,也出现了一些在服务业地理空间规律研究方面值得一提的著作(表3-1),特别是生产性服务业以及其中的一些体现知识和技术密集型的高端服务业成为研究的重点(王海文,2010)。

表 3-1　服务业地理空间规律研究主要著作及贡献

学者	著作	贡献
丹尼尔斯（Daniels, 1985）	《服务业：一个地理视角的审视》(*Service Industry: a Geographical Appraisal*)	指出服务业地理空间分布规律长久地被人们所忽视，而恰是地理学家的首先介入带动了其他学科学者对此领域的探索。他对区位论在服务业中的运用给予了关注，探讨了服务业的分布规律和影响因素，并注意到了服务业区域发展的不平衡性，在开拓服务业地理空间研究方面做出了贡献
马歇尔等（Marshall et al, 1995），伊列雷斯（Illeris, 1996）	《服务，空间》(*Service & Space*) 与《服务经济：基于地理视角的研究》(*The Service Economy: a Geographical Approach*)	在服务业的形式、功能以及服务经济的地理空间组织研究方面提供了广阔的分析视野
布莱森（Bryson et al, 1998）	《全球服务业经济》(*Service Industries in the Global Economy*)	作者编辑的两卷本书籍是出版该书前 10 年的服务业文献的里程碑式的集大成者，其中不乏探讨服务业地理空间规律方面的佳作

对服务业区位的研究伴随着城市化的加快而兴起，研究对象一般在城市化水平较高的大都市地区，涉及的内容主要是价格与地理空间位置的关系、服务业就业结构以及产业发展的地理空间布局的变化、服务业与其他产业（一般指制造业）在地理空间上的拓展，等等（王海文，2010）。

沙利文（Sullivan, 1985）较早地构建了一个包含城市公共部门的居住区位模型，用以研究都市服务业的定价与居住区空间分布之间的关系。丹席克（Damesick, 1986）将服务业与英国就业和区域发展放在一起，分析了劳动力向服务业转移的原因，并重点研究了区域经济增长中生产性服务业的作用及由此带来的区域差距。基恩（Kirn, 1992）以区域经济为对象，地理空间维度为视角详细比较研究了美国四大都市区服务业相关部门的增长与变化。艾伦（Allen, 1992）认为过分强调服务业与制造业的关系限制了人们思考服务业作为经济增长"催化剂"这样的命题。科恩等（Coe et al, 1998）对英国东南地区服务经济区域化进行研究，认为分析地理空间集聚不能过度强调生产。本内特等（Bennett et al, 1999）探讨了英国商业的区位和集中问题，分析了英国商业发展的高度区域化以及非平衡性。伊伯斯等（Eberts et al, 1998）也认为在过去 10 年中，出现了大量针对北美生产性服务业的就业、增长和空间布局问题的研究文章。希拉特（Sirat, 1998）以马来西亚吉隆坡为例研究了都市区生产性服务业及其增长管理问题，认为生产性服务业的增长可以改变都市区域的特征。塞尔（Searle, 1998）则以大都市悉尼为例研究了生产性服务业区位的变化，探讨了全球化技术变革背景下悉尼的生产性服务业的分布以及劳动力布局。再比如维尔纳海姆等（Wernerheim et al, 2003）考察了高端生产性服务业是否可以自由定位的问题。

可以说对生产性服务业地理空间分布规律即生产性服务业区位论的研究，是在发达国家后工业化阶段第三产业迅速发展以及产业结构快速变化的背景下出现的。随着现代信息技术的发展，服务业对整个城市经济的带动作用开始逐渐超过工业并起到引领城市发展的作用。经济全球化的到来使得服务业的区位选择已经不再把空间距离作为第一要素，这一阶段的研究更重要的是强调了生产性服务业对于城市与区域再造的作用（王海文，2010）。

3.1.3　生活性服务业区位研究

生活性服务业主要是指直接满足人们生活需要的服务行业,主要包括商贸、旅游、房地产、社区养老服务,就业服务,家政、物业管理服务,医疗、休闲娱乐、体育健身服务。国外对于公共服务设施空间区位的研究起始于 1968 年。泰兹(Teitz,1968)在《走向城市公共设施区位理论》(*Toward a Theory of Public Facility Location*)一文中初次提出公共设施区位理论,开创了公共服务区位理论研究的新纪元。自此之后,针对教育、医疗、公共开敞空间的区位研究分别出现在运筹学、管理科学、工业技术、经济地理以及空间规划等著作当中。

1) 公共服务设施"空间公平与空间效率"

(1) 公共服务设施空间布局公平的内涵

国外学者在公共服务设施空间区位的研究中对空间公平的定义多种多样,涉及地理学、计算机学、数学等学科并逐步向社会科学拓展,定义的多样化也使得学者们能够达到最初假定的设想(Kunzmann,1998)。在相关定义中,空间公平一般都是针对公共设施均等的可达性,用距离来测量(Smith,1994;Talen et al,1998;Kinman,1999;Ogryczak,2000),比如学校的可达性、健康设施或文化设施的可达性;而另外一些人对于空间公平的解释则更加具有野心,包括公平的就业选择,公平的教育系统可达性的选择,等等。这些选择不只是对于地区或单个的设施,还对于不同目标、不同年龄的群体(Kunzmann,1998)。这与中国目前对于基本公共服务均等化内涵的解析类似,公平的内涵会随着社会空间、阶层的分异逐步趋向复杂化,但最终的目标都是为了满足不同需求的人在使用公共服务设施过程中的公平性。进入 20 世纪 80 年代后,有关城市公共服务设施空间公平的相关研究逐步增加(Jones et al,1982;Kirby et al,1983;Smith,1994;Hay,1995;Talen et al,1998;Ogryczak,2000),学者们认为对于城市公共设施均衡分配目标的追求是城市规划师最高的目标,他们必须时刻分析所做的分配是否是公平合理的,是否具有完整的公平标准。金曼(Kinman,1999)指出,尽管如此,规划师仍旧不能对空间公平做出综合的、准确的评价。迄今为止,空间公平还没有在现实中有效合理的实现,一直以来都缺少对于城市公共设施综合评价体系机制的建立,早期的研究主要关注单一公共设施的公平性(Cingranelli,1981;Mladenka,1980;Mladenka et al,1977)。在 20 世纪 90 年代出现了一些针对公共设施公平规划的实证研究(Meier et al,1991;Miranda et al,1994;Kinman,1999),但是由于设施公平定义的不确定性和弹性,仍旧很难评价基于政府角度出发的公共设施的空间布局对于居民是否是公平的。

(2) 针对有害(污染)设施布局的公平与效率研究

公共服务设施的类型多种多样,但是针对有害(污染)设施布局的研究成果众多,因为这类设施属性的复杂性使其不仅在理论上,而且在政治上一直以来都是一个悬而未决的问题,有害设施包括填埋场、焚化炉、有毒废物堆场等设施。早期的研究主要是以考克斯等(Cox et al,1979)、雷克(Lake,1993)为代表的马克思主义地理学家针对有害公共设施从政治地理学的角度进行的相关研究;之后有学者从社会福利的角度进行分析,提出如果过分强调公平,社会福利将增加(Arthur,1990),也有学者运用纳什均衡原理将帕累托效率和个人理性相结合来解决布局问题(James,1992)。当然也有部分学者通过对社区垃圾设施布局的研究发现,并没有完整的数据显示由于社区垃圾设施的不合理布局导致环境的不公平或者带来差异性影响,社区人口构成的改变可以通过人口总体趋势的改变来解释(John,1996),也就是说有毒设施的布局对居民的影响有可能是在一定程度上被扩大了。在此背景下,学者们希望能够建立测量该类设施的具有普适性的方法,用以在公平的基础上平摊风险(Raul et al,2002)。珍娜等(Jenna et al,2008)在研究中提出以往针对危险物品的研究往往将危险物品的运输管理和设施布局单独考虑,她认为应当同时考虑危险物品的管理、运输成本以及与其相关的设施,同时考虑危险性和公平性。

（3）公共服务设施空间布局公平与效率的方法与模型

在学者们关注危险设施布局的同时,随着公共服务领域各类设施公平性的重要性不断增强,学者从各个不同的角度针对如何公平布局提出了众多计算模型(Mumphreys et al,1971；McAllister,1976；Savas,1978),这些布局模型呈现出明显的跨学科特点。迈克尔等(Michael et al,1994)将这些关于设施公平布局的文献资料进行梳理与整合,介绍了一个可以重组这些研究的框架和通用标准,并在几类重要模型的基础上探讨哪些模型是适合用作测量公平的。当然,目前可利用的空间布局的方法中,可达性得到最广泛的应用(Talen et al,1998；Pooler,1995)。任何关于空间公平的地理分析的内容都依靠对于可达性的测量。针对当时研究中缺乏方法论的问题,出现了一些围绕计算、可达性空间分析以及 GIS 应用的文章(Arentze et al,1994；Frost et al,1995；Geertman et al,1995；Talen et al,1998；Thill et al,1992)。

同时也有学者从经济学的角度出发,认为设施的经济效益取决于控制设施的可进入性以及设施的规模大小(Winston,1988)。大部分研究中将公平与效率单独考虑,认为实现公平的目标必然会影响效率的提高。康史(Yasushi et al,1993)提出可以让公司同时选择价格和布局的方法达到纳什均衡从而得到设施公平与效率的统一。

21 世纪之后出现了一些新技术以及综合可达性方法的应用。邹克万(Ko et al,2005)构建了 IEI 模型,这是一种基于可达性背景下的针对空间均衡的综合公平指数。IEI 的结果分为两个部分,其中一个部分解释空间分配,基于 3D—GIS 仿真技术,另外一个部分基于空间自相关技术分析空间相关性。对于空间自相关分析的研究,索卡尔等(Sokal et al,1998)也曾经涉及过。珍娜等(Jenna et al,2008)用问卷调查的方式分析了家庭收入、体育场馆和设施的可达性以及体育活动之间的关系。胡斯托等(Justo et al,2009)从应用数学的角度探讨设施布局公平性测算的延伸性问题。塔米等(Tammy et al,2009)应用基尼系数的方法计算设施公平服务。张学伟等(Hsueh et al,2011)构建综合模型框架评价公共设施的空间公平、可达性和移动性。从公共设施的效率测算方面延伸到能源使用效率,学者指出在能源有限的背景下,应当将能源相关标准与规划布局的相关标准进行整合从而通过设施布局提高能源使用效率(Yang et al,2012)。还有学者运用模拟退火算法计算最优布局模式,目标是使得顾客的交通总成本以及生产成本最小(Abdolsalam et al,2012)。

（4）医疗设施布局公平与效率的相关研究

除了有害设施之外,对于医疗设施的研究成果相对较多。罗伯特等(Robert et al,1991)分析了初级健康服务的公平性,比较了卫生部的服务和社会保障服务,包括成本、质量、支出。赵喆柱(Cheol,1998)认为医疗设施布局的公平可以用接受医疗服务的机会来衡量,效率可以用消费者和生产者的福利来衡量。荷米等(Homeé et al,1998)运用数据包络分析选择了 26 个医疗设施布局的帕累托最优点,并进一步结合实践选择最佳点。金曼(Kinman,1999)从设施使用的角度,通过细致的调查问卷分析医疗设施公平性的使用情况。除了居民使用的感受之外还包括设施本身的运营数据。阿卜杜萨姆等(Abdolsalam et al,2012)考虑到医疗设施的布局受到资金限制以及规划周期的影响。西班牙社会公共健康与卫生管理局 2012 年的一篇报告中指出,2008 年开始,世界卫生组织以及世界各地的医疗卫生组织都强调了初级医疗保健服务的重要性。在初级医疗健康服务中,由政府控制和管理的覆盖全体的财政支出,公平的设施布局,综合的服务水平以及免费或低价的初级医疗服务收费都是一个国家卫生健康水平的重要标志(Barbara,2012)。

(5)国内公共服务设施空间布局公平与效率的相关研究

国内对于公共服务设施的空间布局公平与效率的研究集中在 2005 年之后,处于起步阶段并且主要以教育设施和医疗设施的研究为主,基本都以 GIS 为操作平台,运用比例模型、最近距离模型、机会积累模型、重力模型等方法进行分析。

如吉云松(2006)运用泰森多边形模型,提出根据人口属性合理划分施教区有利于以施教区为单元进行教研资源合理配置和教育管理。王亭娜(2007)认为医院和学校的布局是否公平合理直接关系到政府提供公共产品服务的效率高低,并以仪征市为例对其一级医院、二级医院以及高级中学的空间布局效应进行定性和定量的分析。陶海燕等(2007)利用医院技术人员与就医患者的比值来表示患者获取公共医疗卫生服务的公平性指标,采用克里金插值方法获得整个研究区域内公共卫生服务的公平性空间分布。陈莹(2008)通过对学校教育服务区的划分、学校资源的评价、基础教育资源的可达性评价等方面的深入研究,旨在促进教育资源均衡配置。

孔云峰等(2008)以巩义市初级中学为例,利用比例模型、最近距离模型、机会积累模型、重力模型和改进重力模型,揭示了学校分布与人口分布之间的关系并建议使用 GIS 和空间可达性指标评估中小学布局调整的公平性。张霄兵(2008)主要考虑了人口空间分布、可达性、学校容量与周围人口平衡关系、现状学校情况以及用地性质影响,从而确定选址最优区位和评价指标。张雪峰(2008)、吴建军(2008)运用可达性、胡夫模型等对农村中小学以及医疗设施的空间布局进行了分析,认为农村医疗设施规划和教育设施规划不仅要解决目前看病难、上学难的问题,也要兼顾资源利用效率和资源分配的公平性。林康等(2009)从可达性公平的角度对公共产品的空间布局进行定量评价,认为空间公平性包含两层含义,分别是空间可达性和空间可用性,运用的方法包括缓冲区分析法、最小距离法、行进成本法以及吸引力指数法。高军波等(2010)构建了城市公共服务设施空间分布的综合公平指数模型,并借助三维模拟和空间自相关分析技术,探讨广州城市公共服务设施分布的空间公平特征。

2)公共服务设施"人本化"

20 世纪 70 年代中期后,公共服务设施规划的"社会化"特征逐步凸显,出现了以考克斯、雷克等为代表的马克思主义地理学家针对有害公共设施从政治地理学的角度进行的相关研究;而原本以迪尔(Dear,1992)、沃尔琪等(Wolch et al,1993)为代表的部分地理学家与城市学家则开始更加关注公共服务设施的社会现实背景,进一步推进了公共服务设施空间布局理论向更具人本思想的方向发展(宋正娜等,2010)。20 世纪 90 年代之后公共服务设施规划更多地体现了居民需求的偏爱以及对于不同居民属性的研究。研究中,学者大多通过问卷调查从社会学的角度探讨在不同城市空间的不同属性的居民在使用公共服务设施中的偏好或者分析社区生活质量满意度影响因子,从而为公共服务设施的规划提供支撑。其中不同的城市空间包括中心城区、边缘区(即城乡混合区)、乡村地区、开发区以及较微观的城乡居民社区,包括单位社区、商品房社区以及经济适用房、保障房社区,等等。不同的居民群体包括一般的居民群体、企业职工以及大量的弱势群体,主要包括老年人、残疾人和外来务工人员。针对公共服务设施使用主体的研究,通过对居民就公共服务设施使用的满意度与需求的调研,得知不同设施对于不同群体的重要性,来确定不同地区设施的种类和规模,同时通过了解居民的日常行为习惯来指导不同地区公共服务设施的空间布局，以期达到个性与共性统筹兼顾的目标。

评价居民对公共服务设施的满意度主要以问卷调查的方式为主，以电话访谈为辅助方式。萨尔瓦多等(Salvador et al,2006)提出了如何权衡不同人群对于公共服务设施布局的偏好。最大覆盖选址问题(Maximal Covering Location Problem,简称MCLP)模型在1974年就被丘奇等(Church et al,1974)提出，之后卡润特等(Current et al,1988)和毕古尔等(Pirkul et al,1991)对其进行了进一步的修正和转化。保罗等(Paul et al,2008)在此基础上建立了评估体系评价不同健康条件下的居民需求。约翰(John,1996)构建了一个基于成本效益理论的区位布局的模型，该特征价格模型可以有效运用于对公共设施使用的倾向评估中。这个方法优于已有的方法是因为它直接将使用者的偏好融入了最终的目标功能当中。

约瑟夫等(Joseph et al,2008)认为公共教育、基础设施、图书馆、卫生设施、餐馆等在居民对生活的满意度中起到了至关重要的作用。他用问卷调查的方式综合地考察了居住区中的居民对社区中各个方面设施和服务的满意程度并对其进行了重要性排序。泰利等(Terry et al,2011)以18个城镇为研究对象，通过问卷和电话访谈的方式，对居民以及设施的管理者进行调研，从数量和质量两个方面对各种不同的设施进行了调查，观点既来自于本地人，也来自于非本地的专业调查员，希望能够得到一个具有普适性的社区设施配套种类目录。安东尼奥(Antornio)等人2008年针对公共设施规划提出了一个精确的分层布局中位模型(Hierarchical Capacitated Median Model,简称HCMM)。这个模型最主要的特征是：可达性最大化，基于不同水平的需求和设施，分等级的设施的网络化结构(如一定水平的设施可以服务于同等或较低的需求)，最大化和最小化容量限制，使用者和设施分配的限制。它们的目的是为空间类型的分配强制一些合适的形式使之更容易被大众接受。

国内学者从20世纪末开始关注公共设施的区位，早期的研究集中在对于教育、医疗设施空间布局模型的构建。近几年公共服务设施规划中也开始逐步关注居民的实际需求。张大伟等(2006)重点考察了武汉市城市社区公共服务设施的配置现状和居民的需求现状，提出了城市社区公共服务设施的规划项目、标准和实施单元。陈洁燕(2008)以无锡市中心城为例，了解居民对公共服务设施的满意度与需求度。葛丹东等(2009)以浙江省杭州湾经济开发区公共服务设施体系规划为例，将需求主体分为企业与居民两个方面。王德等(2010)和李如贵等(2008)专门针对外来人口对公共服务设施的需求以及使用特点进行了调查分析。宋志英等(2008)指出随着市场经济的不断完善，居住区的建设主体相应呈现出多元化的发展趋势。居民对个人健康状况的关注及对生活品质的重视，促使居民更加注意工作时间以外的生活。不同层次的居住区公共服务设施的配套应有所侧重，强化服务功能，注重社会公平。

宋妍等(2008)通过建立多人博弈的模型框架，对偏好差异影响城市社区共享资源自发治理结果的问题进行了分析，认为偏好主导着居民投入努力的行为决策动机，所以越大越有利于社区共享资源的满意供给。何芳等(2010)以上海宝山顾村"四高小区"的问卷调查数据为基础，从居民群体特征和居民行为偏好特征着手，剖析了保障性社区公共服务设施的需求特征，并用皮尔逊相关系数分析法分析了需求行为偏好与居民群体特征的相关关系，用因子分析方法遴选了影响保障性社区的设施满意度关键因子。徐怡珊等(2011)通过对西安市社区老年人口基本健康状况、社区老年人健康保障需求、老年健康保障设施实态的调查，构筑"在宅养老"模式下城市社区老年健康保障设施体系的内容。

3）公共服务设施"社区化"

在众多针对居民对公共服务设施满意度和需求属性的研究中,针对社区尺度从人文地理学角度的研究成果丰富,主要包括以西安外国语大学人文地理研究所所长王兴中教授为首的研究团队,以及北京大学柴彦威教授带领下的主要针对单位社区以及居民日常生活习惯运用时间地理学的研究团队。

2000年西安外国语大学王兴中教授出版的《中国城市社会空间结构研究》一书,首次系统地从人们感知的角度研究城市微观社会空间结构及模式。2004年出版的《中国城市生活空间结构研究》一书充分体现了城市社会地理学研究从城市经济空间向城市社会空间的转向。在他的研究中,设施作为城市生活场所的构成要素之一,是保证人们进行各种个体和交往活动的必要载体;生活服务设施的数量和质量如何,是衡量场所发达水平的一个重要因素。其中生活场所设施区位的构成因素包括人均最大化利用、设施成本最小、投资的效用最大以及使用者最大限度接近,分别与设施配套的充分性、经济性、有效性和可达性相关(图3-2),而这些又与居民的满意程度紧密相关。

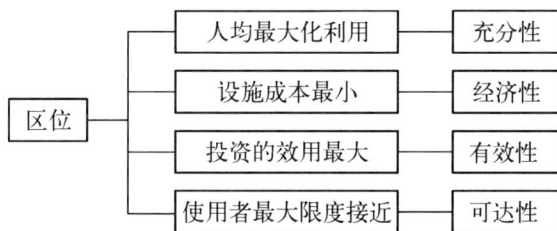

图3-2 生活场所设施区位的构成要素

他们认为随着城市居住空间不断走向社区化,社区即成为人们进行日常生活活动的空间载体。社区生活空间质量的高低主要是通过其各类设施的满足程度实现的(王立等,2010)。张中华等(2009)指出研究城市居民生活质量离不开研究其居住的空间——社区生活空间的质量,而社区生活空间质量的高低主要是通过其各类设施的满足程度实现的。他们采用实地考察和居民认知问卷调查的方法,分析了西安市社区资源的可接近性的多样性和差异性。

2011年,王兴中提出了"城市生活空间质量观下的城市规划理念",力图从新人本主义空间观出发,解构城市空间的人本公正—尊严—价值最小单元以及从建构这些单元构成的城市(社会)生活空间体系入手,阐述城市规划的理念。

柴彦威所带领的研究团队专门针对计划经济时代中国独特的单位制度现象进行研究,从单位社区的特点和演化出发研究公共设施的配置规律及其对现在市场经济时期商品房社区公共服务设施规划的借鉴意义。柴彦威等(2009)指出单位既是城市中进行生产组织和社会管理的基本社会组织形式,也是个人基本的社会生活空间和象征。单位制度作为计划经济体制下中国城市中制度安排的最集中表现,其变迁与改革过程也将对中国城市居民的日常生活与城市结构产生重要的影响。张纯等(2009)以北京同仁堂单位社区为例,研究了中国城市中的单位社区从以生产功能为核心,封闭、自给自足的传统单位社区向多功能综合、开放、富有生机活力的新城市社区演化的过程。塔娜等(2010)指出时间地理学研究可运用在社区公共设施的规划当中,可以按照不同属性群体的消费和休闲行为特征来布局服务设施,针对不同属性群体的设施使用时间规律来制定社区服务设施的时间管理方案,通过休闲空间布局和设施建设来鼓励居民增加休闲时间和社会交往。

3.1.4 基本公共服务"均等化"

1) 基本公共服务的内涵和种类

2006 年中共十六届六中全会明确提出"完善公共财政制度,逐步实现基本公共服务均等化"的政策,自此"基本公共服务"开始进入人们的视野。对于基本公共服务内涵的界定具有代表性的主要包括:中国(海南)改革发展研究院(2008)在《2007/08 中国人类发展报告——惠及 13 亿人的基本公共服务》中指出基本公共服务是全体成员都必须享有的,与人类发展最密切的公共服务,包括义务教育、公共卫生和基本医疗、基本社会保障、公共就业服务等,它们对提高人的可行能力必不可少;《中国政府公共服务:体制变迁与地区综合评估》(陈昌盛等,2007)中提出,基本公共服务是指建立在一定社会共识基础上,根据一国经济社会发展阶段和总体水平,为维持本国经济社会的稳定、基本的社会正义和凝聚力,保护个人最基本的生存权和发展权所必须提供的公共服务,其规定的是一定阶段上公共服务应该覆盖的最小范围和边界。比如基本的公共教育、公共卫生、社会保障、基础设施、公共安全,等等。另外还包括丁元竹(2008)、吕炜等(2008)学者的界定。《国家基本公共服务体系"十二五"规划》明确了"十二五"期间基本公共服务体系的范围和重点分别为:公共教育、就业服务、社会保障、医疗卫生、人口计生、公共文化、基础设施、住房保障和环境保护。

2) 基本公共服务均等化的内涵及实现途径

基本公共服务均等化是新型城市化阶段促进社会公平与正义,体现民生民权的重要政策和手段。学者们分别从公民权利、享受基本公共服务的过程与结果、公共财政的分配、公共服务制度与体制的构建以及基本公共服务的供给等多个角度及侧重点来界定基本公共服务均等化内涵。项继权(2008)认为均等化的内涵包括基本公共服务的内容和水平的均等化(消费均等和结果平等)、服务设施和条件及资源占有的均等化(条件均等和起点平等)以及赋予人们相同的权利和机会(权利平等及制度平等)。唐钧(2007)认为公共服务均等化应该保障人的六种权利。中国(海南)改革发展研究院从四个方面界定了基本公共服务均等化的内涵。吕炜等(2008)提出了供需均等的概念,认为具有相同公共需求的公民,可以享受到大致相同的公共服务。丁元竹(2008)提出了公共财政均等、公民享受基本公共服务的机会均等以及结果均等的概念。

从区域范围来看,城乡基本公共服务均等化的理念研究成果最多。城乡基本公共服务差异的产生主要集中在对城乡二元结构、公共财政体制、政府事权的服务供给机制等方面。还有一些学者从各级政府间事权的划分来解释城乡基本公共服务差距产生的原因(郭建军,2009)。学者们指出,以城乡基本公共服务均等化为重点加快推进城乡一体化,已经成为新阶段农村改革的重大任务(张娟等,2009);是加速推进农村改革与发展的必然选择(王伟同,2009);是实现广大农民的自身发展和公平发展以及农民的自身发展权益的集中体现(迟福林,2009)。它对于维护社会稳定,促进整个国民经济持续、快速、健康的发展也具有重要意义(刘文静,2008)。实现城乡基本公共服务均等化能够促进公共资源在城乡之间均衡配置,生产要素在城乡之间自由流动,并有效地克服市场经济的缺陷(刘国军,2009)。

对于基本公共服务均等化的实现途径的研究主要集中在公共财政、公共服务体制改革等角度。首先,财政均等化是基本公共服务均等化的最重要基础之一,应明确界定各级政府的公共服务财政支出责任,建立和完善以实现基本公共服务均等化为目标的财政转移支付体制(夏锋等,2008)、完善转移支付形式(赵怡虹等,2009),政府间转移支付机制(丁元竹,2008)及公共财政制度(吕炜等,2008);加强对专项转移支付的管理,完善省级以下财政管理体制,增强基层政府公共服务的财政保障能力,建立均衡导向的财政投入和保障机制(高尚全,2008;芦鹏,2007)。其次,在政府机构的转型过程中,进一步强化其在公共服务中的主体地位,加快建设公共服务型政府,提高政府的公共服务能力(高尚全,2008;田忠林,2008);有效地发挥政府在基本公共服务中的主体地位和主导作用,建立政府基本公共服务绩效评价体系;改革和调整中央地方关系,建立区域协调发展机制;以"乡财县管"为切入点,推进县乡(镇)政府机构改革(夏锋,2007)。第三,在探讨城乡基本公共均等化的实现途径中,提出以公共服务均等化为目标,建立城乡统一的公共服务体制是缓解城乡差距扩大的重要制度保障(吴孔凡,2008)。丁元竹(2008)指出要加速城镇化进程,消除城乡体制分割,实现各种体制对接。在农村发展的新阶段,应统筹城乡公共服务供给体制,健全政府主导下的农村公共服务多元化供给模式(彭健,2009),充分发挥市场与社会的力量(刘国军,2008)。除了优化城乡公共服务体制,还包括要改变"自上而下"公共服务供给机制下的农民理性和政府理性对农村公共服务供给的影响,建立农民对农村公共服务的需求偏好表达机制等(王谦,2009)。

在这一政策的影响下,2008年广东率先破题研究编制全省基本公共服务均等化规划①。2009年《常州市城乡基本公共服务设施均等化研究》编制完成②。2010年南京市围绕"十二五"期间推进城乡基本公共服务均等化与提升公共服务水平进行专题研究③。可以说近几年各地都在积极地探索如何在城乡规划以及各类发展规划中实现基本公共服务均等化,而"十二五"将成为这些规划实施的重要时期。罗震东等(2011)提出了城乡基本公共服务设施均等化发展的界定、特征与途径,并以常州市为例进行了分析。

3.1.5 公共服务的评价研究

2005年,首届中国公共服务评价国际研讨会在清华大学召开④,这是在中国内地第一次举办的以"政府评价"为主题的国际研讨会。会议指出在过去的几年中,中国公共管理领域所发生的最重要的变化之一就是对于公众参与民意价值的重视得到了迅速提升。回顾近几十年针对公共服务评价的研究,20世纪80年代初,在全国范围内推行政府部门的目标责任制,并以绩效考核作为政府内部管理控制的手段,而这种考核手段即决定了政府部门不可能把关注群众利益放在首位。2004年7月30日,国家人事部"中国政府绩效评估研究"课题组推出了一套用于中国地方政府的绩效评估指标体系,这一体系是对政府绩效评估方式的一种完善与优化,但是中国人民大学毛寿龙教授认为在考核政府绩效的问题上,应该让民意作为最重要的考核指标(陈光,2005)。

随着市场经济的逐步深入,私营部门的管理模式被逐步引入公共管理部门,市民被当作顾客,以市民为导向成为公共服务的重要原则。公共服务的主要目的是为市民创造价值,因此服务质量和市民需求的满足成为最根本的政府绩效评价标准。

公共服务评价的框架与方法的提出来源于对公共服务与治理结构的理解。世界银行高级经济学家王梅博士在《世行中国城市公共服务与治理研究》中,提出公共部门的治

---

① 广东省人民政府.2009.广东省基本公共服务均等化规划纲要(2009—2020年)[Z].
② 常州市规划局.2009.常州市城乡基本公共服务设施布局均等化研究[Z].
③ 南京市发展和改革委员会.2010.南京市"十二五"规划前期研究课题成果汇编[Z].该课题由笔者导师主持,本人作为执行负责完成,课题组其他成员包括:管驰明、孙世界、赵虎、朱凯、戎一翎等。
④ 2005年9月29日,由清华大学公共管理学院、零点研究咨询集团、清华大学海外公共管理资源中心共同主办的首届中国公共服务评价国际研讨会在清华大学召开。

理结构的重要性体现在三个方面：一是公共部门立法、决策信息的透明与公共部门治理效果显著相关；二是公众的参与将影响公共部门的决策能力；三是可以通过问责制对决策者及服务提供者的行为进行奖惩。目前针对公共服务的评价主要围绕与公共服务相关的政府绩效评价、居民满意度评价以及政府供给模式与政策机制评价三个方面展开。

1）公共服务的绩效评价

我国目前主要是以政府组织机构内部效率评估为主。陈昌盛等（2007）具体阐述了公共服务绩效评估的框架、评估方法以及国内的实践应用；于小千等（2008）使用公共服务效能、公众满意度和公共服务投入三个要素评价公共服务；张钢等（2008）探讨了地方性公共服务质量的评价体系，针对公共服务绩效评价所用到的分析方法主要包括因子分析法、数据包络分析（Data Envelopment Analysis，简称 DEA）模型、层次分析法（Analytic Hierarchy Process，简称 AHP）、平衡计分法以及标杆管理法等。在《中国政府公共服务》中还提到了"3E"评价法，"3E"主要指公共服务的经济性（Economy）、效率性（Efficiency）以及效果性（Effectiveness）。

2006 年基本公共服务均等化的概念出现之后，公共服务的绩效评价转向对于均等化的评价，对于公共服务均等化评估方法以及指标体系的构建来源于公共服务效率（绩效）评价的研究，指标的选取基本类似，缺乏具有针对均等的集中指标的选取，指标选取较为宽泛。安体富等（2008）基于地区差别视角构建了中国公共服务均等化水平的指标体系，指出该指标体系所遵从的三大原则：符合"公共性"的特征，侧重于评价地区之间的不平等，侧重于公共服务产出的评价。孙庆国（2009）阐述了基本公共服务均等化的公共治理能力、投入、产出和结果四项指标的具体指标。张强（2009）从机会均等包括人均财政支出、过程均等（如可获得性和结果均等）、覆盖率和满意度三个维度设计了评价基本公共服务均等化的核心指标。臧乃康（2009）指出应当厘清基本公共服务的均等化绩效评估价值，构建以均等化为导向的绩效评估指标体系，促进以均等化为目标的评估主体的多元化。

彭尚平等（2010）以成都市为例，运用层次分析法，构建城乡公共服务均等化的评价指标体系，二级指标涉及教育、就业、社会保障、医疗卫生、环境保护、基础设施、文化生活等方面。刘成奎等（2011）利用社会保障指数、卫生服务指数、义务教育指数、基础设施指数四大指标构建了城乡基本公共服务均等化指标体系，将城乡基本公共服务均等化指数的计算公式设定为：城乡基本公共服务均等化指数＝各地区农村基本公共服务人均指标/各地区基本公共服务人均指标。张帆（2011）提出公共服务均等化的基础指标分为绝对指标、衍生指标和相对指标；而公共服务均等化程度的评价性指标包括投入、产出和效果类指标。

除了综合型的指标之外，学者们也对基本公共服务当中的某一类公共服务均等化指标进行了研究。如刘宝等（2009）建立了基本公共卫生服务均等化指标体系。秦小平等（2010）建立了基本公共体育服务均等化指标体系。李连芬等（2010）构建了西部地区教育公共服务均等化的指标体系。张乐（2011）"以绩效为核心"进行均等化评价，在均等化绩效评价原有的绩效考评方案及评价体系的基础上，通过咨询调查，优化原有的绩效考评的指标体系，科学赋予指标权重，合理地设定评分标准，以建立起一套完整的基本公共服务均等化评价管理体系与制度，指标体系包括共性指标、个性指标以及基于公众满意度的指标等几个方面。王郁等（2011）建立了环保公共服务均等化指标体系，主要针对公共服务供应过程中的资金投入、资源形成、服务供应、服务结果几个环节展开。吴建等（2011）以公共卫生的研究出发，提出"服务实施过程＋健康生态环境"的结构化评估框架,其中服务实施过程主要考察基本公共卫生服务的覆盖、质量、效果等内容,而健康生态环境主要考察政策环境、公共卫生资源、性别等与人群健康及公共卫生服务开展密切相关的各政治、经济和社会因素。

2) 公共服务的满意度评价

针对公共服务满意度的评价源于私人领域内企业管理学中的"顾客满意度"研究。国外学者分别在顾客满意度的含义、满意度的指数模型以及满意度的理论应用等方面取得大量的研究成果①。其中 1989 年美国密歇根大学的费耐尔(Fornell)博士提出了顾客满意度指数(Customer Satisfaction Index,简称 CSI)模型,就是用数学的方法来对顾客的满意度进行测量,把定性与定量分析有机结合起来。同年,瑞典在全球首次建立了全国性的顾客满意度指数模型。随后各个国家,包括法国、德国、美国、澳大利亚等地都相继建立了满意度的指数模型。

我国针对满意度的研究起步于 1995 年。在公共服务满意度的相关研究中,刘娟等(2007)、米子川等(2004)、刘静等(2008)分别构建了公共服务满意度指标体系,运用的方法包括基于期望值的模糊多属性决策法、李克特量表等。2005 年,国务院发展研究中心与清华大学等共同开展"中国城市公共服务与治理研究"的课题,2008 年《中国城市经济》公共服务满意度调研对我国 15 个城市政府的公共服务进行了一系列的走访和调查,通过网络进行投票(中国城市经济政府公共服务满意度调研组,2008)。

随着新公共管理运动的开展,以公民满意度为导向,基于公民公平性和便利性等要求去评价政府的服务质量和改进服务质量成为世界各国政府的普遍做法(吕维霞,2010)。

评价公共服务常见的思路,一种方法是评价其客观质量和主观质量,其中主观质量通过居民的满意度和感知质量来评价。另外一种方法是根据层次划分来评价公共服务质量,微观层次主要指服务的过程、结果、及时性等具体维度;中观层次偏重于公共政策视角;而宏观层次主要评价公共服务的公平与公正。但是目前在宏观层次上,对公共部门是否给予公众公平机会以及服务是否有应有的效率和效果,都是比较难以测量的,这些评价会遇到标准难以确定的问题(Rieper et al,1998)。

3) 公共服务的供给模式与政策机制

公共政策和公共财政是公共服务能够有效满足服务设施建设的保障。由于地域不同,对于公共服务的相关政策和财政保障策略亦会有所差异。如德国的横向均衡补助,日本的地方交付税制度和澳大利亚的均衡拨款制度等。罗斯玛丽(Rosemary,2004)以为政府提供公共服务相关法律制定的有效依据为目的,研究公共政策在公共服务实施中所扮演的角色以及所起到的作用,强调公共服务面向社会的特点。理查德等(Richard et al,2007)针对特定服务对象,指出公共组织有效调动社会力量。丹萨姆等(Densham et al,1996)认为对乡村地区未来空间发展和布局的考虑有助于降低公共服务设施铺设成本,提高服务效率。马歇尔等(Marshal et al,2005)指出了政府和社会组织在公共服务提供过程中的角色分工。索斯沃斯等(Southworth et al,2005)以公共交通的"合作小组"模式为分析对象,结合田纳西州该种模式推行效果的实例,阐述其对于公共服务成本的节

---

① 顾客满意是指对一个产品可感知的效果(或结果)与期望值相比较后,顾客形成的愉悦或失望的感觉状态。顾客满意级度指顾客在消费相应的产品或服务之后,所产生的满足状态等次。心理学家认为情感体验可以按梯级理论划分成若干层次,相应可以把顾客满意程度分成七个级度或五个级度。七个级度为:很不满意、不满意、不太满意、一般、较满意、满意和很满意。五个级度为:很不满意、不满意、一般、满意和很满意。

约作用,进而引导人们对公共服务模式的创新进行探讨。安德森等(Anderson et al,2005)强调城乡之间各类公共服务项目的水平差异对经济发展水平的影响,通过推行乡村地区的经济支持政策和战略规划,促进提高乡村地区公共服务水平和经济发展水平双重目标的实现。沃克等(Walker et al,2006)提出公共服务在推行过程中要注重低成本、高效率的原则,而采取的方式则是多种多样的政府制度改革。道恩等(Downe et al,2007)借助英国通过实施外部监督实现公共服务水平提高的这一现象,展开相关采访和调查分析,并提出以明确的监督机制和渠道来促进公共服务更加有效实施的意见。莱斯曼(Lessmann,2009)以 23 个经济合作与发展组织(Organization for Economic Co-operation and Development,简称 OECD)国家的横截面数据和面板数据分析公共服务领域的财政分权作用,指出同为高程度财政分权框架下的各地区表现亦不相同,贫穷地区也不会因此而受到负面影响。

3.2 理论研究进展小结

通过对公共服务设施相关的"空间公平与空间效率"、"人本化"、"社区化"、"均等化"以及评价几个方面的理论研究综述,本书分别从研究概念、范围、方法等方面进行了小结。

3.2.1 相关理论概念界定

在目前相关研究中主要强调空间公平的理想状态,即形式和结果的均等,尤其在基本公共服务"均等化"的研究中,大多将均等化简单地等同于空间上的均匀化,而忽视了其应有的集约性和集聚性,也忽略了基本公共服务具有的应时性以及可变性的特征。按照罗尔斯的理论,公平与正义是有"差别原则"的,而这些正适合于目前新型城市化背景下社会差异逐渐明显,弱势群体重视度提高的社会发展背景,尤其是目前包容性增长理念①的广泛推行(蔡荣鑫,2009),其基本的含义是公平合理地分享经济增长,而理念核心要义正是要消除社会弱势群体的贫困和所面临的社会排斥,实现机会平等和公平参与,使弱势群体等低收入阶层均能参与经济增长,为之做出贡献,并由此合理共同分享经济发展的成果。

目前针对效率的研究与公平相比相对较少,既有的大多也是公平评价的延伸概念。很多学者认为实现了公平的目标即实现了效率的目标,两者是相统一的。而从公共服务财政投入的角度进行的研究基本上是针对国家或者区域层面,缺乏针对某一城市甚至其内部片区公共服务财政投入的研究。一方面,由于城市公共服务供给主体呈现多元化的特征,很难有较为准确的统计数据;另一方面,现有的公共服务投入的统计数据也缺乏统一的平台,很难进行比较研究,尤其是基本公共服务这一块内容始终缺乏相关的数据。因此,针对效率的研究一直处于政策层面难以落地,很难有效合理地指导建设。

3.2.2 研究范围和对象

公共服务由于其本身种类的多样化导致研究体系的复杂性,不同公共服务设施的供给主体,区位布局或者发展所面临的影响要素不尽相同。尤其是在我国"基本公共服务"

---

① 包容性增长又称包容性发展或共享式增长,也有人译作共享性增长,是在保持较快经济增长的同时,更多关注社会领域发展,关注弱势群体,让更多的人享受经济全球化的成果。包容性增长最基本的含义是强调公平正义。

的概念出现之后,对"基本"这一概念的界定一直以来是一个悬而未决的问题。虽然在《国家基本公共服务体系"十二五"规划》中明确了基本公共服务的几大类内容,但是由于每类公共服务设施内部的等级差异性的划分,使得学者们在研究中不得不进行若干的假设与限制才能够使相关的研究具有实际的可行性。这些问题不仅出现在国内,国外学者自从研究公共服务设施的布局开始就一直存在学科多元、缺乏统一标准的问题。迈克尔等(Michael et al,1994)将当时所出现的相关文献进行了整理,如表3-2所示,主要包括空间、人口、物质和时间几个方面。但即使这样,由于公共服务涉及的面过于广泛,单个研究难以把控所有要素,后续的研究仍旧呈现多元化的特征。以地理学研究为代表的大量学者一般都比较注重公共服务设施空间布局方法的研究,尤其针对单一类型的设施研究较多,比如教育和医疗设施,而对公共服务设施供给、运营以及使用所涉及的理论研究较少。各学科都从自身的角度出发进行研究,不成体系。

表3-2 迈克尔对相关研究维度的分组整理

维度	解释	例子
空间	管辖界限或单位区域,分区空间表面成相互排斥的群体。 同义词:区域,管辖权	州、县、平方千米、立法选区
人口	分布在空间表面的社会或人类特征。 同义词:垂直分层	人口、收入、种族、年龄
物质	分割空间表面或可能分布在整个表面的地质、生物或地理特性	土地使用、森林类型、栖息地
时间	任何以上类别也可能在一段时间内定义	几年、几十年、几代人

另外,针对社区的研究大多源于社区而止于社区,难以做到源于社区而扩展到城市。相关的研究成果大多只对其特定的研究对象进行分析并采取相关的优化与改进措施,但是并没有延伸到对整个城市基本公共服务供给的研究,或者说在探讨了针对某个社区的调研方法后,其复杂性没办法延伸拓展到整个城市中使用,从而失去了其针对更大范围内基本公共服务设施建设的指导作用,仅仅成为在控制性规划或者城市设计角度的微观研究。

3.2.3 研究视角与原则

从基本公共服务设施的建设来看,投资者决定了设施的布局位置,但设施最终运营的效果需要使用者自己来体验。满足居民需求的公共服务设施,或者说与居民的行为活动联系最为紧密的公共服务设施才是其布局的理想模式。重视人的主观能动性越来越成为未来城市社会发展的重要原则。

我国古代除了管仲明确提出"以人为本"之外,与其内容相关的概念还包括《尚书》中的"民为邦本,本固邦宁",孟子强调的"民为贵,社稷次之,君为轻",唐太宗的"水可载舟,亦可覆舟"等。"以人为本"存在哲学、社会发展观和管理学等不同的内涵。中共十六届三中全会所提出的"以人为本"主要是指科学发展观意义上的以人为本,是以最广大的人民群众及其根本利益为本。该理念已经成为我国城市发展的重要价值目标。而城市规划中"以人为本"原则的体现包括以市民全面需求为本,以市民有效参与为本(秦红岭,2010);发挥人的主观能动性,提高人的生活质量,注重体现代内公平与代际公平;以健康的社区为基础(张庭伟,2007)等诸多方面。因此在布局公共服务设施之前要充分研究相关地区居民的行为习惯以及偏好,在可允许的范围内尽量满足居民的需求,提高居民公众参与的程度,体现居民的主观能动性。同时居民本身在对其日常行为进行分析之后也能够发现其使用公共服务设施在社会发展的不同时期的不同要求或者其能够接受的底线,这个底线包括距离、服务质量、规模,等等。

目前对于公共服务设施使用者即居民行为的考虑逐渐被纳入到模型的构建当中,但是主要针对由于设施属性所影响的群体性偏好,针对居民自身属性进行分类与研究偏少,因此模型与实际情况相比仍有较大的差距。对于可达性模型的构建往往从交通时间方面进行考虑,忽视了不同的交通方式以及交通方式换乘对人的行为及时间的影响。

3.2.4 研究成果与实践的关系

目前关于基本公共服务的研究大多基于政策制度的角度,讨论基本公共服务在中央、地方之间的事权以及财权的划分,对均等化内涵的研究也在不断丰富,各地区也积极地展开相关基本公共服务均等化的探讨并出台了一系列的法律法规,但是理论与实践两方面均缺乏均等化的可行性标准,造成了在实际操作过程中缺乏标准参照、难以落实的困难,致使"均等化"的概念在许多地区仅仅成为一种宽泛的发展理念。

自 2006 年中共十六届六中全会正式提出"基本公共服务均等化"的概念后,学术界近几年针对此问题展开了广泛的讨论,但是理论研究有九成以上都是基于公共财政的角度,探讨转移支付的弊端与改革方式。虽然公共财政制度的完善是基本公共服务均等化实现的重要保障,但是最终实现基本公共服务均等化并不能仅仅依赖于足够的资金投入,在具体的实践过程中,需要大量诸如法律法规、建设指标、管理体系等多方面的保障,从多角度促进均等化目标的最终实现。

另外,在对基本公共服务种类与内涵的界定中,相关学者或者部门都强调了基本公共服务的内容需要随着社会经济发展的不同阶段而改变,但是各个地区以及国家均没有对均等化的阶段划分、各阶段具体内涵与标准进行明确研究与界定,即使在经济发展相类似的地区,也存在多种版本的基本公共服务内涵以及种类的划分,并没有对于公共服务设施发展历程演变及其未来发展时序的研究,这也是研究成果与实践相脱离的重要原因。

3.2.5 公共服务空间评价

公共服务评价源于企业管理以及公共管理学,目前从政府和居民两个角度出发的绩效评价和满意度评价的研究成果众多,但是由于与空间相脱离,政府所谓的均等化以及便捷化,或者说是否给予公众公平的机会和服务,财政投入是否达到了应有的效率和效果都是难以测量的。居民对于公共服务使用的便捷性、感知度仅从行政区相关指标或者人均相关指标进行评价,难以真正反映基本公共均等化在实际生活中的落实,难以评价在一定范围内公共服务使用的空间差异。同时仅从公众角度进行满意度的测量也容易造成由于认知程度不同所带来的偏差,需要通过对公共服务设施的实际布局情况进行校核和验证才能确保满意度评价的准确性和可靠性。

3.3 理论研究的核心问题与突破点

基本公共服务相关理论的研究内容表现出以下四个特征:首先,基本公共服务的相关研究不仅涉及政府部门的相关政策制定,也涉及规划部门公共服务设施的配套指标和建设模式,同时还需要了解公共服务设施使用者的满意度与需求,这些研究跨越了管理、政策、法律、地理、规划、建筑、行为、心理等多个不同学科的内容;第二,基本公共服务设施从其概念出发即具有明显的时空统一、主客体统一的特征,任何相关研究脱离公共服务设施本身的特点,脱离当前社会发展的环境是无法得到科学合理的结论的;第三,在基本公共服务设施的研究中出现了一些难以通过传统的还原论①方法加以界定和度量的概念,包括"满意度"、"公平"、"基本"等方面,这些概念具有较强的弹性,难以进行准确的定量化研究;第四,目前针对基本公共服务设施的研究各学科内部的成果丰富,但是一直缺乏联系各个学科的研究成果,缺乏将理论研究落实到实际建设当中的合理桥梁和对话机制。

总结目前在理论研究的综述内容中基本公共服务相关研究所面临的核心问题主要包括以下几个方面:① 由概念界定不清所导致的将时间不可逆当作时间可逆进行研究,忽视基本公共服务设施的应时性特征;② 由学科的多元化与相对独立所导致的各主体之间的关联性与整体性缺失;③ 由定性研究与定量研究相脱离所导致的居民主体自主性缺失;④ 由整体特征研究不足所导致的将非线性特征当作线性特征进行研究。

基于第 2 章基本公共服务设施在现实区位布局中的核心矛盾以及本章理论研究中的缺陷与盲区,本书认为应该在以下几个方面进行突破与进一步的研究:

3.3.1 多元统一的研究平台与框架

通过相关的理论研究可以看出,基本公共服务设施涉及众多的学科,包括经济、社会、地理、管理、政策等多个方面。目前各学科内部研究成果丰厚,但是宏观研究只关注政策、资金,无法落地,微观研究又缺乏相应的保障,单纯强调理想化的空间公平而不考虑城市发展社会空间分异也难以具有说服力。因此本书希望能够打破传统学科之间互不往来的界限,寻找各学科之间相互联系、相互合作的统一机制,在承认基本公共服务所具有的整体性、多样性、自主性以及非线性的特征的基础上探索建立一个统一的研究平台与体系框架,促进各学科之间研究成果的融合,并最终找到可以真正运用到实践当中的科学综合方法来指导实际建设。

3.3.2 定性定量相结合的研究方法

在社会复杂巨系统的研究中,往往是科学理论、经验知识与专家判断力相结合,才能提出合理的经验性假设。要建立定量描述体系,关键之处在于获得正确的定性认识,定性特征决定定量特征,而定量特征反过来也会表现定性特征。将定性描述与定量描述相结合,是研究社会系统问题的基本方法论原则之一。目前针对基本公共服务设施的区位研究主要以定量模型的研究为主,缺乏对于公共服务设施在不同的城市地区,不同的城市发展阶段动力机制与影响要素的分析,因此本书将尝试建立融合定性与定量方法的综合区位评价方法。将定性研究部分融入定量研究的要素选择当中,同时也能够将定量研究的研究结果更好地用来解释定性研究反映的现象。

3.3.3 时空统一的研究与评价视角

基本公共服务设施由于其发展演化的特征与多元主体的供给属性,不仅受到供给方

---

① "还原论"或还原主义,是一种哲学思想,其认为复杂的系统、事物、现象可以通过将其化解为各部分之组合的方法,加以理解和描述。

供给能力随时间变化所带来的影响,同时也会受到使用者随生活水平的提高而改变的需求水平的影响。在基本公共服务设施供给的研究中如何协调好公平与效率之间的关系,并不仅仅是空间的作用,如何合理地将"时间"这一要素纳入研究体系当中,协调空间与时间的关系也至关重要。因此本书将尝试探索通过利用定性与定量的研究方法,总结在某一特定的发展阶段,城市不同的发展片区公共服务设施供给的差异性特征,并探讨如何通过时间与空间于一体的研究与评价方法有效合理地达到居民满意度最大化的目标。

3.3.4 以人为本的评价与规划理念

目前针对居民需求的研究仍处于起步阶段,并且往往着眼于社区而止于社区,并没有将研究方法与研究结果进行有效的延伸与拓展,或者将研究成果与定量研究成果相结合;同时,也没有系统性的体系针对居民的需求进行有效的整理与划分,因而导致相关研究陷入个体行为的复杂循环当中。因此本书将尝试探讨在新型城市化"以人为本"的社会背景下,如何通过合理的基本公共服务设施评价与规划方法的构建,发挥人的主观能动性在基本公共服务研究当中的重要作用。

4 基本公共服务设施区位评价理论框架与影响要素

结合前几章对基本公共服务发展现状的梳理以及理论研究的总结,基于理论研究中所提出的突破点,本章从区位评价的理论基础出发,引入复杂科学的概念,并基于复杂科学的视角重新审视目前基本公共服务的相关研究。接着从哲学层面认识论的视角探讨复杂科学中主客体的关系,并以此为基础从基本公共服务设施的主客体界定以及主体间性的梳理出发,提出了基于供需平衡原则的基本公共服务设施区位评价主体框架,并进一步梳理了以基本公共服务设施为共同客体,供给主体、使用主体以及规划协调中介三者在基本公共服务设施区位布局中的影响要素,明确了基于主体视角下的区位评价基本原则。

4.1 区位评价理论基础

新时期我国基本公共服务设施发展的核心矛盾以及理论研究的核心问题都表现出在公共服务的研究领域中,传统的研究方法已经遇到难以突破的瓶颈。基于还原论基础上的传统科学的理论研究方法,既无法解决基本公共服务设施实践中多元主体下由于供需不对称所带来的公平与效率的不合理问题,也难以将纷繁复杂的理论研究成果进行整合和进一步的提升。现实的需求、理论与方法的缺陷都要求现有研究需要尽快跳出传统的思维方法进行重新构架。

按照钱学森对系统的再分类(图4-1),社会系统属于特殊复杂巨系统,有人的参与,具有学习和适应的能力,其间子系统之间的非线性相互作用异常复杂,关联方式具有非线性、不确定性、模糊性和动态性(钱学森等,1988;黄欣荣,2011)。当这一系统还具有复杂的层次结构,在时间、空间和功能等层次彼此嵌套时,传统的研究方法已无法解决,这时需要引入区别于传统科学的复杂科学理论作为基础来进行研究。基本公共服务本身的特征决定了其理论研究的基础,运用复杂科学理论分析基本公共服务设施的相关研究能够从多角度审视影响基本公共服务设施发展与布局的各类要素并进行交叉分析,能够突出人的主观能动性在公共服务发展过程中的重要作用并搭建起多学科合作研究的桥

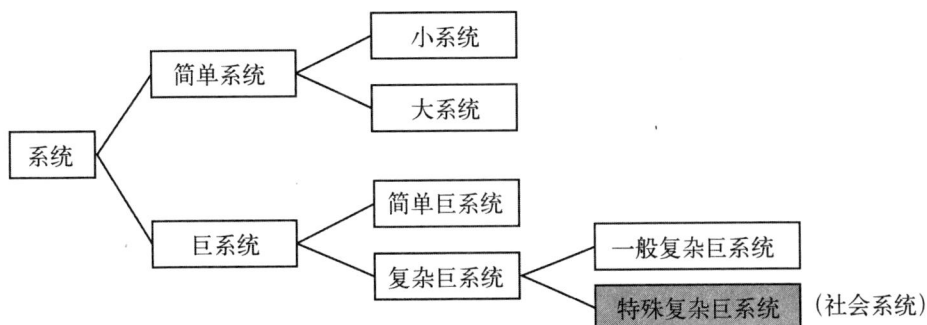

图4-1 钱学森对系统的再分类

梁。而从另一方面来说,进入 21 世纪之后,城市规划领域复杂科学理论的引入也逐步明晰,相关的应用出现于宏观至微观的各个话题与研究领域,从基本公共服务的角度进一步深化复杂科学的相关理论,也是完善和促进城市规划研究科学合理化的重要突破点。本节分别从复杂科学的基本概念、认识论中主客体的关系几个方面出发对这一理论进行阐释,并进一步基于这一理论视角对基本公共服务的研究进行重新审视,为后文区位评价主体框架与评价模型的构建奠定理论基础。

4.1.1 复杂科学的概念及其特征

复杂性科学研究的出现起始于 20 世纪初,一方面是人们对长期以来机械还原论至上的科学研究方法论的反思;另一个方面是对 20 世纪 40 年代以来"系统运动"的深入。这场"系统运动"分别包括 20 世纪 40 年代形成的一般系统论①、信息论②、控制论③(通常被称为"老三论");20 世纪 70 年代的耗散结构论④、协同学⑤和突变论⑥(通常被称为"新三论");20 世纪 80 年代的混沌理论⑦和分形理论⑧,同时也是后现代思潮在科学层面上的反映。

1984 年 5 月,美国圣菲研究所(The Santa Fe Institute,简称 SFI)的成立,是复杂性科学进入新阶段的标志,也是复杂性范式初步形成的标志(黄欣荣,2011)。SFI 集聚了一批从事物理、经济、理论生物、计算机等学科的研究人员,专门从事复杂科学的研究,涉及的主要方面包括复杂适应系统、非线性系统等,代表专著包括霍兰的《隐秩序——适应性造就复杂性》以及《涌现——从混沌到有序》,他针对复杂适应系统所提出的"涌现论"概念在学术界产生了巨大的反响。

针对复杂性科学的界定首先来源于复杂性的研究。国外关于复杂性的理解包括普利高津的自组织复杂性,柯尔莫哥洛夫的描述复杂性,盖尔曼的原始复杂性,霍兰的适应性复杂性以及莫兰的有序与无序统一的复杂性等众多概念,具体概念阐释及代表人物如表 4 - 1 所示。

---

① "系统论"是研究系统的一般模式、结构和规律的学问,它研究各种系统的共同特征,用数学方法定量地描述其功能,寻求并确立适用于一切系统的原理、原则和数学模型,是具有逻辑和数学性质的一门科学。

② "信息论"是运用概率论与数理统计的方法研究信息、信息熵、通信系统、数据传输、密码学、数据压缩等问题的应用数学学科。

③ "控制论"是研究动物(包括人类)和机器内部的控制与通信的一般规律的学科,着重于研究过程中的数学关系。它是综合研究各类系统的控制、信息交换、反馈调节的科学,是跨及人类工程学、控制工程学、通讯工程学、计算机工程学、一般生理学、神经生理学、心理学、数学、逻辑学、社会学等众多学科的交叉学科。

④ "耗散结构论"指一个远离平衡态的非线性的开放系统通过不断地与外界交换物质和能量,在系统内部某个参量的变化达到一定的阈值时,通过涨落,系统可能发生突变即非平衡相变,由原来的混沌无序状态转变为一种在时间上、空间上或功能上的有序状态。

⑤ "协同学"亦称协同论或协和学,是研究不同事物共同特征及其协同机理的新兴学科。它着重探讨各种系统从无序变为有序时的相似性。

⑥ "突变论"是研究客观世界非连续性突然变化现象的一门学科。

⑦ "混沌理论"是一种兼具质性思考与量化分析的方法,用以探讨动态系统中无法用单一的数据关系,而必须用整体、连续的数据关系才能加以解释及预测之行为。

⑧ "分形理论"是基于分形几何学基础上的理论,揭示世界的局部可能在一定条件下、某些过程中,或某一方面(形态、结构、信息、功能、时间、能量等)可以表现出与整体的相似性,认为空间维数的变化既可以是离散的也可以是连续的。

表 4-1 国外学者关于复杂性的理解

人名	研究核心	概念阐释
普利高津	探索复杂性	将复杂性等同于自组织
哥德尔、图灵	计算复杂性	指解决一个问题所耗费的计算资源的数量,其中计算资源主要包括空间和时间
柯尔莫哥洛夫、蔡廷、索罗莫诺夫	描述复杂性(柯尔莫哥洛夫复杂性)	对一个 D 域中的对象 x,我们称最小程序 p 的长度 $|p|$ 就是运用指定方法 S 产生的关于对象 x 的复杂性。$Ks(x)=\min\{|p|:S(p)=n(x)\}$,$Ks(x)=\infty$,如果不存在 p[后一个公式表明如果传送的符号串完全杂乱无章,找不到任何规律(即程序 p),那么复杂性就等于符号串本身,复杂性即无穷]
盖尔曼	原始复杂性	用双方事先共享的语言、知识及理解,将一个已知粗粒化程度的系统描述传给远处某人时,所用最短信息的长度
乔姆斯基、林德曼	语法复杂性	对形式语言的复杂性测度
弗里德里希、克拉默	根本复杂性	即那些表现得完全随机性,描述结果与被描述对象可以相提并论,完全无法获得规律性的认识,无法辨识即根本复杂
洛伦兹(混沌之父)	空间复杂性	复杂性常常用来指对于初始条件的敏感依赖性以及与这种敏感依赖性相联系的每一件事情。洛伦兹认为混沌涉及时间上的不规则性而复杂性则意味着空间上的不规则性
司马贺	分层复杂性	复杂系统的层次结构
朗顿(人工生命之父)	混沌边缘	将复杂性理解为混沌边缘
巴克	自组织临界性	指一类开放的、动力学的、远离平衡态的,由多个单元组成的方向系统,通过一个漫长的自组织过程演化到一个临界态,处于临界态的一个微笑的局部扰动可能会通过类似"多米诺效应"的机制被放大,其效应可能会延伸到整个系统,形成一个大的"雪崩"
霍兰	适应性、复杂性	适应性造就复杂性,将复杂系统称作复杂适应系统
莫兰	有序与无序统一的复杂性	复杂性是有序和无序的对立统一
雷歇尔	哲学层面的复杂性	包括认识论层面的计算复杂性以及本体论层面的组分复杂性、结构和功能复杂性

国内学者对复杂性的研究包括钱学森基于系统再分类下的复杂性、颜泽贤从哲学角度阐释的分层复杂性、苗东升的分形角度的有效复杂性以及吴彤的客观复杂性几个方面,具体概念阐释如表 4-2 所示。

表 4 - 2 国内学者关于复杂性的理解

人名	研究核心	概念阐释
钱学森	系统再分类下的复杂性	系统的子系统间可以有各种方式的通讯;子系统的种类多,各有其定性模型;各子系统中的知识表达不同,以各种方式获取知识;系统中子系统的结构随着系统的演变会有变化,所以系统的结构是不断改变的
颜泽贤	分层复杂性的哲学内涵	复杂性是客观事物的一种属性;复杂性是客观事物层次之间的一种跨越;复杂性是客观事物跨越层次的不能用传统的科学理论直接还原的相互作用
苗东升	分形角度的有效复杂性	"复"意味着规律性,"杂"意味着非规律性,复杂事物既有我们所能识别的规律性,又不能完全归于某种规律,也不能完全陷入无规律性
吴彤	客观复杂性	结构复杂性、边界复杂性和运动复杂性。其中结构复杂性指系统内部要素之间通过相互作用构成的排列组合的复杂性;边界复杂性指系统与环境的交界处通过相互作用产生的复杂性;运动复杂性分为分岔运动复杂性和突变运动复杂性

复杂性科学即研究复杂系统和复杂性的跨学科的综合性科学(或称复杂性研究),目前对于复杂性或者复杂科学的概念都没有一个统一的界定,但是可以明确的是复杂科学一般被理解为一个学科群,并且被誉为 21 世纪的科学。它被认为是科学史上人类认识世界的又一次飞跃,也是系统科学理论发展的新阶段。它具有三个主要特点:① 研究对象是复杂系统;② 研究方法包括定性判断与定量计算相结合,微观与宏观分析、还原论与整体论相融合、科学推理与哲学思辨相结合的方法;③ 研究的深度不限于对客观事物的描述,而是更注重解释客观事物构成的原因及演化历程,并且力图尽可能准确预测未来的发展(成思危,1999)。乔治梅森大学的沃菲尔德教授将目前在美国的关于复杂科学的相关学派的学术观点以及研究方向进行了整理,分别包括以麻省理工学院(MIT)为基地的系统动力学派、以 SFI 为基地的适应性系统学派、以非线性研究为主的混沌学派、以管理研究为主的结构基础学派以及一些涉及社会、科学、语言等方面研究的独立学者所组成的暧昧学派。

4.1.2 复杂科学视角下的基本公共服务研究

进入 21 世纪之后,规划学者也开始反思基于传统科学理念的城市问题研究。周干峙(2002)院士在谈及广义建筑学的时候指出,城市及其区域这种以人的活动和意识作为子系统而构成的社会系统,是一种特殊的复杂巨系统。仇保兴(2010)指出城市规划学科发展过程中有一个易被忽视的问题就是对城市所固有的复杂性的研究,指出在过去的 100 年中,规划师沉迷于将城市的问题简单化以及对其一般发展规律的追求,现在应回到复杂性和特殊性上来反思城市规划。石楠(2009)指出城市是复杂系统,城市规划属于复杂科学。在解决复杂问题的过程中规划师往往将简化了的工作方法误用为简单化地对待复杂问题。2005 年之后,在城市规划领域的相关杂志中先后出现了一些以复杂科学为研究理论的文章。这些文章涉及城市的生态化、人性化改造、城市管理、城市结构空间肌理、战略规划的研究、工业区的空间结构、城市集群研究、城市公共事件的研究以及城市旧城改造等多个方面。复杂科学的提出为城市规划这个以社会复杂巨系统为研究对象的学科提供了广阔的探索空间。

虽然明确提出在规划中应用复杂科学是在 21 世纪之后,但实际上,与基本公共服务相关的研究从一开始就与复杂科学这一新兴的领域密不可分。

从认识论的角度看,公共服务最终的发展目标是满足人的需求,因此各个学科在分析过程中都不可能脱离人这一群体对设施本体进行独立分析。如规划指标中对服务半径和可达性时间的要求,人文地理学中对居民使用公共服务设施行为的研究,还包括政府从人的基本权利的实现角度所提出的均等化的要求等,都是在不断协调以公共服务设施为客体,其他使用主体、供给主体等多元主体之间的交互关系。同时也有学者探索了多元主体视角下的统一问题,如王兴中教授所总结的社区公共服务设施区位的构成因素,包括人均最大化利用,设施成本最小,投资的效用最大以及使用者最大限度接近等方面。这虽然是从设施的角度所进行的描述,但可以明显看出这些要素涉及了与设施相关的政府主体、市场主体、使用主体等多元的主体,而区位布局的目标也就是要协调这些主体之间的关系。

从方法论的角度看,一方面在针对公共服务设施公平与效率的研究方法的构建中,系统论的方法被逐步引入,包括退火模型①在内的一些复杂科学的隐喻方法被逐步应用。另一方面,在公共服务满意度评价中,将模糊数学②的方法应用到针对居民的满意度评价当中,居民的满意度存在模糊性,比如人们很难在高矮胖瘦之间划出一条明确的界限,这种模糊性,不是因为人的主观认识程度不够或者水平有限所引起的,而是因为事物本身具有模糊的客观属性,模糊性问题是用传统科学的方法无法解决的。同时,由于公平与效率的不确定性、模糊性,基于公共服务设施的研究从定量角度所开展的一系列研究已经难以在原有基础上进行进一步的提升,定性研究方法的引入势在必行。"基本"、"均等化"等概念的出现,使得公共服务设施的研究开始探究哲学层面(韦江绿,2011)、经济学层面以及社会学等多学科层面的深层内涵。目前定性研究与定量研究的结合逐步增多,学者们已经开始逐步意识到在公共服务领域的相关研究及规划中只有将定性研究与定量研究相结合才能够最终满足不同居民的需求。

4.1.3 复杂科学中的主体与客体

由于复杂科学的研究对象尚不明确,范围较广,所以目前针对复杂科学或复杂性的相关研究内容往往从方法论的角度出发进行划分。如我国学者钱学森指出"凡是不能用还原论方法处理的,或者不宜用还原论方法处理的问题,而要用或者宜用新的科学方法处理的问题就为复杂性问题"。但同时,复杂科学与传统科学在方法论角度的巨大差别也源于其哲学层面认识论中对主客体两者相互关系的认识程度不同。

主体与客体概念的出现起源于 17 世纪的德国古典哲学。主体与客体是说明人的实践活动和认识活动的一对哲学范畴。主体是实践活动和认识活动的承担者;客体是主体实践活动和认识活动指向的对象。

马克思主义哲学原理③中提出认识主体是在认识活动中居于主导地位并具有自主性和创造性等特点及功能的一方,它是认识系统中的首要因素,对认识系统的形成及其诸

---

① 模拟退火算法来源于固体退火原理,将固体加温至充分高,再让其徐徐冷却,加温时,固体内部粒子随升温变为无序状,内能增大,而徐徐冷却时粒子渐趋有序,最后在常温时达到基态,内能减为最小。

② 模糊数学,亦称弗晰数学或模糊性数学,是 1965 年以后在模糊集合、模糊逻辑的基础上发展起来的模糊拓扑、模糊测度论等数学领域的统称,是研究现实世界中许多界限不分明甚至是很模糊的问题的数学工具。它在模式识别、人工智能等方面有广泛的应用。

③ 参见《马克思主义哲学原理》一文相关内容。

要素的结合方式起着决定作用;认识客体是与认识主体相对应的另一基本要素,是在认识活动中处于被动地位的一方,是主体认识活动所指向的对象。

近代认识论将主体与客体的关系归结为认知关系(杨魁森等,1994),把知识看成唯一的结果,是一种知识论视角下的认识论(陈新汉,1991)。传统认识论继承了近代认识论的这种观点,把认知关系从主客体之间的复杂关系中剥离出来,撇开了认识过程中的非理性因素,并奠定了传统科学研究的哲学基础。因此虽然传统科学还原论的方法中引入主体与客体的概念被认为是科学研究的一个重大进步,但是在传统研究中往往要排除人的参与,使主体与客体保持一定的距离,才能保证所谓的客观性的存在(黄欣荣,2011),并进一步将客体层层剥离,直到找到组成客体的最小单元并分析其脱离于主体的特征。

在复杂科学的研究中,主体和客体之间存在耦合关系。客体无法脱离主体而存在。同时,由于构成复杂系统的主体具有主动性和适应性,这样各主体之间以及主体与客体之间就具有了复杂的关系,复杂性研究主要通过研究各主体要素之间的组合关系来探索要素组合的复杂以及复杂组织的涌现生成、适应维生、进化、突变等问题。复杂科学的研究以广义认识论(或称综合认识论)为哲学基础,从主体与客体相互关系的总和出发。主体与客体的相互关系包括四个方面,以实践关系为核心,其他三个关系分别为认识关系、评价关系以及审美关系,这三种关系分别反映了人类认识世界的不同层次,即"真"、"善"、"美"三个方面。"真"即合规律性,"善"即合目的性,"美"即合感受性(杨魁森等,1994)。广义认识论强调"真"、"善"、"美"三者之间的统一,以及主体、客体的统一。

随着认识论的发展以及复杂科学研究的进一步深入,学者们发现单纯的"主体—客体"或"主体—中介—客体"模式在处理人与自然、人与物的关系时是行之有效的,但在处理人与人之间的关系时,就遇到了"他人不是客体"的问题。德国现象学哲学家胡塞尔在其晚年时曾试图说明有关主体间的一些问题,认为在面对人与人之间的关系时,应从"主体—客体"或"主体—中介—客体"的模式,向"主体—主体"或"主体—中介—主体"的模式转变。当然,这种主体与主体之间的关系是以主客体关系为基础和背景的(郭湛,2011)。

具体来说,这种"主体间"或"主体际",指的是两个或两个以上主体的关系,在这种多主体的关系中,既包括主客体之间的关系,也包括各主体之间的关系。郭湛(2011)在《主体性哲学——人的存在及其意义》一书中指出在处理人与人的关系时,强调与主客体关系不同的主体间或主体际关系,将会导致完全不同的过程和结果。

4.2 基本公共服务设施的主客体以及主体间性

在上文针对复杂科学的概念及特征,主体与客体的理论梳理的背景下,进一步探究基本公共服务设施中的主客体关系。1990年吴传钧教授提出"人地关系地域系统是地理学的研究核心",他提到从马克思主义哲学来看人地关系即主体与客体的关系。

本书从城市规划的角度探讨基本公共服务的区位问题,与地理学视角的研究应当既有相似之处也有其独特的特点。杨吾扬等(1982)早在20世纪80年代就指出类似人类学、社会学、历史学、建筑学、园林设计、城市规划等学科虽然都或多或少地包含人地关系的内容,但并不像地理学以人地关系的研究为核心。从规划角度研究区位的核心在于对原有人地关系的进一步拓展,即探讨如何协调人与人之间的关系,也就是主体与主体之间的关系。这与前文所指出的复杂科学认识论视角的转向相同,在处理人与人的关系时应从主客体关系转向主体间的关系。因此笔者将从基本公共服务设施中的主客体视角出发,并进一步从主客体视角延伸到主体间视角,明确影响基本公共服务设施区位的各大主体。

4.2.1 主体与客体

在基本公共服务设施区位的研究中,共有三大主体:第一大主体为供给主体,按照第1章对基本公共服务设施概念的界定,供给主体主要以政府为主,也包括部分市场以及社会组织;第二大主体为使用主体,主要指使用基本公共服务设施的居民,由于基本公共服务设施具有基础性及普遍性的特征,这些居民涉及不同的职业、不同的年龄、不同的收入群体,同时也包括老年人、残疾人、流动人口等弱势群体;第三大主体为规划主体即规划师,在协调以上两大主体的基础上,按照各种标准进行基本公共服务设施的配套。三大主体面临着一个共同客体即基本公共服务设施。

针对基本公共服务设施的区位研究,规划师不仅需要熟悉每类设施的基本属性,也需要了解居民在使用公共服务设施时的具体需求,同时还要考虑政府或市场投资建设公共服务设施的模式与时序。但以往理论研究中因为基本公共服务设施本身所具有的系统性和复杂性的特征,相关要素的研究往往从各主体所涉及的学科分别展开,虽然也有部分学者尝试运用了学科交叉的研究方法,但局限性仍旧存在。第一,设施规划主体的配套标准将人作为"理性人"来看待,缺乏对于真实的"社会人"的考虑,且并未区分在同一城市不同地区公共服务设施布局的差异化要求,另外设施配套的时序安排缺乏科学依据,弹性较大;第二,设施使用主体的研究对于居民个体的使用需求考虑非常全面,但往往陷入到复杂的个人行为差异中,与规划对接的缺失使其缺乏实际的可操作性;第三,从设施供给角度进行的研究往往强调在财政供给、政府体制方面的公平,但是究竟应该从什么角度来衡量公平,以及在何时或者在哪一种层次上实现公平都缺乏合理的解释,同时"自上而下"的供给方式也难以体现居民的实际需求。可以说这三个方面的相关研究既独立成体系,又相互影响、相互联系,如何科学搭建起联系三大主体内部各要素之间的桥梁成为现阶段基本公共服务设施空间合理布局所面临的关键问题。

4.2.2 主体间性及其体现

协调三大主体的关系即基本公共服务设施所涉及的供给者、使用者以及规划者是规划研究由人地关系走向人与人关系的重要转变。按照主体性哲学的视角,在面对人与人之间的关系时,应从"主体—客体"或"主体—中介—客体"的模式,向"主体—主体"或"主体—中介—主体"的主体间模式转变。在此基础上,按照各主体的功能进一步将前文所提出的三大主体进行划分。将规划主体作为协调供给主体与使用主体两大主体的中介方,规划主体的最终目标即通过时间与空间手段满足供需平衡的实现。在主体性哲学中,这种多元主体面临共同客体,共同解决人类面临生存和发展问题的方式,已经成为越来越多人的共识。这种"主体—中介—主体"的模式其实仍旧是主客体关系的延伸与拓展,也是人地关系的延伸与拓展。

而这种主体间性如何来体现涉及马克思主义哲学认识论中所提到的主体与客体之间的相关关系?主客体之间存在着四类关系:实践关系、认识关系、评价关系以及审美关系。第一层关系为实践关系,是指主体之间存在着改造与被改造的关系,实践的目的在于通过对客体的改造,满足主体的多种需要;第二层关系为认识关系,即通过主体能动地反映客体,主体以抽象的范畴、概念、符号、公式等形式对客体争取更深刻、更全面的把握;第三层关系为评价关系,评价指主体在对客体属性、本质、规律认识的基础上,把自身需要的内在尺度运用于客体,对主体与客体之间价值关系进行评判;第四层关系为审美关系,是指主体在实践活动中追求实现某种美。这四大关系以实践关系为核心,另外三大关系即反映了主体对于世界"真"、"善"、"美"的认识。

目前在基本公共服务设施区位的研究中,三大认知关系均存在于各主客体体系的内部,且分别从不同学科探讨着基本公共服务设施的属性、特征、概念,等等。在认识关系中,受到学科知识体系的限制,难以达到三大主体的统一,因此本书从评价关系出发,在"主体—中介—主体"模式的基础上,希望通过建立主体之间的共同价值观认识基本公共服务设施这一共同客体,通过评价关系将不同主体对于基本公共服务设施不同角度的认识内容进行统一。

4.3 基本公共服务设施区位评价主体框架

按照上文所述要统一供给主体、使用主体以及规划中介三者之间的关系,需要建立一个共同的平台与框架,本书从供需平衡的原理出发,探讨基于"市场均衡"理论的基本公共服务设施"主体协调均衡"的概念,并在此基础上构建了区位评价的主体框架。

供给和需求这对经济概念最早见于中世纪一些穆斯林经济学家的研究中,"供给和需求"这个名词在欧洲最初见于詹姆士·斯图亚特所著的《政治经济学原理的研究》一书中,之后出现于亚当·斯密的《国富论》和大卫·李嘉图的《政治经济学及赋税原理》。19世纪晚期边际效用学派兴起,代表人物包括杰文斯、门格尔和瓦尔拉斯。他们认为价格是由生产决策的边际价格所决定的。而供给曲线和需求曲线是在莱明·詹金[1]的一篇名为《以图形表示供给和需求》的文章中首次出现,这个模型后来被马歇尔在《经济学原理》一书中进一步发展。

供给指特定市场在一定时期内,与每一销售价格相对应,生产者愿意且能够供应的商品数量。供给通常受到六个因素的影响,包括生产商品的代价、投入品价格的变化、技术的变化、自然环境的变化、获得信贷难易程度的变化以及预期的变化(约瑟夫·斯蒂格利茨等,2005)。需求指的是人们有能力购买,并愿意购买某个具体商品的欲望,显示的是其他因素不变的情况下,随着价格升降,某个体在每段时间内所愿意买的某商品的数量。需求通常受到八个因素的影响,包括可支配收入的改变、个人喜好、借贷及其成本、替代品和互补品的价格转变、人口数量和结构、对将来的预期、教育程度的改变、买家地理条件的改变以及天气或气候的改变(吴健安等,2004)。

基本公共服务设施以政府供给为主,受市场作用的影响相对较小,因此在这一问题的研究中供需平衡并不是原来概念中的"市场均衡"[2](刘厚俊,2005),而是一种基于共同价值观的"主体协调均衡"。在基本公共服务设施的"主体—中介—主体"的模式中,供给即指供给主体在社会经济发展的某一时期内,与居民的需求相对应,其愿意且有能力

---

① Brownlie A D, Prichard M F L. 1963. Professor Fleeming Jenkin, 1833—1885 pioneer in engineering and political economy[J]. Oxford Economic Papers, 15(3):204-216.

② 在一个市场里,如果没有政府等外来力的干预,一切都处于自由竞争状态,则由于消费者的需求和生产力的供给相互作用的结果,一定能够达到一个市场均衡。所谓"市场均衡"是指在某一段时间内,某一市场中商品需求量正好和相同时间内商品的供给量相等,这时的商品数量叫做"均衡量",这时供求双方都能接受的市场价格叫做"均衡价格",两者相交的点叫做"均衡点"。

提供的设施,供给受到供给主体价值观、供给模式以及制度构建的影响;需求指的是人们在日常生活中需要并愿意使用某个设施的欲望,居民的需求受到其社会属性、生活习惯、个人偏好等方面的影响。规划协调中介的作用即通过建立一个基于供给主体与使用主体相互认可的价值观,通过空间与时间实现供需均衡。

本书从区位评价的研究出发,探讨各主体之间的协调关系。区位活动作为人类活动最基本的行为,是人们生活、工作最初步和最低的要求,人类在地理空间上的每一个行为都可以视为一次区位选择活动。杨开忠等(2002)在总结区域科学研究范式转变的过程中针对空间复杂性提出影响区域和城市空间格局的发展主要有两个动力来源,一个是人为的规划和管理,另一个则是城市—区域中的大量微观主体(企业、居民以及其他各类组织)不断相互作用所形成的综合效果。区域空间结构的演化可以视为大量微观区位决策在时间维的积累和在空间维的集聚过程。

因此,以区位为协调核心,搭建起规划与供给主体、使用主体之间的桥梁,是在承认基本公共服务设施复杂性特征的基础上将问题进行的简化处理,能够搭建起多学科统一的研究平台,使理论研究最终能够实现对现实社会生活的指导意义,加强可操作性。如图4-2所示,本书基本公共服务设施区位评价的理论主体框架即在供需均衡的理论基础上进行的延伸。该理论框架以供给主体和使用主体的共同价值观即公平与效率的合理协调为基础,以两者供需均衡为目标,通过规划师的协调,建立在各种要素影响下的供给主体与使用主体共同认可的区位决策模式。其中,政府及其他组织即供给主体主要考虑资金、制度、建设模式等要素;居民即使用主体主要考虑其生活习惯、个人偏好以及自身属性等要素。进一步将这些影响要素进行量化处理和合理取舍,运用科学的评价方法,通过空间和时间的表现形式建立区位评价模型。评价的结果分为有效供给和无效供给两种情况。其中无效供给主要源于供需错位的影响,如建设与居民群体主要需求不符合的设施类型;有效供给包括供需非均衡以及供需均衡两个方面,其中供需均衡为基本公

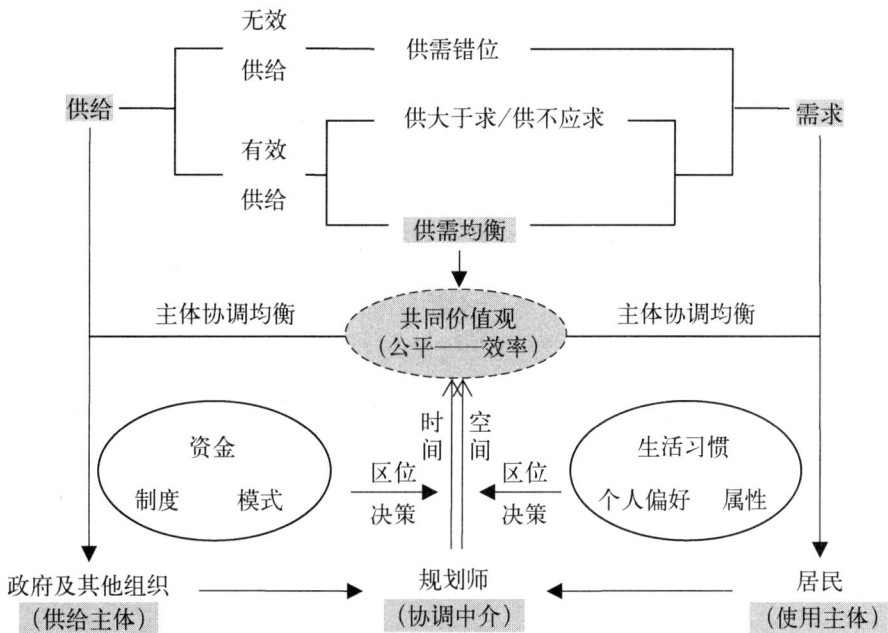

图4-2 多元主体供需平衡视角下的区位评价理论框架

共服务设施区位布局所追求的理想化目标,供需非均衡包括供大于求和供不应求两种情况。

4.4 区位评价框架构成主体影响要素分析

基于基本公共服务设施的区位评价主体框架,本书进一步深入分析了供给主体、使用主体以及规划协调中介三者对于区位的相关影响要素。

4.4.1 供给主体影响要素分析

公共服务设施呈现多元供给的模式,一般来说,包括政府供给、市场供给与自愿供给三种方式。本书所界定的基本公共服务设施是以政府为供给主体,以其他供给方式①为辅的公共服务设施。不管是哪一种类型的供给方,在提供公共服务设施的过程中都受到自身价值观、财力、供给模式以及制度构建等因素的制约。

1)设施供给主体公平与效率的价值观选择

公平与效率两者的关系长久以来一直是社会经济发展的核心与关键问题,同时也是一直存在争议的问题。从我国效率与公平的相关政策来看,两者之间的关系经历了克服平均主义突出效率—兼顾效率和公平—效率优先、兼顾公平—更加注重公平,实现效率与公平的统一这样几个阶段②。

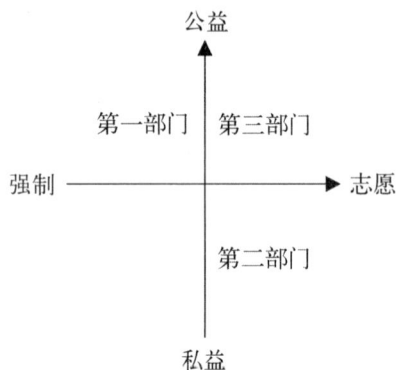

图 4-3 社会领域的分类

美国学者莱斯特·塞拉蒙(Lester Salamon)用"政府部门—营利部门—非营利部门"的"三元模式"将社会部门划分为三大部门,分别为第一、第二、第三部门。如图 4-3 所示,横坐标表示部门供给从强制性到志愿性,纵坐标表示部门属性从私益性到公益性(徐德信,2011)。其中,政府部门追求的是国家利益或者是行政区域利益最大化,市场主体追求私人利益的最大化,而第三部门则较为复杂,有些为非政府公共机构,有些为公共企业或公益企业。

还有学者结合不同供给主体的供给特征,从效率、公平、责任感以及权威等四个方面比较了公共服务中不同类型组织的特征,如表 4-3 所示(郑谦,2012)。政府组织效率相对较低,但政府主观上会较高程度地关注供给的公平性,当然这种公平一般是指一种公众在数量上的平均享用,从而不太会过多地了解不同公众的需求差异;营利性组织的公平性则具有伦理价值色彩。

---

① 其他供给方式包括市场供给(或称盈利组织供给)和自愿供给(或称社会组织供给、非盈利组织供给)。

② 在 1978 年改革开放到 1987 年中共十三大召开前一段时间,我国社会经济发展的原则为坚持克服平均主义,允许一部分人先富起来,适当拉开收入差距,突出效率。1987—1992 年中共十四大,效率和公平被摆在同等重要的位置。中共十四大报告中指出了兼顾公平与效率的概念。1993 年中共十四届三中全会到 2003 年中共十六届三中全会,社会经济发展策略由兼顾效率与公平改为效率优先,兼顾公平,将效率放在首位。从 2004 年中共十六届四中全会到 2007 年中共十七大的召开,强调更要加注重社会公平,实现效率与公平协调并重。2010 年中共十七届五中全会会议强调在当代中国,坚持发展是硬道理的本质要求,就是坚持科学发展,更加注重以人为本,促进社会公平正义。

表 4-3　不同供给主体的供给特征

	效率	公平	责任感	权威
政府	低	高	不确定	高
营利组织	高	不确定	强	中等
非营利组织	不确定	强	强	低

在公共服务设施的供给过程中公平与效率的价值观直接影响供给的结果与方法,从而带来区位布局的不同模式。目前,学术界关于公平与效率辩证关系的研究中主要有四种不同的观点:①"公平与效率交替"论。这种观点认为强调公平必然降低效率,效率的提高是以牺牲公平为代价的。②"效率优先,兼顾公平"论。这种观点形成于 20 世纪 80 年代中期,流行于 20 世纪 90 年代,是在我国社会主义市场经济初露端倪这一特殊的历史条件下提出的。在当时的经济社会发展条件下有一定的合理性,不仅有助于人们冲破原有的计划经济体制也有助于冲破平均主义和绝对的平等观。③"公平效率统一"论。这种观点认为效率是公平的物质基础,公平是效率的保障。④"区别对待"论。这种观点认为公平与效率的关系不能笼统而言,应当区分对待,具体情况具体分析。两者之间的关系在不同的学科、不同的层面是不一样的。

因此,基本公共服务设施的供给不仅需要准确把握社会经济发展的背景,同时也要明确目前设施供给的现状问题。公平与效率两者关系的判断对于最终区位布局的选择具有重要的影响作用。

2) 公共服务设施的多元供给与监管模式

在我国受到快速城市化的影响,城市空间构成的复杂性使得基本公共服务设施的供给主体不仅涉及政府、社区,也涉及开发区、新城等多元化主体。在城市发展的不同空间,公共服务设施的供给模式多种多样,而在多样化供给模式的影响下也出现了不同的设施监督和管理模式。由于投资、管理与监督主体责任不清,造成了设施建设的互相推诿,带来了设施建设的缺失,不仅影响基本公共服务设施初期的公平与效率,也影响到后期质量的提升与维护。

从国外公共服务发展的情况来看,新加坡统一的供给与管理模式使得基本公共服务设施从规划到后期维护的过程中都保持了较高的公平性以及效率。新加坡的公共服务管理组织体系分为五级,在全国范围内,人民协会统一管理社区建设和服务工作;全国又分为五个区域设立社区发展理事会,然后是市镇理事会,再下面是与选区相对应的公民咨询委员会及民众俱乐部,最小的社区组织则是居民委员会或邻里委员会。除了市镇理事会室外,其他依次相当于我国的市、区、街道、居委会。各个层级的职能明确,除人民协会统筹管理全国社区组织外,其余社区组织尽管服务范围有重叠交叉,但关系上互不隶属,工作上各负其责。而从经费来源方面来看,新加坡通过多种渠道并以法律形式使社区建设、发展和管理的经费来源得到保障。社区公共设施建设经费由政府按计划列支。政府与社区组织之间的分工明确,社区组织集中精力为居民提供服务,不承担政府某一方面的工作(孙代勇,2008)。而西方与基本公共服务设施相关的社区管理模式也从一定程度上影响了设施供给的公平与效率。美国社区中非营利组织的加入,改善了仅仅靠政府管理机构行使服务所造成的成本大、效率低、单一化等问题。非营利组织成为沟通政府与居民的桥梁,能够及时反映居民的诉求,而政府只负责宏观调控,社区组织和非盈利组织承担具体事务(宋香丽,2011)。

3）政府公共财政制度的构建

除了公共服务的供给与管理模式之外，国家分税制①下的财政体制也影响公共服务的供给数量和质量，带来城乡以及城市内部不同区县基本公共服务设施建设的差距。

在基本公共服务设施财政供给的过程中，由于政府事权财权的不对称导致一些本应由高层及政府负责的基本的公共服务设施，如基础教育、医疗卫生、社会保证等内容下放给下一级政府，增加了基层政府的事权负担。由于事权下移、财权上移，导致政府间财权事权不对称，地方政府公共服务供给不足。同时现有的转移支付制度缺乏体制上的保证与规划，财政转移制度支付具有较大的随机性，很难做到因地制宜、对症下药，降低了资金使用的公平与效率，从而影响到公共服务设施配套与建设的公平与效率。以我国基础教育设施的制度变迁为例，改革开放以前我国的基础教育体制经历了多个时期：1949—1957年，中央统一集权管理体制，实行中央统一财政收支，三级预算管理；1958—1979年，中央集权与地方分级管理相结合，实行统一领导，分级管理；改革开放之后的1980—2000年，实行三级办学、两级管理的体制，拉开了我国基础教育投入财政分权化的序幕；2001年至今实行"以县为主"的基础教育体制（陈昌盛等，2007），虽然这一政策明确了县级政府的重要地位和责任，但是仍旧存在县级政府财力不足所导致的基础教育设施供给不均衡的现象。

可以看出，不同供给主体的价值观，各个主体之间的合作模式以及国家的公共财政制度都会影响到基本公共服务设施建设的公平与效率，因此基本公共服务设施的区位是否达到了不同供给主体公平与效率的目标，有限的资金是否得到了科学合理的使用，现有的布局模式是否便于管理都是区位评价需要考虑的重要内容。

4.4.2 使用主体影响要素分析

在复杂科学的语境中，研究对象并不是完全被动的，而是具有主观能动性和环境适应性的。探究主体的主观实在性是进一步认识其客观实在性的重要手段和方法。公共服务设施规划中居民作为设施的使用主体，具有较强的主观能动性和环境适应性，居民自身的需求和满意度成为影响规划决策和最终目标的重要因素，也是政府衡量公共服务供给公平与效率的重要标尺。居民对基本公共服务设施区位的影响要素主要包括居民的满意度和需求，除此之外还受到居民所属的社会群体，所在城市空间的影响。

1）居民的需求

本书对居民的需求进行了再分类，一方面将居民的需求与设施本体属性相结合，以多样化需求反映设施种类，以品质需求反映服务水平，同时以便捷性需求体现设施的空间与交通环境，从而明确需求的不同方面；另一方面根据需求的居民比例以及迫切程度进行进一步分解，明确各类需求的轻重缓急从而指导设施的建设时间需求，避免刚性缺失与弹性浪费（图4-4）。

（1）多样化需求

居民对公共服务设施的多样化需求影响公共服务设施空间布局的数量与种类。公共服务设施种类广泛、层级复杂，功能上包括教育、医疗、文化体育、社会保障等，等级上既有服务于区域范围的大型公共服务设施，也有服务于居民社区的基层公共服务设施。

---

① 分税制是按税种划分中央和地方收入来源的一种财政管理体制。分税制要求按税种实现"三分"：分权、分税、分管。分税制实质上就是为了有效地处理中央政府和地方政府之间的事权和财权关系，通过划分税权，将税收按照税种划分为中央税、地方税（有时还有共享税）两大税类进行管理而形成的一种财政管理体制。

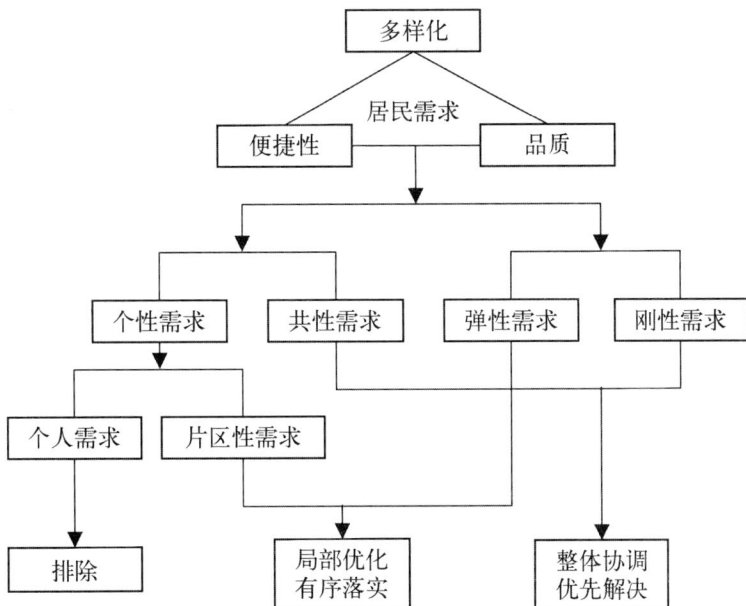

图4-4 居民需求分解图

多样化的公共服务设施既可以带来居民生活的丰富性,提高生活质量,也可以带动地区活力与吸引力,依照规划区内居民的多样化需求修正普适化的设施配套标准能够更加体现居民的主观能动性。

(2)便捷性需求

便捷性主要通过使用公共服务设施所需要的交通时间以及交通方式的选择来体现,在使用公共服务设施的过程中,我们一般提倡步行、自行车、公共交通的使用,居民对不同等级公共服务设施所需要的交通时间的承受力不同。如《南京新建地区公共设施配套标准规划指引》中规定:① 地区级公共服务设施需要保证居民在步行30分钟、自行车10分钟、机动车5分钟内可达,并建议结合轨道交通和公交枢纽站点在交通便捷的区域中心地带设置。② 居住区级公共服务设施保证居民在步行7—8分钟、自行车3—4分钟内可达,建议一般在交通便利的中心地段或临近公共交通站点集中设置。③ 基层社区级公共服务中心一般保证居民在步行3—4分钟内可达,提倡在交通便利的中心地段集中设置。④ 对于特殊的公共服务设施,如学校、医院、老年公寓等也需要考虑到其使用人群的属性而满足其心理所能承受的交通时间进行配置。

(3)品质需求

品质需求主要指公共服务设施的服务质量和服务水平,这些会影响公共服务设施的区位布局。在同一地区不同时期或同一时期的不同地区,人们的需求层次会因收入水平、地区经济发展水平等要素而不同。因此基本公共服务设施的空间布局既需要满足居民使用各种公共服务设施的权利,也要满足其针对不同层次设施自由选择的机会。

(4)共性需求与个性需求

按照同一需求类型在总体调研问卷中的比例可以将以上三个需求分为共性需求与个性需求:共性需求即能够体现规划区域大多数人的需求;个性需求包括两个方面,一方面是在调研区域中的某一片区的特殊需求,另一方面是指个人需求。满足共性需求能够保证公共服务设施的区位布局满足绝大多数人的需要,而个性需求会带来基本公共服务设施布局的差异化特征。

（5）弹性需求与刚性需求

按照需求的迫切性也可将以上三类需求分为弹性需求与刚性需求：其中多样化与品质需求为弹性需求，会因社会发展水平、收入、文化程度、性别的差异而不同。而便捷性为刚性需求，与设施的等级相关，基本不因人的不同属性而改变，需要根据现状可达性不足进行优化与调整。总体来看，共性需求与刚性需求迫切性较高，在基本公共服务设施的布局中需要优先解决，整体协调；个性需求中的片区性需求和弹性需求要根据发展的实际情况进行有序落实，局部优化。

2）居民的满意度

从小区的发展阶段来看居民满意度的变化。如图4-5所示[①]，在小区发展的初级阶段，即 X_0—X_1 阶段，入住率较低，受设施运营效率的影响，很多设施并没有按照规划内容进行建设，居民的满意程度维持在一个较低的水准且日常生活非常不便；X_1—X_2 为加速发展阶段，随着入住率的不断提高，考虑到目前的入住人口已经可以满足其盈利的需求即开始进一步增加设施的供给程度，而居民在此时期也会随着设施的不断增多更进一步提升其满意度。如果说在 P_2 点之前由于入住率较低，设施的使用还处于负效益的阶段，那么经过 P_2 点之后（入住率可能为40%）设施的使用开始进入正效益阶段。到 P_3 点居民满意度增加的速率开始减缓，但仍旧处于设施运营的正效益期。直到 P_4 点小区设施的配套逐步稳定，基本能够满足居民日常生活的需求。如果进一步增大设施的投入量，居民满意度的增加越来越缓慢，从而进入设施的负效益阶段，这时居民对于小区的满意度不仅仅依靠设施的供给质量来体现，还包括其他一些如小区管理、入住时间、家庭状况等方面，设施在居民的满意度提高中已经不再处于关键因素。增加的投入可能得不到应有的

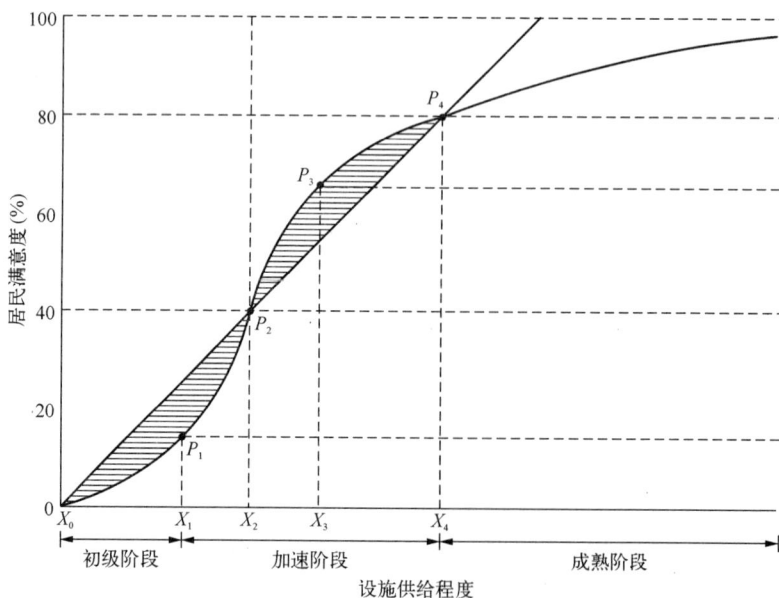

图4-5 小区不同发展阶段居民满意度水平变化示意图

---

① 图中几个阶段数据包括40%、80%等均为估算示意数据，主要根据笔者在南京的大量实地调研所得，在不同的城市以及不同的城市片区这一数据并不相同，需要具体问题具体对待。

回报,从而造成投入的浪费。从边际效用最大化的原则来看,从 P_1 到 P_3 点边际效用递增, P_3 点边际效用到达最大值,从 P_3 点之后边际效用逐步递减。

对居民满意度变化规律的认识能够使得基本公共服务设施区位布局更好地协调公平与效率的关系,在小区发展的不同阶段,保障大多数居民的需求能够得到满足,并在满意度的基础上把握设施供给的数量与质量。

3)居民的社会属性与生活习惯

不同的住宅类型涉及不同的居民属性,住宅类型一般包括普通商品房小区、高档商品房小区以及保障房小区,同时在同一小区内部也有可能存在不同的住宅类型。受到居民收入水平、就业水平、知识水平的差异,居民所属的社会群体不同,其需求也各具特色。从年龄结构来看,拆迁安置房内的居民老龄化问题较严重,多数家庭子女由于工作等原因离开居住地,留守老人与房屋出租者成为居住主体。因此日常生活中,老人成为服务设施的主要使用者,由于其通行能力较差,活动范围受到限制,需要的设施类型也相对有限。普通商品房与高档商品房的人口构成较为年轻,对设施的需求更加多样化。从生活模式来看,高档小区的居民,尽管居住地点普遍较偏远,但居民的活动范围依旧最为广泛。而普通商品住区与拆迁安置小区虽然交通方面较为便利,但由于生活习惯、消费观念、经济能力等原因,去主城消费的频率并不高。且拆迁安置居民由于原先大多生活在农村等城市边缘地区,依然保留着原有的生活习惯,偏爱群居生活。在实证调研过程中发现,其居民多集中于楼栋前的小广场或商铺门前活动,邻里融洽,对配置的公共服务设施并不关注。虽然生活在城市环境中,但居民的生活方式并没有改变,社区图书馆、老年人活动中心等城市社区设施脱离农村居民原本的生活习惯。因此,基本公共服务设施的布局应当深入分析不同居民的实际生活需求并进行差别化对待。从城市空间角度来看,主城区老龄化层次较高,开发区内大多为年轻的打工人员,边缘区居民属性较为复杂,存在学生、打工人员、当地拆迁安置人员以及新购房人员混居的现象等。这些都会影响基本公共服务设施的空间布局。

4.4.3 规划协调中介影响要素分析

基本公共服务设施规划主体的影响要素包括四个方面的内容,分别为城市用地分类与规划建设用地指标(国家与地方),设施的分类与分级,不同公共服务设施空间布局要求以及不同设施之间空间布局的影响。目前具有法定意义的规范包括公共服务设施综合配套指标以及各类设施的专项指标,而对于设施的空间布局指标和时间配置指标并没有具体的规定。

1)城市用地分类与规划建设用地指标

20世纪50年代初至70年代末,我国处于计划经济时代,在此背景下,政府作为公共资产的托管人,在城市建设中扮演着全能的金融家、土地拥有者、开发商和投资者的角色。"公共设施用地"被称为"公建用地",隶属于"生活居住用地"大类下,符合其特定的历史背景与相应的经济体制。20世纪80年代在改革开放的新形势下,计划经济开始向市场经济逐步转轨,原标准①中的"公共设施用地(C)"开始从"居住用地"中部分分离出来,成为十大类之一。原标准"公共设施用地"诞生于我国经济体制发生重大转折的重要历史时期,其主体内容仍然延续了计划经济体制的思维体系,是一种体制转型期尝试接轨的过渡性历史产物。

---

① 中华人民共和国建设部.1990.城市用地分类与规划建设用地标准(GBJ 137—90)[S].

在新标准出台之前,学术界也出现了众多针对原标准不能适应市场经济时期要求,探讨公共服务设施用地分类原则的文章,孙晖等(2002)分析了美国区划中从服务建设规模入手对商业用地的分类,通过对公共设施用地划分的中美比较,和对上海用地分类改革的分析,指出了计划经济对我国公共设施用地分类的影响,探讨了市场经济条件下,对公共设施用地进行分类的原则。邹兵等(2002)在对公共设施用地内涵的演变和分化进行深入分析的基础上,提出在市场经济条件下,公共设施用地基本可分为公益性设施用地和商业性设施用地两类。1997年颁布施行的《深圳市城市规划标准与准则》将《城市用地分类与规划建设用地标准》(GBJ 137—90)中的"公共设施用地"拆分为"商业性公共设施用地(C类)"和"政府/团体/社区用地(G/IC类)"两大类别。这些前期的探讨为新标准的出台提供了有力的理论支撑。

2011年为了适应我国经济体制由计划经济变为市场经济的历史背景及新需求,最新版《城市用地分类与规划建设用地指标》①颁布,与原标准相比做出了四大调整。第一,借鉴境内外经验,进一步分化"公共设施"中的商业服务、公共结构、休闲设施等用地功能相对独立的用地。第二,进一步分离商务、研发用地与商业、文教体卫等用地。第三,公益性与盈利性公共设施用地宜进一步分化。第四,基于公共服务设施的不同属性,将原标准"公共设施用地(C)"拆分为"公共管理与公共服务用地(A)"和"商业服务业设施用地(B)"。同时,为了使每个居民所必需的基本居住、公共服务、交通、绿化权利得到保障,规定了公共管理与公共服务用地的单项人均建设用地的低限标准。这也是保障城市(镇)基本公共服务水平和均等化的重要指标。

2) 设施的分类与分级

公共服务设施的配套指标是设施建设规划期的基本标准,涉及设施的分级分类以及相关的配套标准。其中《城市公共设施规划规范》②确定了城市居住区级以上公共设施的内容、范围和用地标准,其中对城市公共设施的分类和内容范围的依据是国家原《城市用地分类与规划建设用地标准》,而其中城市规模是参考原《中华人民共和国城市规划法》③,对市场经济条件下所出现的一些新的公共设施如为商业、超市服务的物流中心,各种类型的批发市场考虑不足。而居住区级以下的公共服务设施则依照2002年修订过的《城市居住区规划设计规范》④执行。两者都欠缺对于市场经济条件下新需求和新问题的统筹考虑,难以为目前的规划建设工作提供有效的建设指导作用。

随着市场经济的快速发展,商品房已经开始取代原有单位社区的居住模式成为城市的主要居住形式,同时,即使在相同的居住空间内,由于居民社会属性的差异,对公共服务设施的需求的类型和数量都会有差异。在此影响下,城市空间由计划经济时代单位制的均质空间向市场经济时期社会空间分异的多元化空间转化,不同居民在居住空间上出现分异。但2002年对相关公共服务设施配置标准的修订仍旧是在原来计划经济时期社区发展背景下所建立起的基础上进行修改的,没有实质性的创新,仍旧难以满足目前市场经济体制下的新需求。赵民等(2002)指出在社会主义市场经济的发展过程中,城市社区空间分异日益明显,由于经济收入的差异、文化价值取向的差异、年龄结构的差异导致

---

① 中华人民共和国住房和城乡建设部. 2011. 城市用地分类与规划建设用地标准(GB 50137—2011)[M]. 北京:中国建筑工业出版社.

② 中华人民共和国建设部,中华人民共和国国家质量监督检验检疫总局. 2008. 城市公共设施规划规范(GB 50442—2008)[M]. 北京:中国建筑工业出版社.

③ 第七届全国人民代表大会常务委员会. 1989. 中华人民共和国城市规划法[S].

④ 中华人民共和国建设部. 2002. 城市居住区规划设计规范(GB 50180—93)(2002年版)[S].

了需求分化。在计划经济条件下形成的居住区公建配套指标体系已很不适应城市发展的现状要求,需要兼顾效率和公平,根据服务对象,"量体裁衣"区别对待。吴晟(2002)提出了公共服务设施配套标准的修订原则包括:公共服务设施的"经营型"转化,第三产业的发展,社区服务事业的出现并迅速发展,公共服务设施的社会化发展以及居民需求的变化所带来的新要求等方面。

之后各城市结合自身的实际情况以国家标准为基础构建地方公共服务设施配套标准以及修改建议,主要针对社区级公共服务设施,并进一步探讨公共服务设施配套的影响要素。宣莹等(2006)介绍了《南京新建地区公共设施配套标准规划指引》的理论与形成依据,并指出该标准是在学习新加坡"邻里中心"理念和苏州工业园区规划实践经验的基础上,从公共设施的分级、布局、管理三个方面对原有标准进行的改进,并立足于南京市自身的发展特点所建立的。张大伟等(2006)以武汉为例,着重研究了城市社区公共服务设施的规划项目、标准和实施单元,提出了具有一般意义的城市社区公共服务设施规划标准和实施单元建议。陈秀雯(2007)分析了影响我国居住社区公共服务设施配套的主要因素,包括"人"的需求分化趋向;经济运行方式的变化;住宅内部的同质化和各住宅区之间的异质化;政治体制(住房体制、医疗体制、教育体制)改革的影响;私家汽车的增加所带来的影响以及信息网络化的影响。万终盛(2008)以重庆市为例提出了构建具有典型山地城市的组团式城市形态和统筹城乡配套改革实验区的城市公共服务设施指标体系。从分级体系上提出了增加地区等级来衔接城市组团与居住区级之间的等级空白,并以行政划分对接来修正分级体系中的人口规模;从分类体系上对市政、交通、环卫等体系有交叉的设施类型做了归并,界定了纳入重庆市公共服务设施指标体系的五大类;并从基础数据入手,逐一分析确定各级各类设施指标,以指导规划管理和实施;特别指出随着人口构成结构的变化,"千人指标"已经不能作为一项普适性的控制指标。赵渺希(2009)也认为人口结构的变化影响公共服务设施的配置指标并提出了老龄人口以及学龄人口的指标上下限。公共服务设施的配套标准中的分级分类标准大多是参考国外典型案例以及结合自身发展的需要进行安排,最近的研究中也出现了一些分层理论方法的引进,如夏红宇(2011)借鉴前人运用分级的思想对公共服务设施的配置进行控制的方法,以及其他学科中关于分层的理论及方法,紧密结合国家规范、地方建设标准及已有的研究成果,尝试运用服务内层配置方法来构建公共服务设施指标体系,并在相应的指导原则下,从类别确定、级别划分和指标要素控制三个方面按照两步迈进的循序演进方式建立新的配置指标体系。

3) 各类设施空间布局的要求

除了普遍性的设施配套标准之外,各类设施由于其属性的差异,受到的影响也不同,这些影响包括交通、布局关联性、环境卫生、疏散以及一些特殊要求。目前国内的各大标准中关于基本公共服务设施空间布局的指标主要以服务半径和服务人口作为基本配套准则,从数量上控制设施的布局,而对于实际设施到底建在哪里合理没有量化评价的标准,造成在实际规划过程中较大的随意性(详见表2-6)。

4) 不同设施之间空间布局的影响

除了设施本身的空间布局要求之外,各个不同的设施之间也会有交叉影响,有些设施结合布局会提高使用效率及社区活力,而有些设施之间会相互影响。表4-4显示了不同设施之间的空间布局兼容性。其中"●"代表两种设施适宜配套布局;"▲"代表两种设施之间若配套布局会产生冲突;"○"代表两种设施若配套布局不会产生冲突;具体布局方式可依照实际情况进行选择。为区别不同级别设施对空间布局影响的差异,分析过程中加入了一部分大型设施进行比较。

表 4-4　不同设施之间空间布局的影响

设施分类		教育设施			医疗设施		文体设施		社会福利设施			行政管理与社区服务设施
		中学	小学	幼儿园、托儿所	综合医院	社区卫生服务中心(站)	大型文体设施	文化、体育活动中心(站)	区级社会福利院	养老院、老年公寓	托老所	社区服务中心
教育设施	中学	—										
	小学	●	—									
	幼儿园、托儿所	○	○	—								
医疗设施	综合医院	▲	▲	▲	—							
	社区卫生服务中心(站)	▲	▲	▲	○	—						
文体设施	大型文体设施	▲	▲	▲	▲	●	—					
	文化、体育活动中心(站)	○	○	○	▲	○	○	—				
社会福利设施	区级社会福利院	▲	▲	▲	○	●	▲	○	—			
	养老院、老年公寓	▲	▲	○	○	○	▲	○	○	—		
	托老所	○	○	●	○	●	▲	●	○	○	—	
行政管理与社区服务设施	社区服务中心	▲	▲	○	▲	●	▲	●	○	○	●	—

教育设施的空间布局要求较高,除了托儿所与幼儿园可适当与社区中心等结合公共绿地布局之外。中小学的环境都易受到其他设施所带来的影响,需要独立设置。中小学可集中建设形成九年一贯制学校。

医疗设施中的社区卫生服务中心(站)可与社区服务中心、托老所、文化和体育活动中心(站)等集中布局,方便居民就医。综合医院宜独立布局,且由于其环境卫生条件要求较高,需避免与教育设施、文体设施等配套布局。

文体设施中的大型文体设施会有大量的人员流动,噪音较大,与教育设施配套布局会相互干扰,也不宜与社会福利设施综合布局,对老年人的生活环境影响较大。而社区级文体设施的布局兼容性较高,可以与多种设施配套布局。

社会福利设施对环境要求较高,宜设置在安静且空气质量较好的地区,但也需要结合老年人口的分布进行综合考量。

行政管理与社区服务设施适宜与社区卫生服务中心(站)以及文化、体育活动中心(站)配套设置,不宜与教育设施结合设置,以免相互干扰。

4.5 基于主体视角的区位评价基本原则

本书基本公共服务设施的区位评价即在上述多元主体供需平衡的理论框架下展开,为强调复杂系统主体的主观能动性,本书又进一步明确了基于主体视角的区位评价基本原则。

4.5.1 以公平与效率的合理协调为中心

公平与效率的辩证关系历来是社会经济发展的主旋律,而公平与效率的合理协调也必然成为基本公共服务设施区域评价的核心理念和共同价值观。从不同主体的角度来看,按照供给主体价值观的不同,其所代表的利益群体的价值偏向会影响最终的设施布局结果,同时使用主体一般又较多地偏向于满足其自身需求的均等化,但是却缺乏从城市整体发展视角去考虑,因此需要通过对两大主体的协调选择一个科学合理的价值体系。另外从共同客体的角度来看,一方面不同等级的设施之间有不同的建设要求。社区基层设施,以居住小区为载体,服务范围小、地域性强,与居民的日常生活紧密相关且使用频率高,强调"均等化"布局;而一些大型的综合设施,如三甲医院、图书馆、体育馆等,虽然在居民的生活中也承担着重要的作用,但由于设施建设费用较高需要考虑设施的使用效率,强调"集约化"布局。因此也要通过对基本公共服务设施概念的定义,准确把握其所在的层次,选择公平与效率合理协调的布局方法。

4.5.2 以满意度和需求度作为评价标准

基本公共服务设施的区位布局的目的是为了满足使用主体居民的需求,因此以居民的满意度和需求作为评价标准是体现布局合理性的重要理念,也是新型城市化阶段"以人为本"思想的核心体现。在综合评价中需了解现有设施的布局是否考虑了居民的群体性差异,居民所在的小区类型与城市空间,以及居民的需求层次;了解居民对于不同设施的满意度水平以及影响满意度的主要因素,从而指导后期的规划与建设;了解居民生活中最需要的设施以及在不同的城市空间居民可接受的最低配置标准;同时也需要了解现有的公共交通环境是否满足居民使用基本公共服务设施的需要。在居民的满意度评价方面可通过对典型社区的调研建立以居民满意度为产出衡量标准的相关关系,明确在居住区不同的入住率阶段居民可接受的设施建设模式,从而进一步运用到新建小区的设施建设当中;在规划后期进行规划实现程度的评估,根据居民需求与满意度的变化增加新的设施或提升原有设施的服务质量,从而使得基本公共服务设施规划由单一的仅注重包括规模、等级在内的规划方式转向更为人本化的适合于商品房时代的规划模式。

4.5.3　以空间与时间作为表现形式

基本公共服务设施与居民的日常生活联系最为紧密,通过分析设施服务范围与居住用地的关系能够比较直观地反映公平与效率的空间形态,也能够较有效地运用到实际规划当中。以往公共服务设施的评价中,公平与效率的关系都是通过财政资金、人均占有水平等指数来衡量,评价的范围过于宏观,而对人的需求也是建立在无差异性的基础之上,通过规划协调中介的空间手段将供给主体的策略与使用主体的需求可视化,有利于使政府政策落到实处。另外,从整个城市来说,不同的城市化水平下应该有不同的公共服务设施供给模式,而公平与效率的实现程度也会随着城市发展实力的提高而有所调整,这些都可以作为衡量基本公共服务设施区位合理性的重要评价标准。

5　基本公共服务设施区位评价模型与框架

从前文的研究中可知,目前在基本公共服务设施的区位布局中所出现问题的核心表现即"公平与效率"的不合理,而通过理论研究亦发现正是由于区位评价体系中对于公平与效率评价体系的不完善与缺失以及现有评价指标选取的不合理进一步加剧了这些问题的产生以及矛盾的深化。基于此,本书在第 4 章中构建了基本公共服务设施区位评价的主体框架,分别从供给主体、使用主体以及规划协调中介三个方面梳理了影响设施区位布局科学合理化,影响设施供给、使用公平与效率的各种要素。本章即以第 4 章所构建的主体框架为基础,进一步从"公平与效率"的价值观出发,探讨区位评价的标尺与视角以及模型构建的共同价值取向,并基于公平与效率的内涵建立了基于空间公平与空间效率的基础评价模型。同时,为了有效评价居民的满意度与需求,本书分别从问卷调研方法的设计,问卷内容的设计,预调查与问卷修改以及最后问卷调查的实施几个方面具体阐述了基于居民满意度与需求的问卷评价方法与过程。为保证模型能够更准确地反映实际情况,本章分别从供给主体以及使用主体两个方面对基础模型进行了进一步的解释与修正。最后在复杂科学方法论体系的基础上整合上述内容,构建了基本公共服务设施区位评价的综合框架。

5.1　区位评价的共同价值观

如第 4 章所述,区位评价主体框架的核心即共同价值观的建立,在基本公共服务设施的区位评价中,这一共同价值观即公平与效率的协调关系。

5.1.1　公平观

从公平的理论来看,1998 年诺贝尔经济学奖得主阿马蒂亚·森将西方主要的社会正义理论归纳为三派,即功利主义、自由至上主义和罗尔斯的正义理论(秦红岭,2010)。

功利主义代表人物包括杰里米·边沁和密尔,与政府行为密切相关。功利主义认为,人们一切行为的准则取决于是增进幸福抑或减少幸福的倾向。不仅个人行为受这一原理支配,政府的所有措施也要据此行事。可以将每个人看作组成社会的一分子,社会全体的幸福是由组成此社会的个人的幸福总和。依此提出了著名的"最大多数人的最大幸福"的正义原则。

自由至上主义是古典自由主义的进一步发展,代表人物包括哈耶克和诺齐克,主张"程序公正"、"过程公正"、"起点公正"、"应得正义",认为"结果正义"是没有意义的。"这种正义观念只关注认知行为的正义问题,或者调整人的行为规则的问题,而不关注这种行为对不同个人或不同群体的地位所造成的特定影响问题"(张曙光,2005)。

罗尔斯的正义理论是对自由至上主义理论的修正和挑战。罗尔斯的基本观点为"所有社会基本价值(或者说基本善)——自由和机会、收入和财富、自尊的基础——都要平等的分配,除非对其中一种或所有价值的一种不平等分配合乎每一个人的利益"(何怀宏,2001)。在这一基础正义观的基础上将正义分成了两个层面,第一个正义原则为平等自由原则,即"每个人对于所有人所拥有的最广泛平等的基本自由体系相容的类似自由体系都应有一种平等的权利"(约翰·罗尔斯,1997),第二个正义原则为机会的公正平等原则和互惠互利差别原则的结合,这一原则意味着一定条件下的差别与均衡(秦红岭,2010)。罗尔斯认为公平之正义应偏向于"合乎最少受惠者的最大利益",他认为正义的社会制度应该通过各种制度性安排来改善弱势群体或者社会不利者阶层的处境,缩小各类人群之间的差距。他第一次把正义和社会制度联系起来,把正义作为衡量制度进步与否的重要标志(王谦,2009)。

阿马蒂亚·森的"能力平等说"被前联合国秘书长安南认为是最为"明智和健全"的公平理论,该理论重在关注过程公平、机会公平。他认为真正的自由平等就是使所有的人都能享受他们认为有价值的生活方式,社会应该追求增加人们的机会,拓展他们的选择范围,享受真正意义的自由。他将发展看成扩大人们享受真实自由的一种过程(阿马蒂亚·森,2002)。

以上对于公平的理解,主要涉及不同的个人、群体、国家或地区之间的关系,仅限于代内公平。而可持续发展的公平讨论,则明确区分了代内公平和代际公平。1987年在世界环境与发展委员会所提交的"我们共同的未来"的报告中明确提出"可持续发展是既满足当代人的需要,又不对后代人满足其需要的能力构成危害的发展",这是对公平另一个层次的理解。

5.1.2 效率观

与公平观一直以来都存在着争议不同,效率的相关理论从一开始就比较明确。从效率的理论来说,效率的最初定义是耗费与获得以及投入与产出之间的比例。"效率"在最一般的意义上指的就是现有生产资源与它们所提供的人类满足之间的对比关系(徐德信,2011)。之后随着商品经济的发展,对效率的定义进一步发展。19世纪70年代中期,杰文斯、门格尔和瓦尔拉斯以边际效用为基础,分别提出了资源配置的效率标准。庇古比较全面地论述了效率的标准。

对于资源配置效率最严谨的解释,是意大利经济学家帕累托提出的,即著名的帕累托效率准则。按照这一理论,如果指资源分配的一种理想状态,即假定固有的一群人和可分配的资源,从一种分配状态到另一种状态的变化中,在没有使任何人境况变坏的前提下,也不可能再使某些人的处境变好,这种状态称为社会资源的配置达到帕累托的最优状态(徐德信,2011)。帕累托最优条件包括交换的最优条件、生产的最优条件以及交换和生产的最优条件三个方面。之后提出的一系列概念包括纳什均衡、制度效率等都是对帕累托效率的一种拓展和优化。从经济视角看,效率指的是衡量社会资源的有效配套程度,即在尽量少的劳动时间里创造出尽量丰富的物质财富;从社会的视角看,效率指的是衡量社会个人福利状况满足的程度,即在既定的资源下,如何实现社会福利最大化(王谦,2009)。

5.1.3 新型城市化下公平与效率的内涵与价值观

关于公平与效率相关关系的理论既包括以新自由主义和货币主义为代表的效率优先论,以新剑桥学派、新制度主义经济学所倡导的公平优先论,也包括以凯恩斯、萨缪尔森、阿瑟·奥肯为代表的兼顾公平与效率的理论。国内关于公平与效率的研究包括"公平与效率交替"、"效率优先,兼顾公平"、"公平效率统一"以及"区别对待"四种论点①。可

---

① 参见本书第4.4.1节的论述。

以说两者的关系在不同的发展阶段,面对不同的学科领域都有其不同的内涵。

目前针对基本公共服务的评价视角主要从以下几个方面展开,分别为均等化(公平性)评价、满意度评价以及政府绩效评价。其中均等化和满意度重在评价公平,政府绩效重在评价效率且目前的研究中也逐步将居民满意度作为效率的重要因素。可以说"公平与效率"如何协调的问题一直是公共服务评价中的核心内容。但是由于现有的研究中"公平与效率"缺乏统一的评价指标以及统一的界定,两者之间虽然关系密切但评价结果缺乏有效的衔接,甚至导致一些研究简单地将公平的实现等同于效率的实现。

新型城市化强调"以人为本"。发展城市的目标在于为人服务,让广大人民群众共享城市发展的成果。本书从公众本位的视角出发,界定新型城市化背景下的基本公共服务设施公平与效率的概念,强调在居民感知度基础上的公平和效率。

(1) 公平:基于罗尔斯两个正义的原则以及阿马蒂亚·森的"能力平等说",本书中基本公共服务设施公平一方面指个体公平,即居民具有平等享受基本公共服务设施的权利以及具有公平选择基本公共服务设施的机会;另一方面主要指立足于个体公平基础上的城市区域公平,是建立在城市内部空间差异化最小基础上的公平。

(2) 效率:基于帕累托最优化原则,本书中基本公共服务设施效率一方面指居民的使用效率,是居民使用便捷度最大化下的效率;另一方面指政府的投入效率,是基本公共服务设施财政投入使用最充分、设施布局最优化下的效率,最直接的表现形式即用最小的公共服务财政投入服务到更多的居民。

在基本公共服务设施公平与效率的优先顺序上,主张"公平优先,兼顾效率,并尽量满足效率最大化的公平"。

5.2 公平与效率的空间评价模型

在上述公平与效率基本内涵的基础上界定空间公平与空间效率的概念,其中空间公平一方面体现个体公平,指基本公共服务设施在城市片区内部的覆盖成效以及覆盖盲区,另一方面指城市区域公平,即在不同城市片区之间的配套公平度。空间效率主要通过基本公共服务设施与周边居民的匹配程度来体现,一方面包括设施的可达性范围与居民居住地之间的匹配程度,另一方面也包括设施本身的使用效率与其实际等级所应有的功能之间的匹配程度,体现的是设施的服务质量。

5.2.1 基本条件假设

为了厘清公平与效率之间的基本关系,建立基础评价模型,本书对居民使用公共服务设施以及基本公共服务设施自身的属性进行了以下几点假设:

① 居民选择基层设施时以临近设施为最佳选择对象,即满足就近原则。
② 居民使用基层设施以家为起点(不考虑从工作地点去看病的情况)。
③ 居民在使用基层设施时选择步行、自行车、电动车以及公共交通工具。
④ 同等级设施之间的服务水平相同。

在上述假设的基础上建立空间公平与空间效率的基础模型,确立在模型构建中的方法、收集资料的类型以及研究范围,探讨在理想状况下基本公共服务设施的理想布局模式。接着从政府主体和居民主体两个核心主体出发,对该模型在各种复杂条件的情况下进行进一步的修正,使其更加贴近实际生活情况。

5.2.2 空间公平与空间效率

按照本书对基本公共服务设施以及空间公平、空间效率概念的界定,模型的评价将最终落实在基本公共服务设施的服务范围与居民之间的相关关系上。考虑到资料收集的可获取性,本书运用城市总体规划资料中各类居住用地代表现状居民的分布情况。按照《城市用地分类与规划建设用地标准》(GB 50137—2011)[①],本书所指的居住用地分别包括:一类居住用地住宅用地,二类居住用地住宅用地,三类居住用地住宅用地。在这些住宅用地中包括老年公寓,企业、学校单身公寓以及一些住宅混合用地。另外,由于基本公共服务设施的服务范围受到居民不同出行方式的影响,不同的交通工具在不同的道路用地上的速度不同,本书选择用时间可达性范围代替直线服务半径。

可达性(Accessibility)的计算方法最早始于 20 世纪 50 年代的欧洲,主要用来描述区域间的交通联系程度、交通网络节点间的相互作用机会以及社会现象的空间变化。交通可达性分析方法已在规划与地理领域得到广泛应用,主要采用矢量数据结构下的交通网络最短路径算法,通过计算直线距离、缓冲区或引入引力模型,将交通线路图进行拓扑变换来计算区域空间可达性(曹小曙等,2003)。本书运用"时间成本加权距离算法"(祁毅等,2006),即在栅格数据上运用最短路径法计算每个网格到某个目的网格(或网格集)的最短加权距离,对基本公共服务设施进行时间可达性的计算与分析,研究不同时间区段下,时间可达性与居住用地的相关关系(图 5-1)。

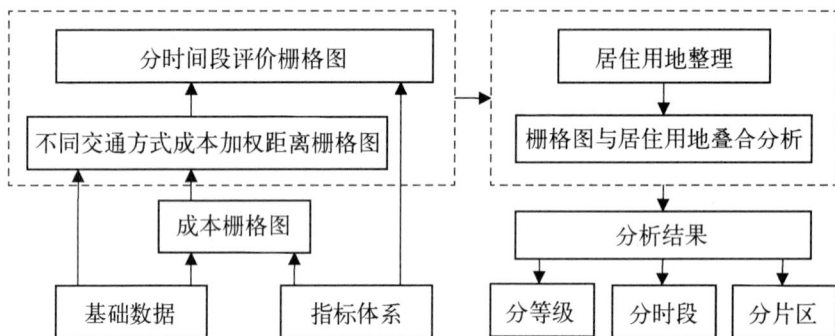

图 5-1 时间可达性技术路线

(1) 建立成本栅格图的基础数据库,选择几大地物要素,包括陆地、山体、水域、道路。

(2) 确定各种交通方式的行进速度,速度的选择参考《城市道路设计规范》(CJJ 37—90)[②],并总结各种经验数据,具体如表 5-1 所示。根据行进速度对各类要素设置时间成本值,成本值为速度的倒数[③],即表示单位长度所需要的时间成本,公式为

$$时间成本 = 1/v \times 60 \tag{1}$$

其中,v 为空间对象的设定速度。

---

① 中华人民共和国住房和城乡建设部. 2001. 城市用地分类与规划建设用地标准(GB 50137—2011)[M]. 北京:中国建筑工业出版社.

② 中华人民共和国建设部,北京市政设计研究院. 1998. 城市道路设计规划(CJJ 37—90)[M]. 北京:中国建筑工业出版社.

③ 参见《使用成本加权距离进行时间距离(时间可达性)计算/分析》一文相关内容。

表 5-1 各种交通方式的行进速度

分类	道路[m/s(km/h)]				平地 [m/s (km/h)]	备注
	快速路	干路		支路		
		主干路	次干路			
步行	1.10(4.0)				1.00(3.6)	10 岁左右的小孩为 4 km,30 岁左右的成年男性 4.5 km, 30 岁左右的成年女性 4 km, 60 岁以上老年人 3.0—3.5 km
自行车	3.47(12.5)				2.78(10.0)	通常将自行车速度 5 km/h 定为慢速,10 km/h 定为较慢,15 km/h 定为中速,20 km/h 定为快速,25 km/h 定为很快(取较慢和中速的平均值)
电动车	6.94(25)				4.17(15)	电动车速度为 20—80 km/h
车行速度 (私家车)	22.22(80)	13.89(50)	11.11(40)	8.33(30)	5.55(20)	根据《城市道路设计规范》,私家车取上限,公交车取下限,干路取二级路速度上下限
公交车	16.67 (60.0)	11.11 (40.0)	8.33 (30.0)	5.55 (20.0)	1.00 (3.6)	

（3）建立矢量要素层,在属性表中增加成本(Cost)字段,赋予相应成本值,之后将矢量数据转换为栅格数据,获得时间成本栅格图。

（4）标注各类设施的空间点位并建立不同的图层,以不同交通方式的成本栅格图为底图,在 ArcGIS 9.3 中运用空间分析(Spatial Analyst)—距离(Distance)—加权成本(Cost Weighted)命令,选定时间成本图层作为"Cost to"选项的值,按照不同的时间要求分别计算出如 5 分钟、10 分钟以及 15 分钟①每个设施点的成本加权距离,也就是将时间可达性的范围与各类居住用地类型进行相关分析。

在时间可达性模型的基础上构建空间公平与空间效率的模型。空间公平用"E"来表示,空间效率用"D"来表示。如图 5-2、图 5-3 所示,每一个字母所代表的含义如下:

R——居住用地;

C——可达性边界的面积;

P——每一个设施点。

本书界定两个层面的设施公平:E_1[式(2)]代表各区不同时间段可达性范围所覆盖的居住用地比例。或者用可达性范围之外的盲区中居住用地的比例占总居住用地的比例 E'_1[式(3)]来代替。

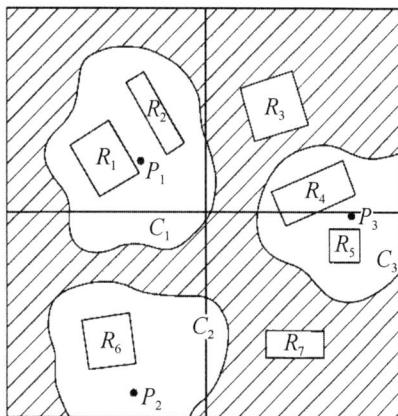

图 5-2 空间公平计算模式图

---

① 经调研,居民在使用基本公共服务设施的过程中最长出行时间基本不超过步行 15 分钟,公交车以及其他交通方式时间更短一些。

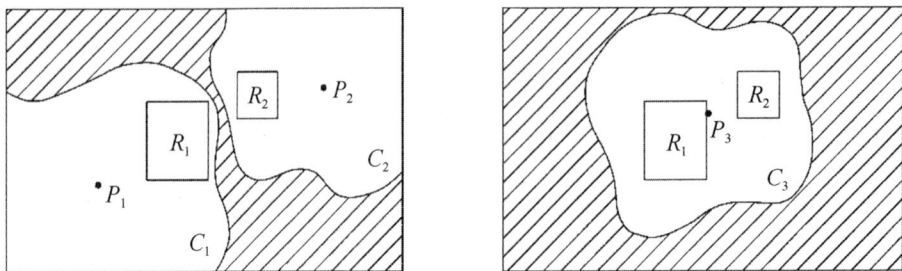

图 5 - 3 空间效率模式图

$$E_1 = \frac{R_1 + R_2 + R_4 + R_5 + R_6}{\sum\limits_{i=1}^{n} R_i} \tag{2}$$

$$E'_1 = \frac{R_3 + R_7}{\sum\limits_{i=1}^{n} R_i} \tag{3}$$

E_1 与 E'_1 代表了基本公共服务设施的个体公平,体现了居民享受基本公共服务设施的平等权利以及选择基本公共服务设施的公平机会;覆盖率越大,盲区越小,则个体公平度越高。

空间效率 D[式(4)]代表研究片区内部时间可达性边界内居住用地占可达性范围总面积的比例,测算基本公共服务设施的布局与居住人口布局的匹配度。

$$D = \frac{R_1 + R_2 + R_4 + R_5 + R_6}{\sum\limits_{i=1}^{n} C_i} \tag{4}$$

如图 5 - 3 所示,两者的 E 值相同,但右图的效率大约为左图的两倍,设施与居住用地的匹配度较好。空间效率 D 体现了在居民使用便捷度最大化下的效率,匹配度越好则相同数量的基本公共服务设施服务到的居民更多,财政投入的回报率越高。

但需要强调的是,不管是设施的空间公平 E_1(或 E'_1)还是空间效率 D,两者的数值还要依据其自身的设施配套标准进行约束,而这一标准即设施的服务门槛,该门槛是设施的规模最合理的服务人口。在实际操作过程中,覆盖率过大如超过这个门槛则设施的使用即处于过度饱和的状态,空间效率的数值同样也要遵循这一规律。

本书在上述空间公平和空间效率模型的基础上进一步提出代表城市区域公平的综合公平度评价指标 Y,代表城市各片区的综合发展情况。如式(5)所示,选取的指标 X_1,X_2,$\cdots$,X_n 既包括上述 E_1、E'_1、D 等数据,也包括平均设施服务人口数等多个要素,根据不同要素的贡献程度进行权重划分,标准化之后得到每个片区的综合公平度。

$$Y = f(X_1, X_2, \cdots, X_n) \tag{5}$$

在综合公平度的基础上运用空间自相关的方法进行评价。空间自相关是指空间位置上越靠近事物或现象就越相似,即事物或现象具有空间位置的依赖关系,包括空间正相关、负相关以及零相关。本书用空间自相关来表现各片区之间公共服务设施水平的公平性 Y。运用局部莫兰指数(Moran's I)度量区域 i[①] 和它临域之间的关联程度,对于空

---

① 这里的不同区域在本书的基本公共服务设施的评价中即指不同的行政区。

间单元 i,其局部 Moran's I_i 统计量的公式如下：

$$I_i = \frac{(X_i - \overline{X})}{S^2} \sum_j W_{ij}(X_j - \overline{X}) \qquad (6)$$

其中,S^2 为方差;W_{ij} 是空间权重;X_i 和 X_j 分别是区域 i 和 j 的属性值;$\overline{X}$ 表示平均值。当 $I_i > 0$ 时,表示一个高值被另一个高值所包围(高—高),或者是一个低值被另一个低值所包围(低—低),空间分布呈高高或低低的集聚状态;而当 $I_i < 0$ 时,表示一个低值被高值包围(低—高),或者一个高值被低值所包围(高—低),空间分布呈低高或高低集聚状态。

按照空间自相关的四类相关类型,城市区域公平有以下两种情况:当 $I_i > 0$ 时,即区域公平,但存在两个层面的公平,第一层面代表高水平均衡,即高—高值类型,相邻片区设施的综合空间公平度都较高;第二个层面代表低水平均衡,即低—低值类型,相邻片区设施的综合公平度都较低。这两种类型属于基本公共服务设施供给不同阶段所表现出的不同形式。而当 $I_i < 0$ 时,为区域不公平。两种情况中都包含了空间公平与空间效率的四种不同情况的复杂组合类型。笔者将会针对不同的类型在供给主体的研究中具体讨论,分析其产生的原因和优化策略。

5.3 基于居民满意度与需求的问卷评价方法

本书采用问卷调查结合访谈和资料收集的研究方案,关于居民满意度和需求方面的数据主要来源于问卷调查,同时结合已有的规划或相关资料以及公开的统计数据总结不同的城市空间居民满意度和需求的差异。另外也把居民与政府部门的相关访谈作为问卷调查的重要补充信息,深入了解城市中不同属性居民的消费行为模式和偏爱。

柴彦威教授在针对城市空间与消费者行为的研究中指出一个完整的问卷调查包括问卷设计、采样、调查管理、问卷回收和数据处理五个阶段,并强调研究设计的部分尤为重要,直接决定了问卷调查最后能获得的信息和数据的质量。而问卷设计的一般过程又分为明确所需信息、确定访问方法、确定每个问题的内容和措辞、确定回答的格式及其结构、确定问题的顺序、确定问卷的格式和布局与调查和问卷修改。基于此,在本书的相关调研过程中主要遵循了以下一些调研阶段(柴彦威,2010):

5.3.1 问卷调研方法的设计

笔者所在的研究团队从历年的针对居住小区调研的经验中发现,在调研过程中城市门禁社区逐步增加,尤其是一些中高档小区,在小区公共活动空间调研的困难越来越大,更不用说入户调研。虽然上门访谈可以获得非常详细的具体信息,但其调查的时间成本以及难度都超出我们可承受的范围。而网络调查由于没有进行面对面的解释说明,居民对题目的理解也容易出现偏差,同时在小区的选择以及居民年龄段的选择方面都不如直接实地发放问卷所得到的信息准确。

基于此,本书根据笔者所在的公共服务专题研究小组,确定了以下几种调研方式:第一种为居委会配合发放问卷的形式,可以在街道服务中心相关人员的协调下发放问卷,也可以通过居委会的介绍,由我们组织人员采取直接在社区抽样调查的形式。这种发放问卷的形式一般结合相关项目以及研究课题进行,在问卷发放之前,对问卷的大致调查内容以及填写注意事项进行介绍,然后进行相对集中的填写,并统一回收,问卷回收率较高,也保证了问卷的覆盖面以及调研对象的多样化。第二种为研究团队自主性调研的形式,由于受到目前各种小区门禁条款以及一些主观因素的限制,这种调研形式花费的时间相对较长,但是与网络调研或者电话调查相比,仍旧能够保证较高的问卷回收率以及覆盖率,同时由于笔者在调研过程中的全程参与,也能够了解到更多与基本公共服务设施相关的信息,有利于全面把握影响基本公共服务设施区位的各种要素。

5.3.2　问卷内容设计

在问卷内容设计之前首先明确希望通过调研得到与基本公共服务设施区位相关的哪些信息,主要包括以下几点:① 不同收入水平的居民对基本公共服务设施的现状满意度与需求差异;② 不同类型的小区居民对基本公共服务设施的现状满意度与需求差异;③ 城市不同区域居民对基本公共服务设施的现状满意度与需求差异;④ 居民的满意度与小区基本公共服务设施的配套水平之间是否有正相关关系;⑤ 居民在使用基本公共服务设施的过程中考虑的主要要素有哪些;⑥ 公共交通设施的配套是否影响居民使用基本公共服务设施的便捷度与满意度;⑦ 小区周边的其他设施在居民日常生活中所起到的作用。

基于以上七点内容进行问卷内容的设计,初步设计时将问卷划分为六大部分,从前到后依次为基本信息、就业及出行情况、居住状况、教育设施使用情况、医疗设施使用情况以及其他公共服务设施使用情况。问题表达的形式包括客观选择题以及主观描述题,但通过预调研之后发现问题过于复杂,并且表格形式的选择题以及主观描述题的完成度都不高。基于此,笔者又进一步对问卷进行了调整,简化了问题的表达形式,同时将其中一些可以通过实地调研得到的设施数量等问题进行删减,并且在问卷的措辞、问题的顺序等方面都一一做了优化调整,使其更便于居民的理解和填写。

5.3.3　预调查与问卷修改

在问卷初稿设计完成之后,笔者分别选择了一些典型的社区进行了预调查,预调查的目的一方面可以通过与居民面对面的接触了解该问卷是否能够得到预期的调研目标以及问题设计的完善度与合理性;另一方面通过对预调查问卷的初步分析,进一步反思问卷内容设计的合理性,在能够完成预计调研目标的基础上尽可能简化问卷,处理好信息获取与问卷简洁度之间的关系,提高问卷发放的效率和回收率。通过预调查所反映的问题对问卷初稿进行进一步修改得到最终的调研问卷。

5.3.4　问卷调查的实施

在调研问卷确定之后,展开全面的小区基本公共服务设施问卷调研,为保证调研最终结果的覆盖性以及科学性,在调研之前首先要确定调研的小区。小区的选择分别从房价、区位、规模等方面着手进行选取,尽量做到本书所确定的调研范围内空间上的全覆盖以及小区类型的全覆盖。同时,考虑到问卷发放人员人数的限制,每个小区发放问卷的数量为10—15份,该数量的选取基于之前大量的调研经验所得,基本能够保证问卷内容对于该小区实际情况的代表性。另外,由于问卷采取专业人员亲自实地发放的形式,基本保证了较高的问卷完善度和回收率(调研问卷详见附录)。

5.4　基于供给主体的评价模型解释与修正

按照第4章中的区位评价综合框架,评价的最终目标在于基于区位这一平台,落实供给主体与使用主体的要求,并协调两者的供需关系,达到主体协调均衡的状态。因此基于基础评价框架,本节从空间公平与空间效率相对关系的角度和供给主体的视角对基础模型进行了进一步的解释。

5.4.1 空间公平与空间效率的相对关系

不同的城市空间公共服务设施的建设年代不同,发展的阶段不同,因此面临的问题也多种多样,在用地规模、发展机制等方面都有差距。中心城区面临着城市更新所带来的新老设施交替、城市用地零散、用地面积紧张等问题,虽然优质公共服务设施集中,但拥挤现象严重;同时,由于社区建设年代较长,往往无法从内部加以改善。而对于包括大都市边缘区以及开发区等城市空间来说,公共服务设施的配套存在着明显的阶段性特征,基本公共服务设施的配套与城市空间的扩张存在着时序上的不一致性;同时,人口构成的复杂性也带来了公共服务设施配套的相对混乱。大型载体建设分割城市空间使得基本公共服务设施的配套缺乏整体性与前瞻性。为了更加合理地评价供给主体公平与效率的关系,本书结合定量评价模型从政府供给的角度进行了解释(图5-4至图5-7)。

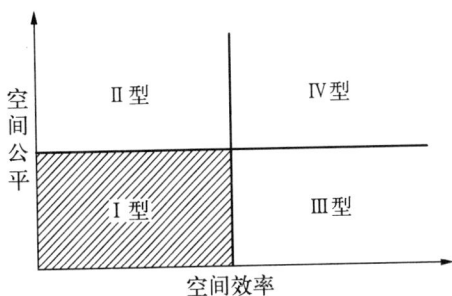

图 5-4 空间效率与空间公平模式一:起步发展型   图 5-5 空间效率与空间公平模式二:过渡发展型

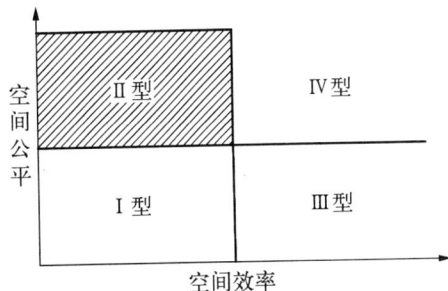

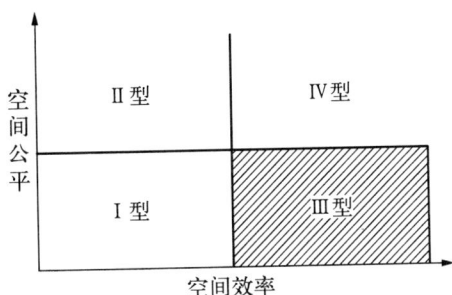

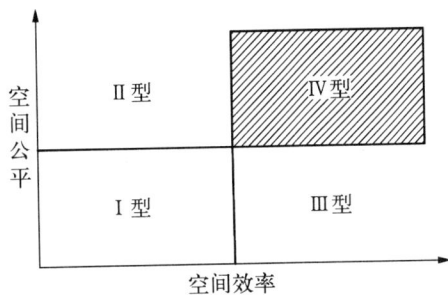

图 5-6 空间效率与空间公平模式三:非均衡发展型   图 5-7 空间效率与空间公平模式四:成熟发展型

(1) 起步发展型——空间公平与空间效率双低

空间公平与空间效率双低的原因主要包括设施的供给数量不足,现有设施的空间布局不够合理。如与现状居住用地结合的不够紧密或者由于片区人口密度过低,居住用地比例较少所导致的设施空间效率低下。这些问题主要出现在主城区边缘区及城郊结合地区的一些快速城市化地区。由于城市空间的拓展远远快于公共服务设施的拓展速度,造成了城市在起步发展期的公共服务设施供给缺失问题。在评价过程中,此类地区主要通过对居住小区入住率等情况的调研来确定设施的供给过渡期改善方案。

（2）过渡发展型——空间公平＞空间效率

空间公平大于空间效率的原因主要是设施的供给数量满足需求，但是设施的空间布局选址与居住用地结合的不够紧密。这种模式是起步发展型之后的第二阶段，是基本公共服务设施在过渡发展期的推荐模式，但需要对未来居住用地的布局做准确的预判并同时要避免服务范围重合所导致的设施浪费问题。这些问题主要出现在主城区边缘区或郊县地区，随着这些地区由于用地功能"退二进三"所带来的城市更新以及郊县地区由于行政建制调整，片区功能提升所带来的人口规模扩大，将会在一定程度上提升其设施的空间效率。

（3）非均衡发展型——空间公平＜空间效率

空间公平小于空间效率的原因主要是设施的供给数量不能满足需求，存在服务盲区，但现有设施的空间使用效率较高，可结合盲区居住用地布局增加设施数量来改善空间公平，主要出现在主城区内一些情况较为复杂的行政片区，或者由于自然山水的阻挡所造成的行政区内部差异过大，或者由于行政区本身范围过大所造成的配套缺失。这种情况需要结合目前居住用地的分布，合理地增加设施以减少区域差异，或者通过建立二级行政管理机构完善公共服务设施的供给模式。

（4）成熟发展型——空间公平与空间效率双高

空间公平与空间效率双高即设施的供给数量能够满足大部分人的需求，且与居住用地结合得较好，一般出现在主城中心区，人口密度较高，配套相对完善，由于用地结构相对稳定，已经度过了由于人气不足所带来的暂时性效率低下问题，加之中心城区的配套服务包括交通、道路等相对完善，进一步提升了设施的空间公平与效率。这些地区已经进入了由设施的均等化向均优化发展的过程，应进一步提升基本公共服务设施的服务质量。

以上反映的是空间公平与空间效率的相对关系，而空间公平与空间效率的绝对数值的合理性需要通过居民的满意度作为评价标准进行广泛的调研归纳得出。

5.4.2 设施运营效率和质量

除了空间指标之外，受政府财政供给的影响，相同等级的设施内部硬件、软件配套水平也会影响居民的选择以及设施的运营效率，在空间效率的分析中，本书针对不同的基本公共服务设施属性，选择相关指标对综合公平度水平进行补充修正。

如医疗设施主要用病床使用率、病床周转次数以及平均住院日三个指标来代表基层社区卫生服务设施的内部运营效率。其中病床使用率反映了病床的一般负荷情况，说明了医院病床的利用效率。平均住院日是指一定时期内每一出院者平均住院时间的长短，是一个评价医疗效益和效率、医疗质量和技术水平的比较硬性的综合指标。它不仅反映了医院的医疗、护理、医疗技术力量，而且还能全面反映医疗经营管理水平。床位周转次数是指在一定时期内每张床位的病人出院人数，也能够反映医院的工作效率。教育设施主要选择教育设施师生比这一指标，指某特定教育层次在指定年份中的学生人数与同年同一教育层次工作的教师人数之比。教育师生比反映了教育设施的师资配备质量。表5－2为我国

表5－2　2001年义务教育阶段中小学教师编制标准

学段	地域	师生比
初中	城市	1.0/13.5
	县镇	1.0/16.0
	农村	1.0/18.0
小学	城市	1.0/19.0
	县镇	1.0/21.0
	农村	1.0/23.0

目前义务教育阶段小学与初中的教师编制标准。

文化设施的补充指标包括人均文化支出,基层文化设施的人员配备,文化设施藏书量、流通人次等方面。体育设施的指标主要为公共体育设施,包括标准体育场地面积以及非标准体育场地面积、人均拥有公共体育设施面积。社会福利与保障设施的指标主要包括每千名老人占有养老床位数以及养老机构人均拥有建筑面积数[①]。行政管理与社区服务设施的主要指标为每百户居民拥有办公与服务用房面积数[②]。

5.5 基于使用主体的模型优化

基本公共服务设施与居民的日常行为紧密相关,将居民使用公共服务的行为模式进行深入分析纳入定量分析模型中能够使最终的分析结果更加准确。

5.5.1 基于社区差异的居民出行结构模式

小区按照建设类型,主要分为三类:普通商品房小区、高档小区[③]以及保障房小区,综合调研过程中各类小区居民在使用教育、医疗等设施方面的出行交通选择情况各不相同,现以南京都市区为例进行说明。

(1)中心城区

中心城区拆迁安置房步行出行比例最高,私家车使用相对较少,高档小区步行比例相对较低,私家车使用相对增多。但由于中心城区普遍距离公共服务设施不远,相对其他地区私家车的使用比例并不高(表 5 - 3)。

表 5 - 3　中心城区不同类型小区居民使用公共服务设施的交通方式结构

中心城区		步行	自行车	电动自行车	公交车	私家车	其他
计数 (人)	高档小区	36	20	13	9	16	6
	普通小区	92	35	17	29	24	7
	拆迁安置房 小区[④]	49	12	3	16	5	1
比例 (%)	高档小区	36.00	20.00	13.00	9.00	16.00	6.00
	普通小区	45.10	17.16	8.33	14.22	11.76	3.43
	拆迁安置房 小区	56.98	13.95	3.49	18.61	5.81	1.16

(2)边缘区

边缘区高档小区私家车的使用比例明显增多,边缘区设施配套缺失或者设施的质量不高,很多人都选择进入主城使用设施,高档小区的居民大多会选择私家车的方式,

---

① 参见《南京市城市总体规划修编(2007—2020)专题研究报告之十八——基于和谐社会要求的保障设施研究》相关内容,涉及标准包括《老年人社会福利机构基本规范》、《农村敬老院管理暂行办法》和《老年人建筑设计规范》。

② 参见《南京市城市总体规划修编(2007—2020)专题研究报告之十八——基于和谐社会要求的保障设施研究》、《"十一五"社区服务体系发展规划》、《关于加快推进和谐社区建设的意见》相关内容。

③ 本书普通商品房小区与高档小区的差别主要通过房价、建设管理模式来区分。

④ 经调研,南京市保障房小区中有90%以上都为拆迁安置之用,因此本节分析以拆迁安置房的数据代表保障房小区居民的数据。

普通商品房小区和拆迁安置房小区的情况类似,私家车的使用比例为高档小区的 1/2(表 5-4)。

表 5-4　边缘区不同类型小区居民使用公共服务设施的交通方式结构

边缘区		步行	自行车	电动自行车	公交车	私家车	其他
计数 (人)	高档小区	8	4	5	20	21	9
	普通小区	16	5	6	30	9	5
	拆迁安置房小区	28	8	4	45	15	8
比例 (%)	高档小区	11.94	5.97	7.46	29.85	31.35	13.43
	普通小区	22.54	7.04	8.45	42.25	12.68	7.04
	拆迁安置房小区	25.92	7.41	3.70	41.67	13.89	7.41

(3)开发区

开发区调研中主要针对拆迁安置房和普通商品房小区,两者在使用不同交通方式的选择上类似。综合城市各个区块高档小区、普通商品房小区以及拆迁安置房小区中居民的出行方式结构如表 5-5 所示。

表 5-5　开发区不同类型小区居民使用公共服务设施的交通方式结构

开发区		步行	自行车	电动自行车	公交车	私家车	其他
计数 (人)	普通小区	56	25	58	44	23	4
	拆迁安置房小区	10	4	2	10	4	0
比例 (%)	普通小区	26.67	11.91	27.62	20.95	10.95	1.90
	拆迁安置房小区	33.33	13.33	6.68	33.33	13.33	0.00

(4)综合

综合看出高档小区的出行方式更倾向于机动车交通的方式,居民出行方式私家车所占比例较高。其他的交通方式主要为出租车,高档小区的选择比例也相对较高。以此为可达性底图设定的主要速度依据进行权重划分,能够更好地得知合理的设施布局位置(表 5-6)。

表 5-6　不同类型小区居民使用公共服务设施的交通方式结构

综合		步行	自行车	电动自行车	公交车	私家车	其他
计数 (人)	高档小区	44	24	18	29	37	15
	普通小区	164	65	81	103	56	16
	拆迁安置房小区	87	24	9	71	24	9
比例 (%)	高档小区	26.35	14.37	10.78	17.36	22.16	8.98
	普通小区	33.81	13.40	16.70	21.24	11.55	3.30
	拆迁安置房小区	38.84	10.71	4.02	31.70	10.71	4.02

　　高档小区、普通商品房小区以及拆迁安置房小区居民在选择教育和医疗设施的时候,对于设施质量的要求依次降低,尤其是拆迁安置房小区的居民更多地希望教育设施和医疗设施能够离家或者工作地点比较近并且医疗设施能够享受医保(图5-8、图5-9)。

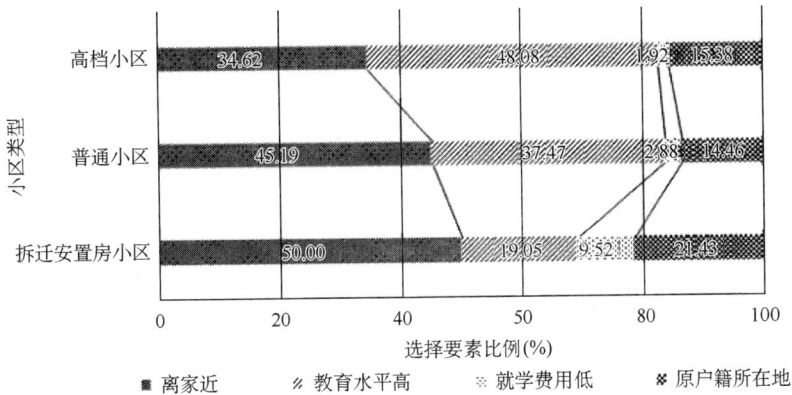

图5-8　不同小区教育设施选择要素比例

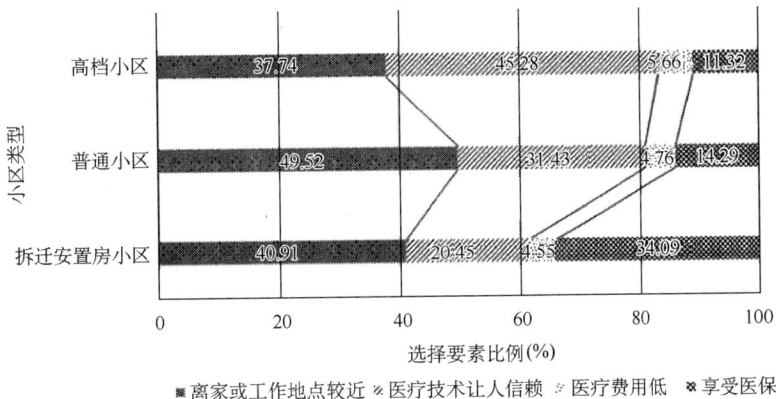

图5-9　不同小区医疗设施选择要素比例

　　因此,对比居民选择设施的侧重点及出行交通方式的差异可以推测,对于同等质量的公共设施,高档商品房小区的居民能够承受更远的交通距离,同时对于公共服务设施的选择,高档商品房小区的居民更注重较高的设施质量,这意味着高档商品房小区居民在使用公共设施时,支付意愿最高且受到距离的限制最小;而拆迁安置房小区居民则相反,以高昂的交通费用换来的高品质服务很多时候都超出了他们的承受范围,绝大多数居民希望各类设施能够离家更近一些。

5.6　基本公共服务设施区位的综合评价框架

　　依照前几章的分析,基本公共服务设施属于复杂科学的研究范畴,因此在构建区位评价之前,首先应明确复杂科学视角下的方法论体系,从而才能将其贯穿于本书区位评价体系当中。

5.6.1 复杂科学视角下的区位评价方法论依据

复杂科学的方法论体系分别包括还原论与整体论相结合,定性判断与定量计算相结合,微观分析与宏观综合相结合,以及科学推理与哲学思辨相结合四大方面。这四大方法中以还原论与整体论相结合为核心,面对复杂系统,有两条研究路径:一种是还原论的路径,它把复杂系统逐渐分解,层层剥离,直到找出被认为是组成或影响复杂系统的子系统或要素;第二种是整体论的路径,它首先找到被认为是组成复杂系统的要素和子系统,逐渐组装整合,看是否能够最后得到我们所需的复杂系统。如图5-10所示,通过这种还原论与整体论相结合的方式,可以在研究过程中挖掘整体所具有的部分所没有的性质,也就是复杂科学研究中所提到的涌现性特征。从哲学层面认识论来讲,即要实现主体和客体由对立走向统一,我国学者黄欣荣(2011)将其称之为融贯思维。

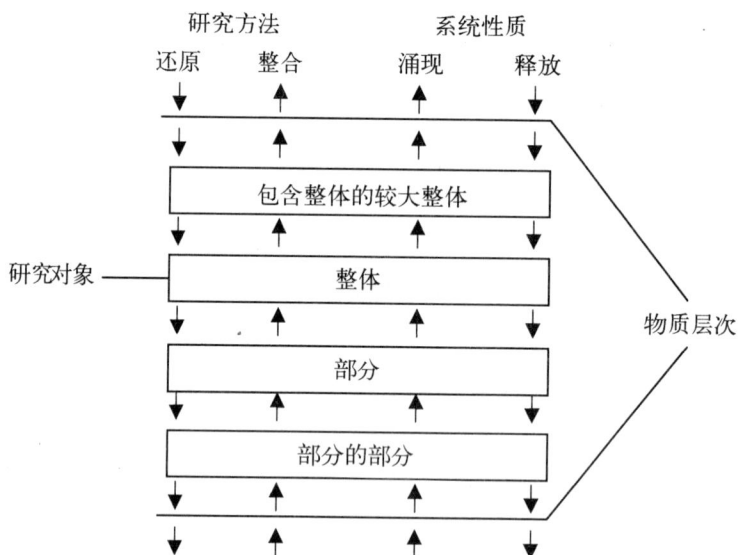

图5-10 复杂性研究的两条路径

因此区位评价的最终目的并不是找到所有影响基本公共服务设施区位的要素,如前文针对供给主体、使用主体以及规划协调中介三个方面所梳理的各条影响要素,既包括由于设施本身属性所带来的影响,也包括居民在使用过程中的需求,还包括供给主体本身的经济能力等方面。最终设施的区位决策并不是满足每一个主体的要求,比如达到经济上的最佳效果,达到使用上的最高效率或者让每一个居民的满意度最高,而是通过对于这些要素的互相组合分析,探寻由于主体之间的耦合关系所带来的各种空间复杂性问题,从而得到使得每个主体都比较满意的合理方案。而这一方案也许从经济角度来说只能是次佳的方案,我们在区位决策的过程中强调的是整体上的合理性。

另外还包括定性判断与定量计算相结合的方法,对于这种方法描述的最全面的是我国学者钱学森,他在20世纪80年代初期针对军事系统的研究提出了从定性到定量的综合集成方法(钱学森等,1988)。复杂巨系统模型的建立必须建立在对系统的实际理解和经验之上,通过定性判断与定量分析的交互验证才能保证结果的准确性。同时也要将微观分析与宏观综合相结合,微观分析指将系统分解成子系统或组成要素进行彻底研究;

宏观综合指在对系统进行微观分析之后,为了获得整体理解,又将各子系统或系统的组成要素整合起来,获得对于系统性质的宏观认识,这是对于定量与定性分析的进一步深化与理解。当然要解决复杂性问题,必然要涉及哲学层面的分析,将哲学思辨的方法作为科学推理的补充与优化,并可以对科学推理的结果进行反思。

5.6.2 区位评价综合框架

本章在第4章复杂科学理论视角下所梳理的基本公共服务设施区位影响要素的基础上进行评价模型体系的构建,进一步提出了以供给主体、使用主体以及规划协调中介三个方面相互协调为研究导向,以公平效率的合理协调为中心,以满意度和需求度作为评价标准以及以空间和时间作为表现形式的公共服务设施区位布局评价的框架(图5-11)。

该综合评价框架包含两条研究路径,一条为还原路径,一方面通过对供给主体属性即影响要素的研究,结合不同的城市化水平以及相关体制政策,探讨在不同的城市发展空间和发展阶段公平与效率的合理协调形式,同时在基本公共服务设施体系的基础上进行延伸,探讨在不同等级和种类设施的不同运营模式下,由于供给主体的供给目标、价值观、责任感等的不同所带来的公平与效率的协调关系;另一方面通过对使用主体居民视角下影响要素的梳理,结合问卷设计,评价其在使用公共服务设施过程中的主观能动性。在掌握不同居住小区居民基本情况的基础上,进一步了解设施配套的完善程度、使用的便捷性以及其他交通环境、出行结构等内容,把握居民在使用公共服务设施过程中满意度与需求的差异性以及选择公共服务设施的主要影响因素、对现有设施不满意产生的主要原因。通过对两个主体的一步步深化研究,从不同的角度还原影响基本公共服务设施配套以及使用的各种要素和原因,为后期的研究奠定基础。

在这条还原路径中通过对以上两大主体影响要素的分析与初步评价,结合基本公共服务设施的发展背景与现状,基于前文所提出的"主体协调均衡"的理论,探讨在实际生活中由于两者供需不足或供需错位所导致的一系列问题及其原因,通过对不同主体影响要素的梳理,构成了基本公共服务设施区位评价体系的重要基础内容,为之后更全面地探讨不同的空间模式奠定了坚实的基础。

另一条为整合路径,首先在还原路径研究的基础上进行公平与效率、供给与需求的哲学思辨,明确在现有发展阶段以及发展体制下即新型城市化阶段公平与效率的内涵与各主体的共同价值观,在此基础上根据协调中介规划主体的整合作用进行科学的推理与空间模型的构建来进行进一步的深入评价。以基本公共服务设施为共同客体,将供给与使用两大主体的需求进行合理的协调,将供给主体的要求落实在空间与时间当中,同时以居民的满意度和需求为衡量标准,在社会共有价值观的基础上,明确空间公平与空间效率的内涵,其中空间公平主要包括居民个体公平与城市内部的区域公平,空间效率指基本公共服务设施的空间布局与居民的匹配程度以及与其自身功能的匹配程度。通过对某一城市的综合评价得到不同的空间公平与空间效率的发展模式,也就是各主体之间在实际生活中,表现在城市不同空间中的不同耦合方式。在此基础上,反过来进一步梳理原有的影响要素,对其进行组装整合用以探讨这些耦合方式产生的深层原因,而这些耦合方式是否是合理的或者是最优的模式,最终将通过居民的需求和满意度来衡量。在不同的城市及其发展阶段,在不同的城市空间中都会有不同的空间公平与空间效率的协调关系,这些协调关系的产生是两大主体相互作用所产生的主体协调下的均衡,根据模型分析的结果需要进一步结合具体情况探讨评价模型优化与延伸的方式,并为优化现状

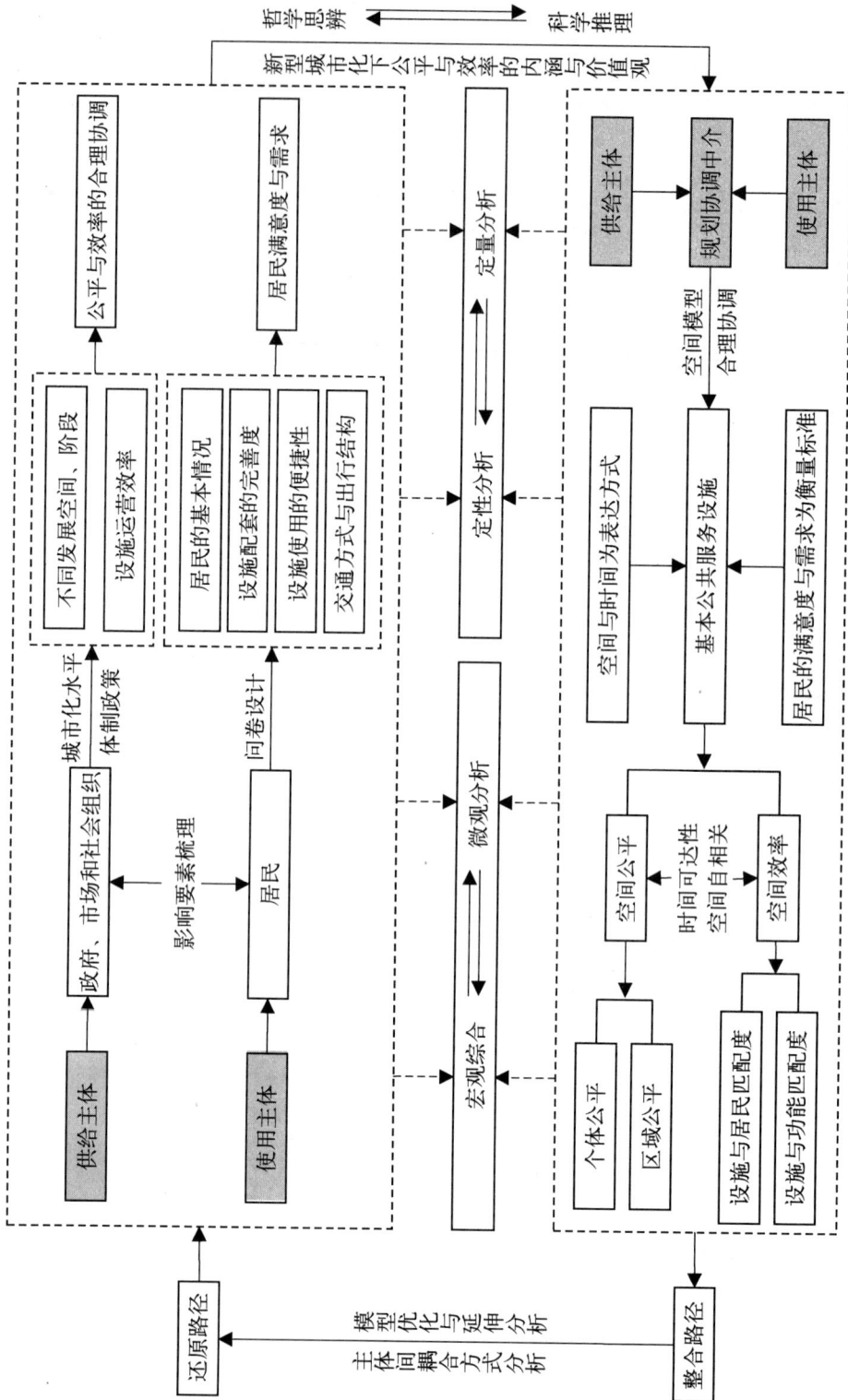

图 5-11　基本公共服务设施区位综合评价框架

布局奠定科学合理的理论基础。

在这条整合路径中各主体被纳入到一个统一的分析与评价框架之中,通过规划协调中介的作用以空间区位的形式将供给主体与使用主体的要求表现出来,是基本公共服务设施区位评价中的核心组成部分,是对还原路径中各主体不同影响要素的深入反思与整体分析。

以上两条路径所构成的区位评价体系将定性评价与定量评价相结合,既包括对居民属性、设施使用情况的面上定性调查,也包括通过科学分析方法所得出的定量研究结果;贯穿了宏观综合与微观分析的方法,上至对城市宏观发展背景与发展目标的判断,下至对每一个基本公共服务设施服务半径以及与周边居民匹配程度的分析。

6 基本公共服务设施区位评价模型的综合应用

第 6 章为实证案例部分,以南京市作为评价对象,在第 5 章基本公共服务设施区位综合评价框架的基础上展开。首先从分析南京市基本公共服务设施供给的特点和水平入手,梳理不同类型的基本公共服务设施发展的主要矛盾和问题;其次分析在城市的不同空间使用主体视角下的基本公共服务设施的满意度与需求;紧接着运用空间分析模型,以医疗设施和教育设施为例进行空间公平与空间效率的深入分析。

6.1 实证研究对象的选择

本书以南京市作为评价对象。近几年来,南京市在教育、医疗等基本公共服务方面一直走在全国前列,2009 年获得中国大陆最具教育发展力城市以及中国最具教育幸福感城市的称号;同时,南京市医疗改革的模式也属于全国首例。在此基础上,研究南京市基本公共服务设施的空间布局模式在全国具有先行示范的作用。同时南京市自身地理特色鲜明,长江分割南北,区域发展差异性明显,江北地区在基本公共服务设施配套的数量和质量方面都与江南地区有较大的差距,且近年来房地产开发造成大量超级楼盘的迅速拓展,出现了很多基本公共服务设施配套的盲区和缺项地区,这些问题既具有典型性也具有普遍性。在掌握南京市总体公共服务发展现状的基础上进一步以南京市 11 个城区作为研究范围进行空间公平与空间效率的深入评价分析,具体范围包括鼓楼、玄武、下关、秦淮、白下、建邺六个主城区以及雨花台区、栖霞区、江宁区、浦口区和六合区。这

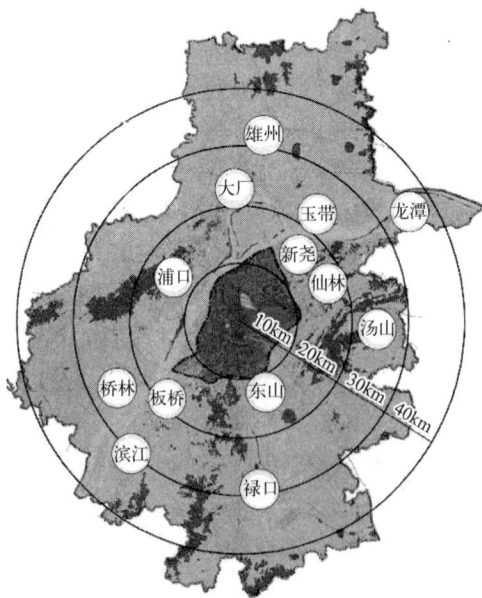

图 6-1 南京都市区范围示意图

图 6-2 本书研究范围

11个城区涵盖了南京都市区的全部地域①(图6-1、图6-2)。

6.2 南京市基本公共服务设施发展现状特征

南京市目前各项基本公共服务的发展水平不仅在不同地区存在不均衡的状态,同时,不同种类基本公共服务的发展水平也参差不齐,基础教育普遍发展良好,尤其在中心城区,已经由"学有所教"向"学有优教"发展,基本公共卫生与基础教育相比还有一定差距;基层文化及体育建设仍处在基本公共服务均等化的初期,且区域和城乡差距还比较明显。本书面上调研的地点、时间如表6-1所示。

表6-1 面上调研时间与地点列表

片区名称	调研时间	调研社区及部门名称
玄武区	2009年12月11日	台城花园社区,锁金村锁四社区
	2009年12月16日	玄武区发展和改革局、教育局、民政局、劳动局、卫生局
江宁区	2009年12月30日	武夷花园社区,陶吴社区;禄口街道成功村,东善桥社区霞辉庙村;江宁区发展和改革局、教育局、民政局、劳动局、卫生局
栖霞区	2009年12月23日	尧化街道尧林仙居,龙潭街道上首村;栖霞区发展和改革委员会、教育局、卫生局、综合科
溧水区(县)	2009年12月17日	红星村,桑圃园村,上方村;溧水区发改局
六合区	2009年12月2日	大圣村,黄岗村
	2010年5月1日	六合区区政府、教育局、卫生局、民政局、体育局、文化旅游局、人口和计划生育委员会

6.2.1 政策体制

(1)各项政策法规逐渐突出教育均衡发展的理念

2000年以来,南京市教育部门出台各项举措逐步解决城乡发展不平衡、各类教育发展不平衡、不同群体机会不均等问题,推进城乡教育统筹发展,包括《关于实施"农村幼儿教育发展'扶持计划'"的通知》、《南京市教育事业"十一五"发展规划》以及《南京教育跨江发展计划》等政策措施。

(2)医改政策的实施有效改善了居民看病就医的状况

"十一五"期间,南京以建立基本医疗卫生制度为重点,推进全民医保,加强城乡社区卫生服务。至2008年底,南京市在加强城乡社区卫生服务体系建设方面投资近6亿元,改扩建或新建了137个社区卫生服务中心、743个社区卫生服务站,希望能够为城乡居民提供步行15分钟即可就诊的"健康服务圈"。

(3)保障设施建设方面城乡二元体制表现仍然较为明显

21世纪以后,南京市逐步开始统筹城乡社会保障和社会福利政策,城乡二元体制有所缓解。但是由于长期的体制惯性和历史"欠账",南京市保障设施在城市和乡村仍然存

---

① 由于本书基础数据的采集时间在2013年2月南京市行政区划调整之前,为保证数据前后的一致性,实证研究部分内容仍针对11个城区展开,涉及的行政区主要为下关区(现为鼓楼区)和白下区(现为秦淮区)。

在较大的差距,城乡二元体制表现仍然较为明显。城市和乡村的福利性养老机构不仅名称各异,而且其硬件和软件水平差异明显,甚至分属两个不同的处室分别管辖。

6.2.2 财政投入

(1) 基础教育财政投入不足,资金使用配比失衡

2008年,南京市教育支出为53.64亿元,占地方财政一般预算支出的14.19%,其中本市级教育支出占3.1%,增长24.4%,区县占11.3%。该教育支出比重小于江苏省平均水平15.43%(表6-2)。

表6-2 江苏四市2007年、2008年教育支出占地方财政一般预算支出情况

	2007年			2008年		
	地方财政一般预算支出(亿元)	教育支出(亿元)	教育支出所占比例(%)	地方财政一般预算支出(亿元)	教育支出(亿元)	教育支出所占比例(%)
南京市	323.20	41.34	12.79	378.14	53.64	14.19
无锡市	168.97	26.20	15.51	214.17	31.06	14.50
苏州市	215.61	30.35	14.08	266.64	36.39	13.65
常州市	125.02	17.35	13.88	151.09	19.60	12.97

另外,绩效工资的实施也难以保障用于教育设施建设的资金,以栖霞区为例,义务教育绩效工资制度实行之后,经费投入缺乏,区财政的可用财力受限。2009年教育附加费本应用于改善办学条件和教学硬件条件,但是目前必须切出一部分在绩效工资上。同时,在同一个行政区内的不同街道设施发展水平也不平衡,如栖霞区九个街道在仙林、迈皋桥,可用财力多,教师质量较好。

(2) 基本公共卫生财政总投入、人均公共卫生经费不足

2008年,南京市医疗财政支出为18.86亿元,占地方财政一般预算支出的约5%,小于2008年全国医疗支出占一般预算支出的5.5%;与此同时,南京市的医疗支出比重大于江苏省平均水平4.4%,南京市在江苏省各市中医疗支出比例小于盐城的5.6%和常州的5.16%,排名第三(表6-3)。

表6-3 江苏五市2007年、2008年医疗支出占地方财政一般预算支出情况

	2007年			2008年		
	地方财政一般预算支出(亿元)	医疗卫生支出(亿元)	医疗卫生支出所占比例(%)	地方财政一般预算支出(亿元)	医疗卫生支出(亿元)	医疗卫生支出所占比例(%)
南京市	323.20	16.16	5.00	378.14	18.86	4.99
无锡市	168.97	7.53	4.46	214.17	7.06	3.30
苏州市	215.61	8.82	4.09	266.64	10.02	3.76
常州市	125.02	6.47	5.18	151.09	7.79	5.16
盐城市	33.77	1.63	4.83	43.94	2.46	5.60

但是,南京市与国内先进地区的人均公共卫生经费差距明显,上海市自2005年10月起,在松江区实行综合改革,在长宁区推行医疗改革。至2007年,两个区政府对公共卫生服务费用的投入为人均50元,而非试点区人均公共卫生服务经费不低于30元。南京市2009年按照江苏省标准人均基本公共卫生经费标准不低于15元,计划至2011年人

均基本公共卫生服务经费标准不低于 20 元。经调查,2009 年南京市中心城区玄武区人均公共卫生经费 25 元,边缘区发展较好的江宁区人均公共卫生经费 22 元。

(3) 新型农村合作医疗普及率较高,但农村居民就医不公平现象仍存在

2008 年,南京市新型农村合作医疗筹资总额达到 3.35 亿元。溧水、高淳人均筹资提高到 200 元,其他区县提高到 250 元以上,最高超过了 300 元。比国家医药卫生体制改革意见中"2010 年各级财政对城镇居民基本医疗保险和新型农村合作医疗的补助标准提高到每人每年 120 元"的要求高出近一倍。各个地区包括郊县新型农村合作医疗的普及率都达到了100%。但是农村居民就医仍存在门槛,以溧水为例,自 2008 年乡村卫生室从医疗系统中独立出来之后,本来由私人承担的农村卫生室更加难以保障基本医疗质量,而在过渡期公共卫生体系还未健全的情况下,按照就近原则,农村居民在近期内仍旧选择在村卫生室看病,健康权难以保障。

6.2.3 空间布局

(1) 教育设施总量减少,核心区与外围地区空间布局差异明显

2003—2008 年,南京市中小学、幼儿园数量总体呈下降趋势。幼儿园由 486 所降至443 所;小学由 538 所降至 355 所,降幅达 34%[①];初中由 178 所降至 151 所;高中由 82所降至 65 所。全市基础教育设施以资源整合、集聚发展为原则,"规模化办学"的效果明显,特别是小学数量出现了大幅下降。2003 年与 2008 年的中小学学校分布情况如图6-3和图 6-4 所示。但从全市基础教育资源的分布情况来看,仍然存在空间分布不均

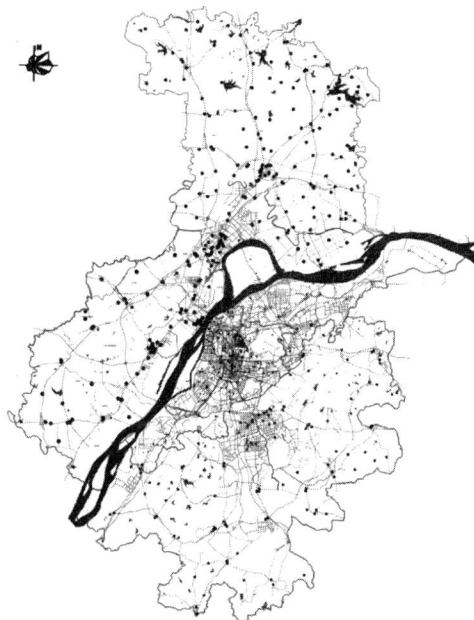

图 6-3　南京市区 2003 年中小学分布图

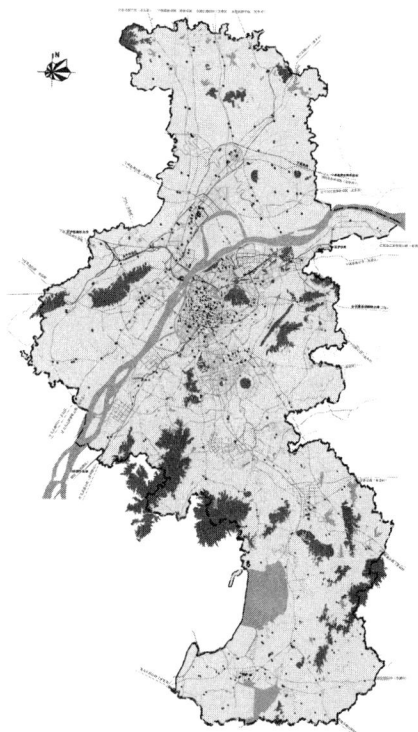

图 6-4　南京市区 2008 年中小学分布图

---

① 参见《南京市教育设施布局规划》相关内容。

衡、地区差异明显的问题。全市的基础教育资源在地域分布上由老城向外围地区递减，大量撤并乡村学校和兴建寄宿制学校，以及生源向城镇、城市的集中，加剧了农村学校出现"空壳化"的尴尬局面。

（2）医疗机构空间布局不均衡，各区医疗水平存在差异

医疗设施也存在着严重的空间分布不均、地区差异明显的问题。全市的公共卫生资源在地域分布上由老城向外围地区递减，各区内部也存在不均衡的现象，以玄武区为例，由于地理要素的分割，在孝陵卫、沧波门地区，社区服务中心由医院托管，服务时间为 30 分钟左右，还不能达到"15 分钟健康圈"的要求。栖霞区东南狭长为 40—50 km，交通不便，内部医疗设施的配置存在城郊结合的特点。江宁区作为外围城区，发展条件明显较好，至 2009 年江宁区有 23 个社区卫生服务中心，3 个二级医院，168 个社区服务站，民营机构共 338 个。其中社区服务中心硬件网络配套完善，街道社区医疗机构就医人数占到就诊总人数的 60％以上。

（3）文体设施城市新老社区发展不均衡，部分乡村社区供大于求

中心城区新老居住社区文化设施配备差距较大，新建小区文化设施良好，投入充足，但是老居住区内部设施年久失修，维修费严重缺乏。社区文化体育等硬件设施的维修在前期由开发商负责，但是五年之后开发商不再承担，维修资金断层，社会矛盾突出。尤其在一些拆迁安置小区，由于内部人员构成的特殊性，物业费用收取不足，从而使本来有限的资金再投入到社区文化设施的建设当中就显得更加微薄。以栖霞区尧化街道尧林仙居为例，在公共设施经费来源中，每年社区的运营资金为 100 万，2009 年达到了 300 万，资金的来源除了"化缘"①之外也包括经济工作所得的税源（每年注册 10 家企业），没有完善的资金配置机制也缺乏经济平台。但同时，部分边远的乡村地区却全部按照标准配置进行建设，设施的使用率较低，并没有充分考虑到乡村居民的实际需求，存在供大于求的状态。

（4）保障设施的建设没有充分体现普遍服务和公平原则，布局不合理

南京市目前各类保障设施主要集中在城区，而且在布局上表现出高度集中的特点。例如儿童福利院全市只有一家，从而无法辐射社区，无法为居住在家庭的儿童提供各种福利服务。全市仅有两家福利性的精神病院，区县层次的工（农）疗站布局不均，而街区层面的精神病人居家疗养设施严重不足。残疾人设施方面，目前全市仅拥有一家残疾人综合服务中心，残疾人设施的高度集中不符合残疾人出行不便、需要就近服务的原则。大多数保障设施集中设立在市本级层次，少数保障设施设置在区县级层次，而街区层级的保障设施严重不足。

6.2.4 公众参与

（1）供需错位所带来的空间发展失衡

在最近南京市统计局所做的南京市居民家庭教育专题调查报告中指出，一方面，南京三成以上的居民家庭有过择校行为，而且择校比例与收入水平成正比，居民家庭收入越高，有择校行为的比重越大。这种现象不利于基础教育均等化的发展趋势，收入上的差距带来了对于教育资源享受的差距。另一方面，在主城区基础教育设施用地发展局促的情况下，外围一些行政区如江宁区也存在着一定数量的校舍空置现象，资源浪费严重，这也说明由于缺乏有效的表达机制，居民需求与政府供给之间并没有形成良好的互动关

---

① 社区工作人员到政府部门、企业以及一些社会组织中进行游说，争取社区设施的建设资金。

系,从而造成了空间发展失衡的状态。

从《中国教育发展报告(2009)》可以看出,南京市在总体教育现状、教育公平、教育收费、教育过程、教育质量中都不处于领先地位。其中杭州市在综合教育评价中排名第一,教育公平方面济南、杭州、南昌满意度最高,居民普遍反映政府在减少择校行为方面对教育公平的实现做出了成绩。南京市虽然在教育事业发展方面一直走在全国的领先水平,但是全民对于教育的满意程度还有待提高。

(2)设施规划中缺乏公民参与,偏离公民偏好

基本公共服务设施的建设缺乏公民参与,以保障设施为例,南京市保障设施在规划和建设中公民参与程度较低,在进行保障设施的规划和建设中更多的是从部门职能需要出发,这样的建设模式使得近年来各社区服务设施建设虽然在设施面积、服务种类等方面都有很大发展,但却普遍存在使用率不高的情况。

在养老设施方面,一方面现有的床位远远不能满足老年人的养老需求,另一方面有相当多的床位处于闲置状态,从而反映出养老机构的规划和建设没有充分考虑不同地域老人对不同养老形式的偏好,也没有考虑不同老人在机构养老服务内容和水平方面的不同需求和偏好,使得养老机构和设施在横向上缺乏类型化,在纵向上缺乏等级化,无法满足现代老人多元化、多层次的需求。

6.3 使用主体视角下基本公共服务设施满意度与需求评价

在对南京市各区面上调查的基础上,本书进一步对南京都市区范围内主城区的鼓楼区、玄武区、白下区以及秦淮区,主城外围地区栖霞区,主城外围开发区南京高新片区以及典型乡村地区进行了满意度与需求的综合评价。

6.3.1 主城区

选择中心城区的鼓楼区、秦淮区、白下区以及玄武区进行问卷发放,小区的选取尽量保持在每个区内部空间均匀分布,使其能代表整个区的情况。每个小区七八份问卷,共回收问卷 250 份,有效问卷 231 份,有效率 92.4%。

主城区各小区的竣工时间较周边地区早,其中 30%的建设时间为 1995 年之前,40%左右集中在 1995—1999 年,还有一部分中心城区外围地区有 2000 年之后竣工的小区,占调研小区的 30%。调研对象主要选择已婚有子女的人士,该类人群对周边教育、医疗、文化体育设施的使用频率较高且比较了解情况,能够较为真实地反映调研小区的实际问题。被调研居民中 20—30 岁占 10.4%,30—40 岁占 30.3%,40—50 岁占 22.9%,大于50 岁的人占 36.4%(表 6-4)。

表 6-4　调研对象年龄比例

	年龄段(岁)	频率	比例(%)	有效比例(%)	累积比例(%)
有效	20—30	24	10.4	10.4	10.4
	30—40	70	30.3	30.3	40.7
	40—50	53	22.9	22.9	63.6
	>50	84	36.4	36.4	100.0
	合计	231	100.0	100.0	—

调研对象中,文化水平基本呈平均分布,初中及以下占 21.6%,高中及中专技校占 26.4%,大专及本科占 38.1%,本科以上占 13.9%;月收入水平 3 000 元以下的占 50%,3000 元以上的占 50%。调研对象的选取尽量覆盖了不同文化程度以及收入水平的居民群体(图 6-5、图 6-6)。

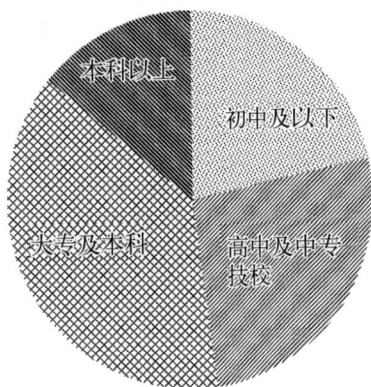

图 6-5　调研对象文化程度统计

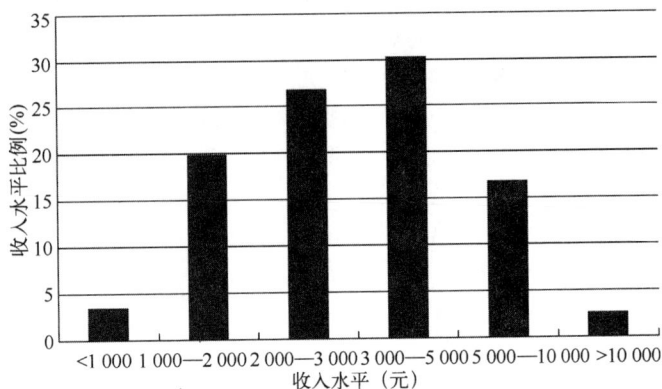

图 6-6　调研对象收入水平统计

1)调研点基本情况

本次调研共选择 30 个小区,其中鼓楼区 10 个小区,74 份问卷;玄武区 5 个小区,37 份问卷;白下区 7 个小区,54 份问卷;秦淮区 8 个小区,66 份问卷。小区房价、竣工时间、住房类型如表 6-5 和图 6-7、图 6-8 所示。

表 6-5　各区调研小区基本情况

分区	社区选点	房价(元/m²)	竣工时间(年)	住房类型
鼓楼区	汇林绿洲	27 648	2004	商品房
	三牌楼小区	15 562	1995	单位福利房,商品房,拆迁安置房
	观音里小区	15 427	1990	单位福利房,商品房
	南北秀村小区	17 578	1991	单位福利房,拆迁安置房
	水佐岗小区	15 886	1990	单位福利房,商品房
	仙霞公寓	39 914	2006	单位福利房,商品房
	华侨路小区	16 385	1996	单位福利房,商品房,拆迁安置房
	腾飞园小区	16 751	1995	商品房
	银城聚福园	21 908	2011	单位福利房,商品房,拆迁安置房
	苏宁乐瑰园	18 112	1998	商品房,拆迁安置房
玄武区	高楼门	16 459	2004	单位福利房,商品房,拆迁安置房
	台城花园	27 176	2000	单位福利房,商品房,拆迁安置房
	尖角营小区	17 753	1995	单位福利房,商品房,拆迁安置房
	沙塘园小区	22 299	1998	单位福利房,商品房,拆迁安置房
	花红园小区	17 027	1995	单位福利房,商品房,拆迁安置房

分区	社区选点	房价(元)	竣工时间	住房类型
白下区	止马营小区	14 754	1997	单位福利房,商品房
	桃园小区	16 060	2003	商品房,拆迁安置房
	评事街小区	14 678	1985	单位福利房,商品房,拆迁安置房
	五老村小区	17 261	1989	商品房
	马府新村	15 682	1990	单位福利房,商品房
	瑞金北村	14 954	1990	商品房
	御道家园	24 359	2005	单位福利房,商品房
秦淮区	菱角市小区	13 115	1995	商品房,拆迁安置房
	达莱花园	18 681	2003	商品房
	皇册家园	23 932	2011	商品房
	玉带园小区	14 645	1992	拆迁安置房
	小西湖小区	15 932	1986	商品房,拆迁安置房
	白鹭小区	13 935	1992	商品房,拆迁安置房
	转龙车小区	14 001	1996	商品房,拆迁安置房
	枫丹白露城市花园	20 370	2004	商品房

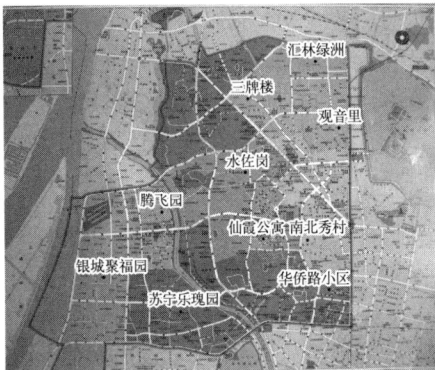

(a) 鼓楼区

(b) 玄武区

图 6 - 7　鼓楼区、玄武区选点示意图

(a) 白下区

(b) 秦淮区

图 6 - 8　白下区、秦淮区选点示意图

2) 问卷调查分析结果

(1) 教育与医疗设施总体满意度水平较高,文体设施相对较低

从调研过程中发现,主城区教育设施和医疗设施的满意度水平较高,比较满意以及非常满意的居民占70%以上,这些居民所居住的小区分为几种情况:第一种为设施配套数量较多,居民的选择性较大,满足多样性的要求;第二种为某类设施在全市占有绝对的优势,满足品质需求;第三种为虽然小型设施缺乏,但靠近大型设施或公共活动场所。而30%的居民对教育设施和医疗设施很不满意及不太满意,主要是由设施质量较低所造成的。文体设施的满意度较低,很不满意及其不太满意的居民超过50%,主要是由于设施数量的缺失所造成的(图6-9)。

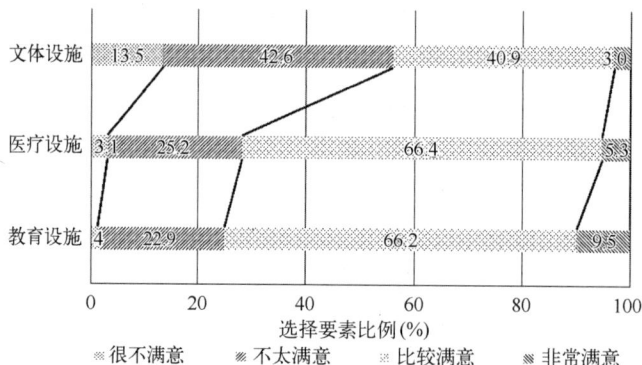

图6-9 主城区各类设施的满意度水平

(2) 满意度水平与小区竣工时间以及房价水平的相关关系

将满意度水平与小区竣工时间和房价进行相关分析。其中教育设施和医疗设施的满意度水平与两者之间的相关关系并不明显,主要由于基本公共服务设施配备由政府负责,和行政区内财政支付能力相关,主城区内满意度水平类似也说明主城区各行政片区的教育与医疗设施的发展水平类似,区域空间差异不大(表6-6至表6-9)。

表6-6 主城区教育设施满意度与小区竣工时间的关系

教育设施满意度	竣工时间(年)					
	1985—1989	1990—1994	1995—1999	2000—2004	2005—2011	总体情况
很不满意(%)	4.76	0.00	0.00	2.38	4.35	1.34
不太满意(%)	28.57	23.40	21.98	28.57	17.39	23.66
比较满意(%)	57.14	68.09	67.03	61.90	65.22	65.18
非常满意(%)	9.53	8.51	10.99	7.15	13.04	9.82

表6-7 主城区教育设施满意度与小区房价水平的关系

教育设施满意度	房价水平(元/m²)					
	12 000—16 000	16 000—18 000	18 000—20 000	20 000—25 000	25 000 以上	总体情况
很不满意(%)	1.18	1.37	0.00	0.00	3.57	1.34
不太满意(%)	24.71	23.29	0.00	30.00	21.43	23.66
比较满意(%)	67.06	67.12	75.00	56.67	60.71	65.18
非常满意(%)	7.05	8.22	25.00	13.33	14.29	9.82

表 6-8　主城区医疗设施满意度与小区竣工时间的关系

表 6-8　主城区医疗设施满意度与小区竣工时间的关系

医疗设施满意度	竣工时间（年）					
	1985—1989	1990—1994	1995—1999	2000—2004	2005—2011	总体情况
很不满意（%）	4.55	0.00	4.40	4.44	0.00	3.04
不太满意（%）	31.82	18.75	23.08	31.11	29.17	25.22
比较满意（%）	59.09	72.92	70.32	60.00	58.33	66.52
非常满意（%）	4.54	8.33	2.20	4.45	12.50	5.22

表 6-9　主城区医疗设施满意度与小区房价水平的关系

医疗设施满意度	房价水平（元/m²）					
	12 000—16 000	16 000—18 000	18 000—20 000	20 000—25 000	25 000 以上	总体情况
很不满意（%）	2.33	6.76	0.00	0.00	0.00	3.04
不太满意（%）	26.74	18.92	33.33	36.67	22.58	25.22
比较满意（%）	67.44	72.97	66.67	46.66	67.74	66.52
非常满意（%）	3.49	1.35	0.00	16.67	9.68	5.22

文体设施的配套与小区属性关系较大，从竣工时间来看，居民"比较满意"这项，在1990—1994 年以及 2000—2004 年竣工的小区比例相对较高。20 世纪 90 年代之前的居住小区建设时间较长，有些由于属于历史街区如评事街小区，面临着历史街区保护更新的问题；有些为原来的企业职工宿舍，由于原有企业提供的公共服务设施的剥离，只留下单一的居住功能，原有的居民大多已经搬走，租房比例较高。20 世纪 90 年代之后的居住小区逐步走向正规，并且随着近几年的发展，小区内的文化体育设施不断完善，已基本走向成熟。通过调研发现，在居住区公共服务设施规范出台之前，小区从起步发展到成熟发展的时间大致为 20 年，受到原来由于标准缺失所带来的用地缺失问题需要较长的时间通过各种手段来逐步弥补。而 2000 年之后的居住区，随着商品房小区的逐步普及以及公共服务设施规范的深入，小区从起步发展到成熟发展的时间大致为 10 年。通过调研可以看出，2000—2004 年竣工的居住小区基本已经走向成熟期，入住率普遍较高且设施的使用情况也较好（表 6-10）。

表 6-10　主城区文体设施满意度与小区竣工时间的关系

文体设施满意度	竣工时间（年）					
	1985—1989	1990—1994	1995—1999	2000—2004	2005—2011	总体情况
很不满意（%）	18.18	4.26	16.30	17.78	8.33	13.48
不太满意（%）	45.45	34.04	50.00	31.11	50.00	42.61
比较满意（%）	31.82	55.32	32.61	46.67	41.67	40.87
非常满意（%）	4.55	6.38	1.09	4.44	0.00	3.04

从满意度水平与房价水平的关系来看，20 000 元/m² 以上的居住小区满意度水平较高，尤其是 25 000 元/m² 以上的居住小区。一方面这类居住小区本身开发商信誉度较高，小区建设的配套质量较好，另一方面房价较高的小区一般位于主城区的中心地带，周

边各种设施配套齐全且公共交通便捷,也会从侧面弥补由于小区本身设施缺乏所带来的缺陷(表6-11)。

表6-11 主城区文体设施满意度与小区房价水平的关系

文体设施满意度	房价水平(元/m²)					
	12 000—16 000	16 000—18 000	18 000—20 000	20 000—25 000	25 000以上	总体情况
很不满意(%)	17.44	9.46	55.56	6.67	6.45	13.48
不太满意(%)	45.35	51.35	22.22	33.33	29.03	42.61
比较满意(%)	34.88	37.84	22.22	50.00	61.29	40.87
非常满意(%)	2.33	1.35	0.00	10.00	3.23	3.04

(3)主城区各区满意度水平相似度较高

主城区各区在文体设施、医疗设施以及教育设施的满意度方面差异度不大,与定量分析的结果相吻合。其中鼓楼区对医疗设施的满意度相对较高,秦淮区和玄武区对文体设施的不满意度达到60%甚至更高(图6-10)。

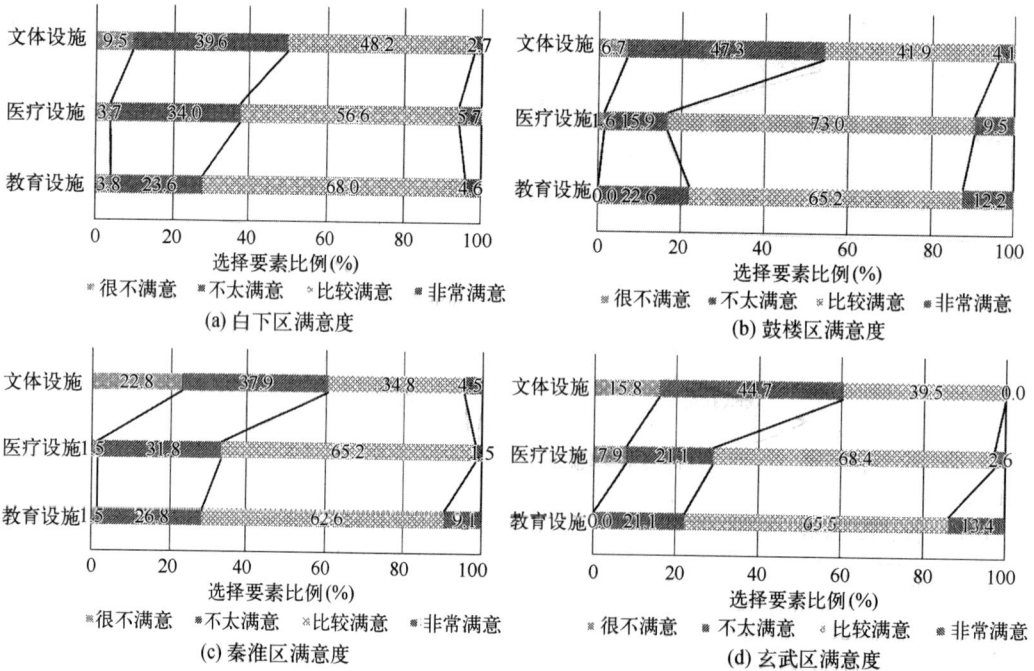

图6-10 主城区各区满意度

(4)主城区教育设施的完善度水平较高

调研过程中有75.3%的调研对象反映小区周边有幼儿园,93.5%的调研对象反映小区周边配备有小学,由于距离较近,主城区学校基本没有配备校车。子女上学的交通方式以步行为主(图6-11)。其中,幼儿园的上学时间集中在10分钟以内,最多不超过20分钟;小学空间布局差异稍大,有些在小区门口5分钟之内就能到达,有些需要15分钟左右。因此家长会选择使用自行车或者电动自行车接送。中学不受学区的影响,选择较自由,所以子女上学交通方式的选择以及花费的时间也呈现出多样化的特征(图6-12)。

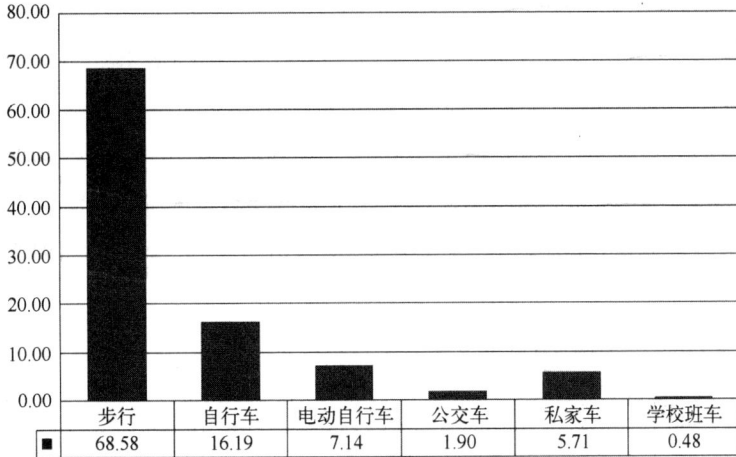

图 6-11　子女上学的交通方式所占比例(％)

	步行	自行车	电动自行车	公交车	私家车	学校班车
■	68.58	16.19	7.14	1.90	5.71	0.48

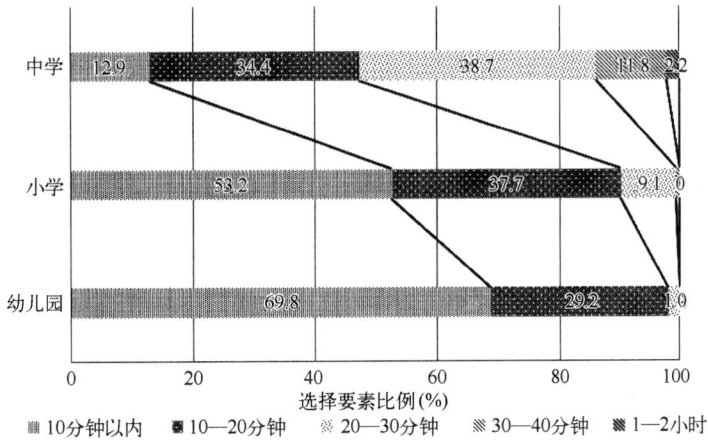

图 6-12　子女上学花费时间

选择教育设施的原因集中在离家近和教育水平高两个方面,通过调研也可发现,幼儿园受到幼儿年龄的影响,小学受到学区选择的影响,主要偏重离家近比较多。而中学的选择主要集中在教育水平高,这也是导致中学的就学时间差异性较大的主要原因。

(5)主城区医疗设施的完善度水平较高但受到个人偏好的影响

调研过程中有 74.7％的调研对象反映小区周边有医疗服务站,医疗卫生服务站的就医时间集中在 10 分钟以内,且主要以步行行为主;而医院受到医保指定地点以及个人偏好的影响较大,时间分布差异较大,有些甚至超过 1 个小时(图 6-13)。

选择医疗设施的原因集中在离家近和医疗水平以及享受医保等方面,通过调研也可发现,居民对医疗服务站的使用频率较低且认知度较低,很多医疗服务站也难以享受医疗保险,因此有就医需求的居民不管是大病小病还是会选择去规模较大的医院进行医治。调研过程中对居民选择大型医疗设施的名称进行了统计。其中,白下区主要选择南京军区南京总医院、江苏省中医院以及江苏省人民医院,个别居民选择南京鼓楼医院和南京市白下医院;鼓楼区主要选择南京鼓楼医院、江苏省中医院、江苏省人民医院及东南大学附属中大医院几家大医院,个别居民选择中国人民解放军第八一医院、南京市儿童医院、南京市妇幼保健院、南京市级机关医院、武警南京医院等;玄武区主要集中在南

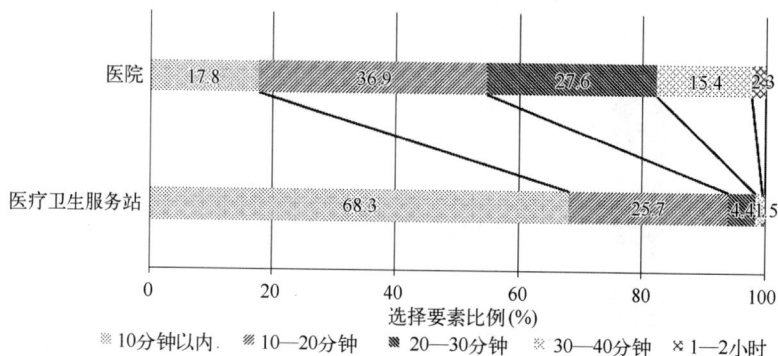

医院 | 17.8 | 36.9 | 27.6 | 15.4 | 2.3

医疗卫生服务站 | 68.3 | 25.7 | 4.41.5

0   20   40   60   80   100
选择要素比例(%)

※10分钟以内 ▨10—20分钟 ▦20—30分钟 ⊠30—40分钟 ✕1—2小时

图 6-13　居民就医花费时间

京鼓楼医院,其他的包括江苏省中医院、东南大学附属中大医院、江苏省人民医院及南京市市级机关医院几家大医院;秦淮区主要集中在南京市第一医院、南京市中医院、江苏省中医院,其他的包括南京秦淮医院、南京鼓楼医院、南京第二机床厂职工医院等。主城区居民就医的选择较多,因此受到医保定点、个人偏好、医疗水平以及便捷程度等要素的综合影响。但从调研小区的空间位置与其选择的医院来看,即使在选择较多的情况下,对三甲医院的选择仍旧满足就近就医的原则(图 6-14 至图 6-17)。

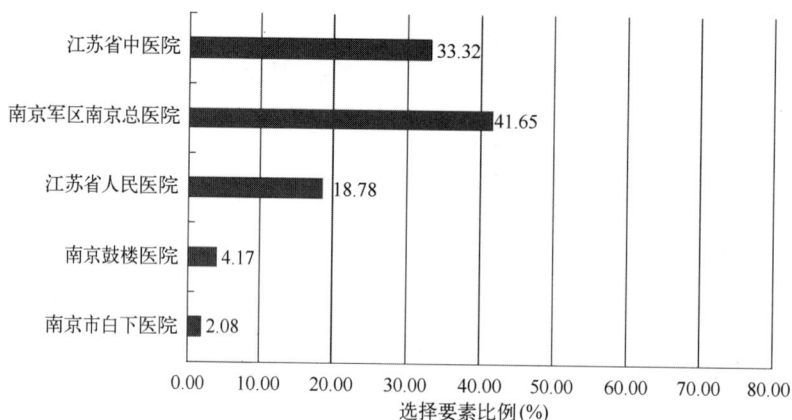

图 6-14　白下区就医选择

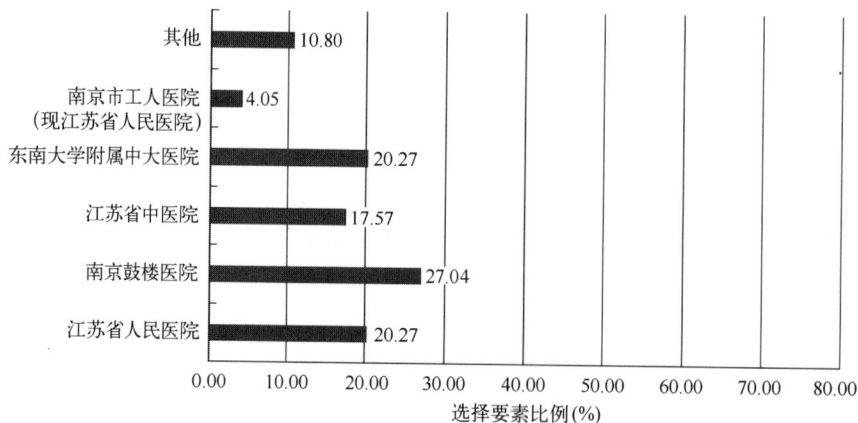

图 6-15　鼓楼区就医选择

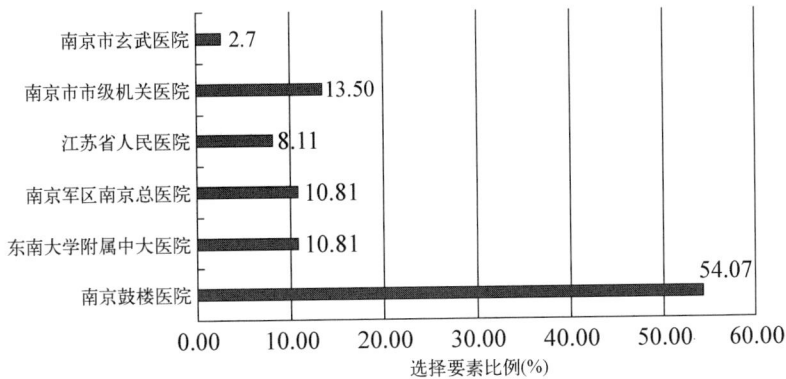

图 6-16　玄武区就医选择

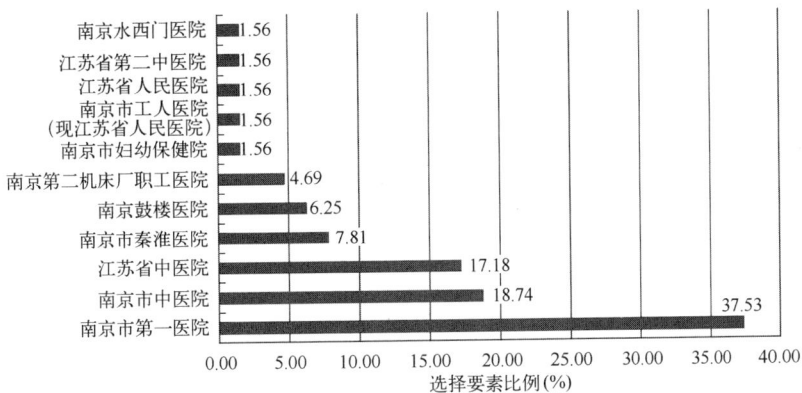

图 6-17　秦淮区就医选择

（6）主城区文体设施的完善度普遍欠佳，主要通过周边公园或公共活动空间来弥补

主城区由于很多小区都是单位福利房、拆迁安置房等，用地空间紧张，并且物业服务欠佳，文体设施配套很多都不完善。如图 6-18 所示，仅有大约一半的小区配套了室外健身器材，其他设施配套欠缺，室内娱乐设施诸如棋牌室、老年人活动室等都属于私人承办，需要收费。老城区与周边地区相比虽然公共服务设施的配套不完善，但是由于老城区的高校以及

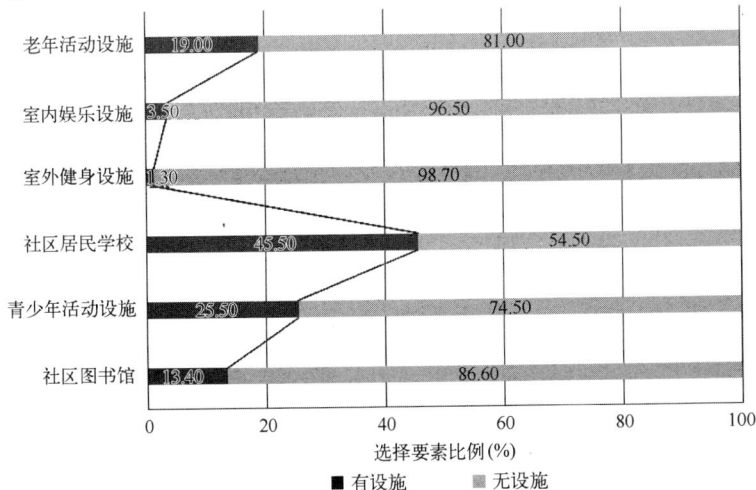

图 6-18　文体设施配套的完善度

公园数目较多,大大缓解了由于公共服务设施配套不足所带来的不便,且居民满意度也较高。如图6-19所示,以鼓楼区为例,大部分小区周边都布局有高校以及公园。

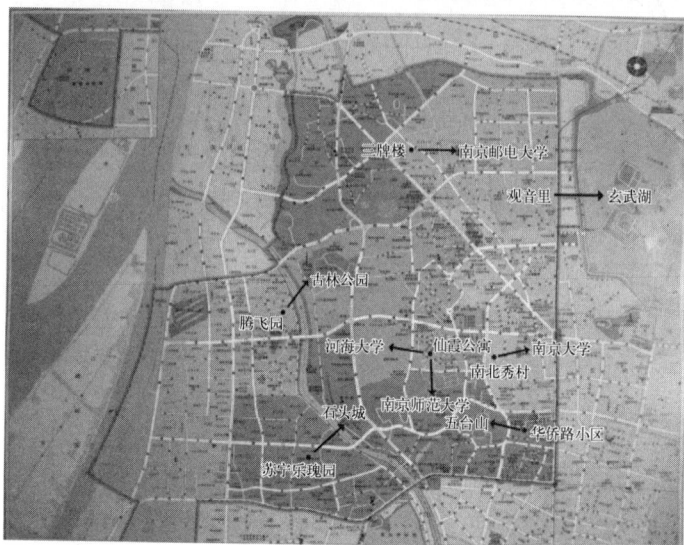

图6-19 鼓楼区小区文体活动场所选择

另外主城区公共交通的便捷度普遍较高,其中83.1%的人认为公共交通可以满足平时上班的要求,又进一步增加了满意度的水平。

6.3.2 主城外围地区——栖霞区

1) 调研点基本情况

栖霞区作为南京市主城外围的行政片区之一,具有明显的特点。它东西狭长,不仅有与主城区紧密相连的地区,也有远离主城区的乡村地区,同时,区内也存在各种住房的类型,有企业职工宿舍转变的商品房小区,有单位福利房,也有2000年之后开发的普通商品房小区,同时还有一批远离主城区位于仙林新城的高档商品房小区,具有典型的代表意义。为使研究结果可代表栖霞区某区域内整体基本公共服务设施的水平及居民的需求,所选小区全面覆盖栖霞区五个重点街道(图6-20)。共回收问卷160份,有效问卷

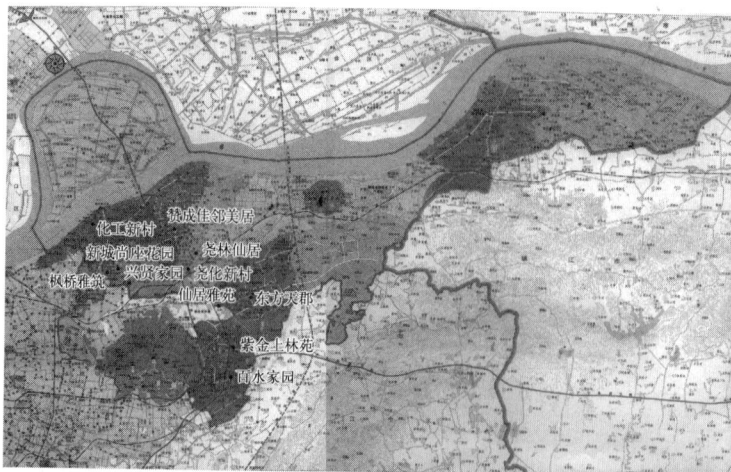

图6-20 栖霞区调研小区的选取

154 份,有效率 96.25%(表 6-12)。

表 6-12　调研点的选择——栖霞区

住区类型	住区名称	建设时间(年)	平均规模(万 m²)	主力均价(元/m²)	入住率(%)	入住群体主要住房类型
经济适用房小区	兴贤家园、幕府山庄、尧林仙居、仙居雅苑、百水家园、仙林新村	2000—2007	12.0—34.0	10 000	100	拆迁安置、商品房
普通商品房小区	枫桥雅筑、化工新村、尧化新村、太阳城天悦花园、方圆绿茵	1980—2008	2.5—20.0	9 600	100	商品房、单位福利房
高档商品房小区	新城尚座花园、赞成佳邻美居、东方天郡、钟山晶典苑、田园美居	2006—2010	5.0—14.5	13 000	80	商品房

2)问卷调查分析结果

(1)总体满意度水平各类设施类似,整体水平低于主城区

在调研过程中发现,栖霞区教育设施、医疗设施以及文体设施的满意度水平类似,满意与不满意的居民基本各占一半,文体设施满意度稍差一些;交通设施满意度与主城区类似,但整体满意度水平低于主城区。在调研过程中,满意度水平主要与配套的完善度相关,也进一步说明栖霞区的发展正处于过渡期。不满意主要是由于设施配套出现盲区所造成的(图 6-21)。

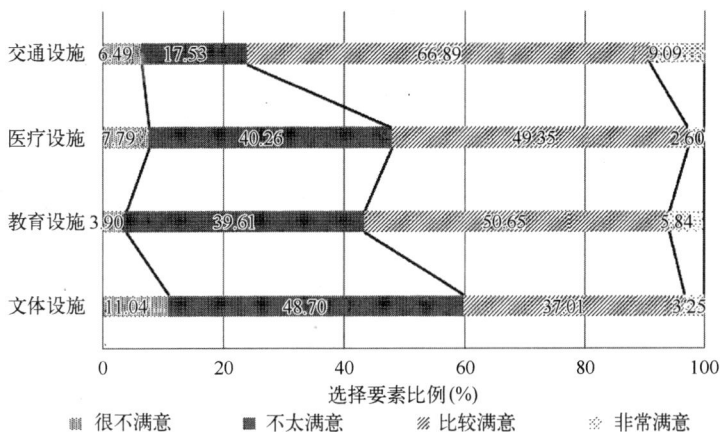

图 6-21　各类设施的满意度水平

(2)各类小区对相同设施的满意度随小区层次的不同而略有差异

教育设施和医疗设施的满意度随着小区层次的降低而上升,这说明高档商品房小区居民对教育设施和医疗设施的品质追求较高,而一般商品房小区以及拆迁安置房小区对于这两类设施的品质要求相对较低;文体设施的满意度普遍较低,尤其是高档商品房小区,主要由于栖霞区高档住区基本都分布在距离主城较远的地区,周边各类设施都比较欠缺,没有办法通过周边设施进行弥补,同时由于小区的入住率较低也难以引起开发商配套相关设施的兴趣。另外两类小区居民的满意度呈现均等态势。三类住区对交通设

施的满意度无明显差异,均较为满意(图 6-22 至图 6-24)。

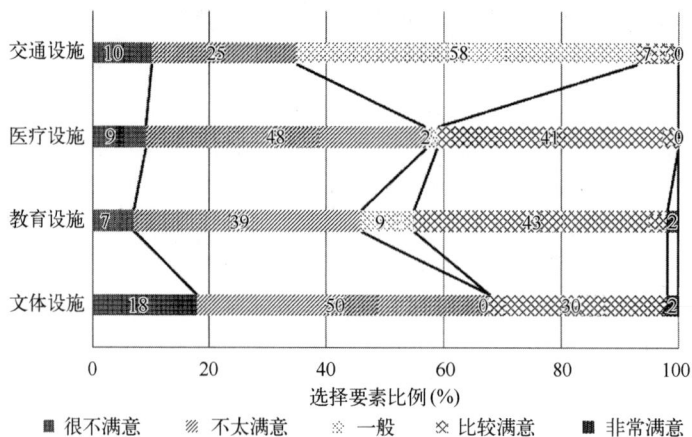

图 6-22 高档商品房小区与各类设施满意度

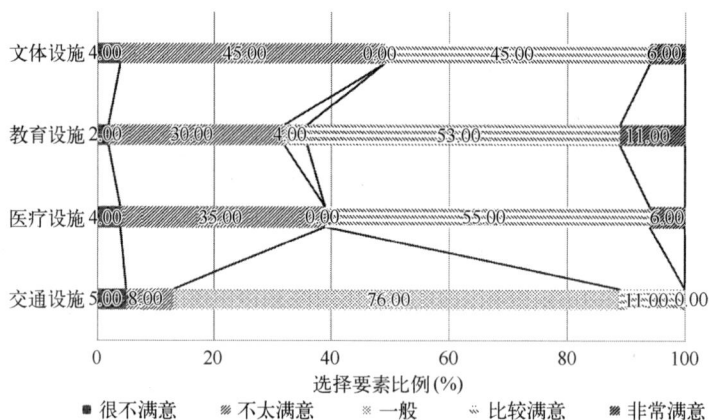

图 6-23 普通商品房小区与各类设施满意度

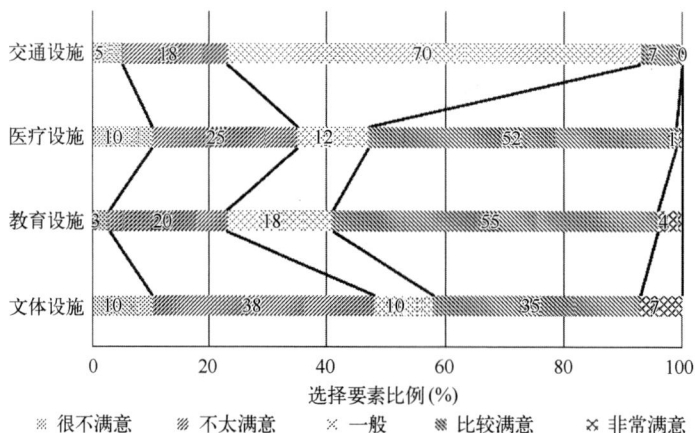

图 6-24 经济适用房小区与各类设施满意度

　　综合分析发现大多数居民对交通设施满意度较高,对文体设施满意度均较低。而在教育、医疗设施满意度上,各类小区居民的满意度出现差异:档次越高满意度相对越低

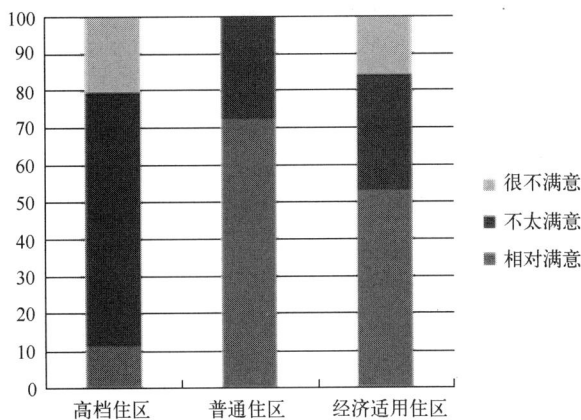

图 6‑25　住区类型与平均满意度差异（%）

（即档次与满意度呈负相关）（图 6‑25）。

（3）主城外围地区高档商品房小区的设施配套存在严重的缺失现象

高档商业住区在多类设施的配置上存在缺陷。经济适用住区与普通商业住区由于建设年代较早与规模相对较大等因素，设施建设完善度较高，医疗、教育、交通站点分布密集。而高档商品住区由于一般建设在偏远地区，注重环境质量，周边繁华程度较低（图 6‑26）。

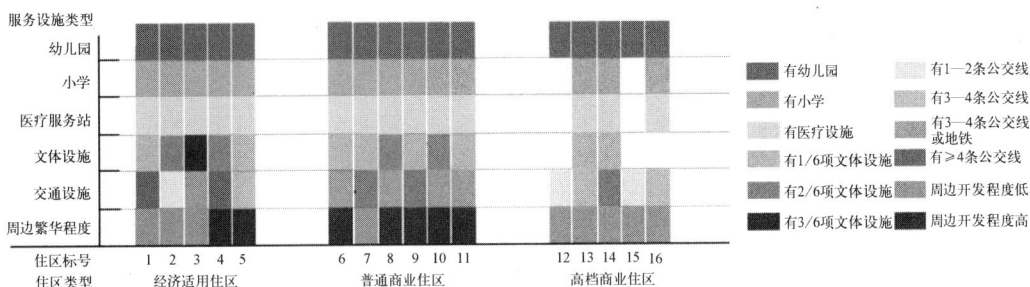

图 6‑26　栖霞区不同住区类型与周边公共服务设施配置

（4）主城区边缘区文体设施的完善度普遍偏低

从调研中发现栖霞区幼儿园及公交系统已基本普及，教育、医疗方面的设施较为均衡，但文体设施的配套明显不足。从调研区域内文体设施的拥有率来看，只有室外健身设施的覆盖率达半数以上，为 57.10%，室内娱乐设施拥有率虽达 29.90%，但以棋牌室为主，羽毛球馆等室内活动场地几乎为零（图 6‑7）。以单个住区而言，配置的文体设施

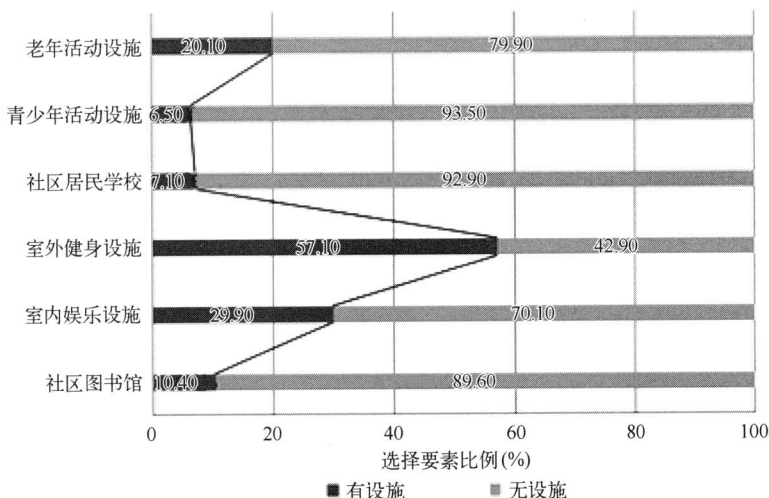

图 6‑27　文体设施配套的完善度

普遍单一,大部分只有一两类活动器材,无法提供多样的活动类型。与主城区可以通过周边大型设施进行弥补不同,由于周边缺乏各类型、各等级的文体设施,住区内部的文体设施的配置对主城区边缘区居民的日常生活尤为重要。

6.3.3 开发区——南京高新片区

1）调研点基本情况

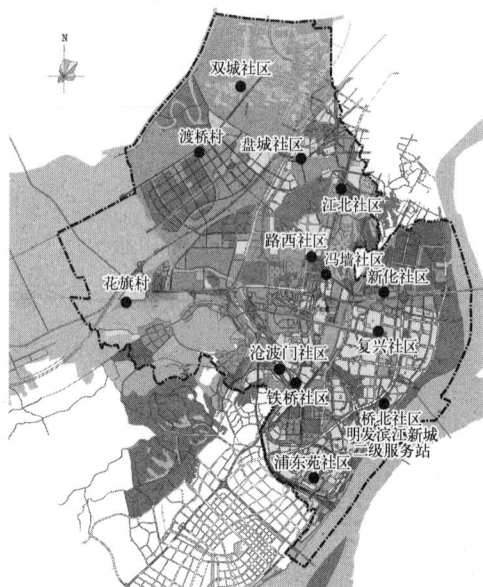

图 6-28　调研社区选点

调研共选择城市社区 8 个,乡村社区 5 个,涉及 3 个街道分别为泰山街道、沿江街道以及盘城街道。调研所选择的社区基本代表了其所在街道的社区种类,既包括了面积较小的原有老社区,也包括了近几年迅速发展的大型社区。共发放城市社区问卷 148 份,乡村社区问卷 103 份,其中有效问卷 230 份,有效率 91.6%。具体选点如图 6-28 所示。

2）问卷调查分析结果

（1）新老社区设施种类多样化与服务质量差距明显

除了需要特殊布局的教育、医疗设施之外,现有社区中心公共服务设施中仅有室外健身设施的配套比例达到 50%,但大多在原有发展较好的老社区。青少年以及老年设施的配套比例均小于 1/3。新建社区受到居民低入住率的影响,公共服务设施的开发滞后。究其原因,一方面,由于楼盘建成之后,公共服务的配套与社区管理脱钩,完全依靠开发商自身的自觉性配套公共设施,在相应管制政策缺失以及经济利益的驱动下,开发商的行为很难约束;另一方面,江北地区的超级楼盘存在大量的投资性购房,各个居住小区内,尤其是 2005 年以后开发的小区入住率低下,考虑到设施配套的效益问题,低入住率也难以引起开发商的建设动力,长时间的住房空置使得本应该迅速提升的小区活力难以得到改善(表 6-13)。

表 6-13　街道典型小区入住率及公共服务设施满意度

楼盘名称	盘城街道				泰山街道			沿江街道		
	盘农山庄	盘金华府	盘锦花园	学士园	明发滨江新城	旭日上城	其他为老浦口社区	天润城	润富花园	江岸水城
入住率（%）	30	80—90	70—80	90	一期70（其他50）	70	>90	30—50	60—70	60—70
公共服务配套质量及满意度	很差	较好	较好	较好	很好	较好	很好	很差	一般	一般
特点	独立发展,自给自足,公共服务设施的配套与发展受到南京信息工程大学影响,较为零散				创新型公共服务发展模式+原有老浦口地区公共服务设施			设施配套明显滞后,人气较低,公交差,属于公共服务设施配套的缺项地区		

（2）基层公共服务设施覆盖率低，高品质公共服务设施严重缺乏

基层设施以教育设施为例，从教育设施的等级配比来看，桥北高新板块共有15个幼儿园、12个小学、8个中学。按照幼儿园步行5—10分钟、小学步行5—15分钟进行可达性分析，沿江街道新兴楼盘区域存在服务盲区；中学数量多，基本满足自行车5—15分钟可达性的全覆盖，但是从中学内部的设置来看，仅有两所中学设有高中部，其他都仅有初中部。随着未来沿江街道大型楼盘的居民入住，沿江街道的高中也将不能满足需求（图6-29、图6-30）。

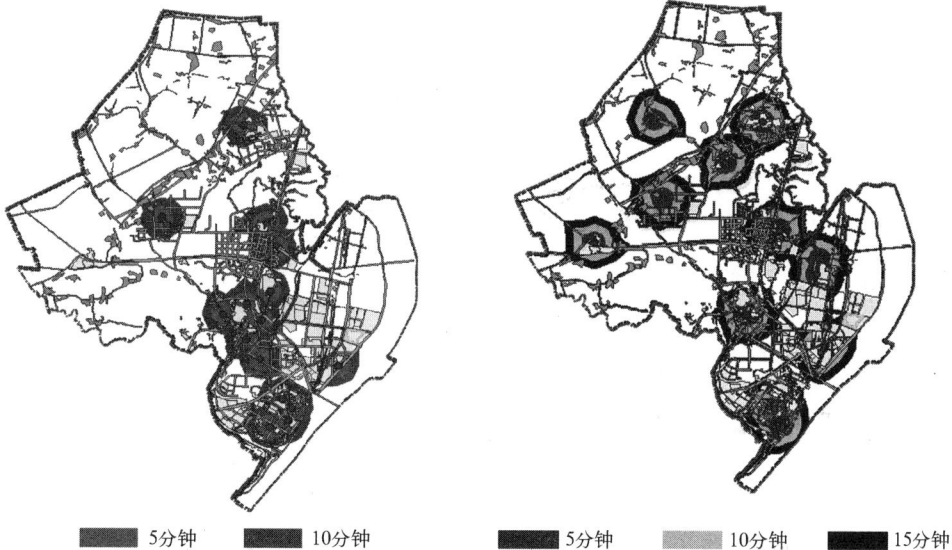

| ■ 5分钟 | ■ 10分钟 | | ■ 5分钟 | ■ 10分钟 | ■ 15分钟 |

图 6-29　幼儿园 5 分钟、10 分钟步行可达性　　图 6-30　小学 5 分钟、10 分钟、15 分钟步行可达性

医疗设施仅有南京市浦口医院一家区域型医院，居民普遍认为该区域缺乏高水平综合型医院，给生活带来极大的不便，社区卫生中心的医疗水平难以应对突发性疾病以及部分人群长期的医疗康复需求。同样，整个高新片区并没有大型或较高等级的文化体育娱乐设施，这不仅说明了该片区公共服务体系的欠缺，也进一步加剧了职住分离的情况，在高新区就业的人员大部分还是选择在主城居住以享受更好的公共服务，又进一步阻碍了片区活力的提升。

（3）过高的时间成本制约了居民自由选择基本公共服务设施的权利

设施种类的缺失以及低水平的设施服务品质带来了大量跨区域的设施使用行为，而公共交通的缺失也严重影响了这种由于居民主动选择行为所带来的长距离交通的便捷性（表6-14）。

表 6-14　各街道使用教育设施和医疗设施的交通时间比例

街道名称		教育设施（%）					医疗设施（%）				
		10分钟内	10—30分钟	30分钟—1小时	1—2小时	2小时以上	10分钟内	10—30分钟	30分钟—1小时	1—2小时	2小时以上
城市社区	泰山街道	60.00	40.00	0.00			32.50	25.00	20.00	20.00	2.50
	沿江街道	20.00	40.00	10.00	20.00	10.00	27.69	35.38	9.23	23.08	4.62
乡村社区	盘城街道	28.85	61.54	9.61			53.33	41.34	5.33		

① 主动选择的制约。一方面居民对基础教育设施中的小学、中学以及综合型医院的需求一般以高品质的服务质量为第一要素。在此要求下出现了大量跨江使用主城公共服务设施的行为，但跨江公交线路过少，换乘频率高以及混乱的交通环境使教育设施缺乏的沿江街道交通时间大于 1 小时的比例占到了总量的 30% 以上。同时整个片区跨江使用大型医疗设施的时间也都为一两个小时。另一方面小区内部诸如幼儿园以及社区卫生中心等基层设施的缺失，造成本应步行就可以达到的设施还需使用其他的交通工具，交通时间大大超出基层设施可达性的要求，有相当一部分集中在 10—30 分钟。

② 被迫接受的无奈。乡村社区又存在另外一种情况，即公共交通的缺失使得居民已经难以承担过高的时间成本而放弃进行跨区域设施的使用，只能委曲求全地使用那些虽然服务质量较差但是离家却较近的设施。因此盘城街道虽然两类设施都有 90% 以上的居民交通时间在 30 分钟以内，但调研的实际情况却反映出较低的公共服务设施满意度。

（4）公共交通配置的缺失限制居民的日常消费行为

考虑到桥北高新片区由于跨江发展商业设施相对缺乏的情况，我们对城市社区较多的泰山街道和沿江街道进行了居民日常消费以及与主城之间的互动关系调查。泰山街道由于公交相对方便，居民去主城的频率明显高于沿江街道，每一两周去往主城购物的频率达到 30%，1 个月内去主城购物的频率为 50% 以上，而沿江街道半年或以上去主城购物的频率却占到总人数的 60% 左右，无特殊需要基本不选择跨江出行（图 6 - 31）。

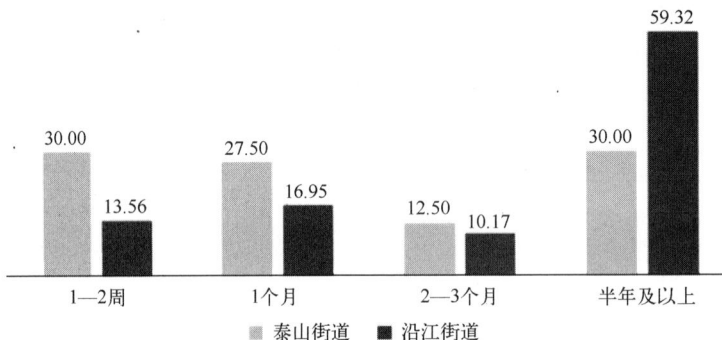

图 6 - 31　城市社区居民去主城购物的频率（%）

盘城街道由于龙王山的分割影响以及跨江公共交通的缺失，与六合区大厂片区的联系较为紧密，并且专门有公交 2 号线联系，10—30 分钟一趟（中巴）。去主城购物则需要转两趟以上公交车，用时一般在 1.5 小时左右。公共交通的配置方向决定了盘城地区对外联系的主要方向。

（5）开发区转型期面临的特殊问题

除了公共服务发展过程中的共性问题，桥北高新片区内新纳入进来的街道和原有街道也各自面临着公共服务发展过程中的特殊矛盾。

① 老龄化的特殊要求。泰山街道社区类型多样，但由于社区建设时间较早，大多面临着老龄化所带来的问题，普遍缺乏老年活动设施及老年人活动场所。

② 交通安全隐患。沿江街道近几年房地产发展迅速，但公共交通严重缺失，大量电动三轮车等交通工具的使用给居民的出行安全带来隐患。

③ 大型载体建设。在开发区发展的中后期，初期作为引擎的大型载体的建设带来用地的制约和管理权限的分割，很难从全局发展的角度进行安排。如盘城街道北部的

南京信息工程大学,受学生这一巨大消费群体的吸引,在大学周边形成了众多的沿街商铺,但是由于缺乏有效的管理,这些商铺的流动性很大,等级较低,难以形成体系。

④ 环境污染问题。临近南京钢铁集团的新化社区和江北社区受工业园区的严重污染,通过深入调研发现新化社区居民长期以来一直深受工业污染的危害,整体拆迁意愿突出。

6.4 南京都市区基本公共服务设施空间公平与效率评价

为了能更加全面地应用基本公共服务设施区位布局的评价模型,本书选择应用南京都市区范围内的医疗设施以及教育设施进行空间效率与空间公平的综合区位评价。选择这两类设施的原因主要有三点:第一,医疗设施与教育设施仍旧是目前城市居民关注度最高的设施类型;第二,考虑到数据量巨大,对南京市各类基本公共服务设施进行广泛分析可行性不高;第三,考虑到笔者目前掌握的资料,这两类设施在空间区位以及相关设施属性方面的数据都较为全面,能够较为准确地反映实际问题。

6.4.1 医疗设施

1) 数据来源

现状基础数据包括研究范围内的陆地、山体、水域、道路以及各类居住用地,主要来源于《南京市城市总体规划成果(2010—2020年)(报省修改稿)》现状图。基本公共卫生设施的空间布点从谷歌地图上获得并结合各区调研所获得的设施详细属性资料进行比对整理。各区医疗相关数据来源于《南京卫生年鉴2010》。

社区卫生服务中心既包括名称上为中心的设施,也包括承担社区卫生服务中心职能的设施,如镇卫生院、部分社区医院以及原企业单位医院。经测算,目前南京都市区内社区卫生服务中心149个,社区卫生服务站233个,三甲综合医院8所(包括专科医院中的中医医院和中西医结合医院,儿童医院不算在内)(图6-32、图6-33)。

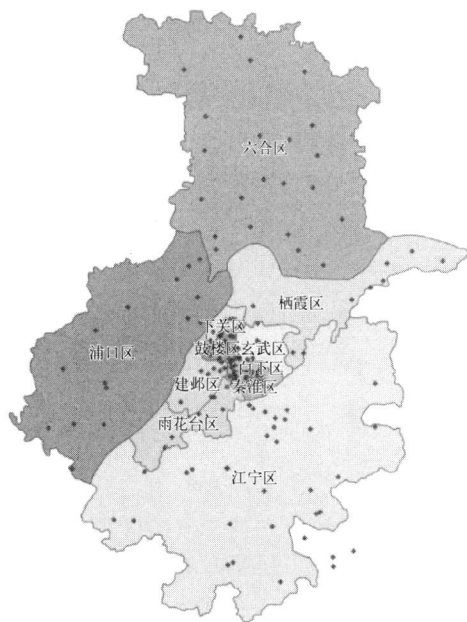

| 图6-32 社区医疗卫生服务中心分布图 | 图6-33 社区医疗卫生服务站分布图 |

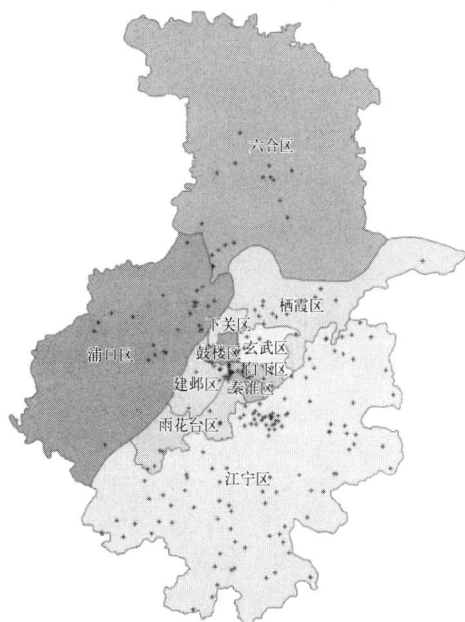

2) 设施服务公平——E_1

（1）社区卫生服务站

社区卫生服务站为居民日常医疗服务的最小单元，服务半径一般为 200—250 m，以 0.5 万—1.0 万居民为服务对象，按照相关标准应满足步行 3—4 分钟可达。经测算目前南京都市区内步行 5 分钟内可到达卫生服务站的各区平均所覆盖的居住用地不超过总居住用地的 20%，其中白下、秦淮情况稍好一些，接近 40%。现状条件下，若要满足 15 分钟健康圈的要求，居民需使用自行车骑行 15 分钟或者电动车 10 分钟到达最近的社区卫生服务站。从各区的差异来看分为两个层次，主城区玄武、白下、秦淮、建邺、鼓楼、下关和雨花台各区为一类，主城区边缘区栖霞区与其他三个外围区江宁、浦口、六合为一类（图 6-34）。

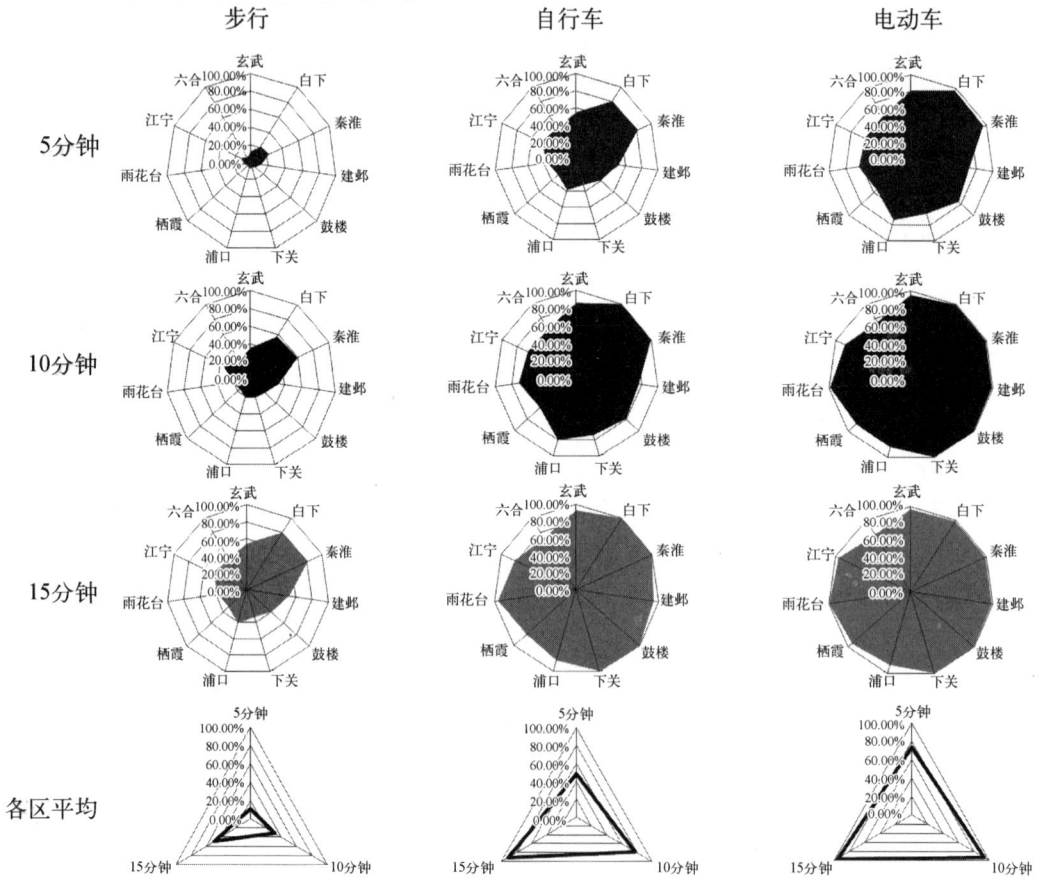

图 6-34　社区卫生服务站 5 分钟、10 分钟、15 分钟可达性范围之内各区
居住用地占总用地比例及平均比例

（2）社区卫生服务中心

社区卫生服务中心为居民日常医疗服务的次级单元，服务半径一般为 400—500 m，以 3 万左右居民为服务对象，按照相关标准应满足居民在步行 7—8 分钟、自行车 3—4 分钟可达。经测算，目前南京都市区内步行 10 分钟范围内可到达卫生服务中心的各区平均所覆盖的居住用地不超过总居住用地的 30%，其中白下、秦淮分别为 47% 和 51%。自行车 5 分钟范围内可到达卫生服务中心的各区平均所覆盖的居住用地不超过总居住用地的 50%，白下、秦淮分别为 68% 和 79%。

现状条件下若要满足 15 分钟健康圈的要求,居民需使用自行车骑行 15 分钟或者电动车 10 分钟、公交车 15 分钟(包括 5 分钟平均等车时间)到达最近的社区卫生服务中心。从各区的差异来看,在 10 分钟范围内,主城区内的玄武区和栖霞区的空间效率小于其他主城区各区;10—15 分钟,若采用电动车或者公交车,玄武区与其他主城区各区的覆盖率相当。主城区边缘区栖霞区与其他三个外围区江宁、浦口、六合覆盖率相对较低。

经调研基层设施中主城区玄武区覆盖率相对较低的原因主要由于区内地理要素的分割,在孝陵卫、沧波门地区,社区服务中心由医院托管,服务时间较长,不能达到 15 分钟健康圈的要求。栖霞区东南狭长达 40—50 km,交通不便,其中靖安、龙潭位于远郊,八卦洲一江相隔,在栖霞区内部医疗设施的配置存在城郊结合的状态(图 6-35)。

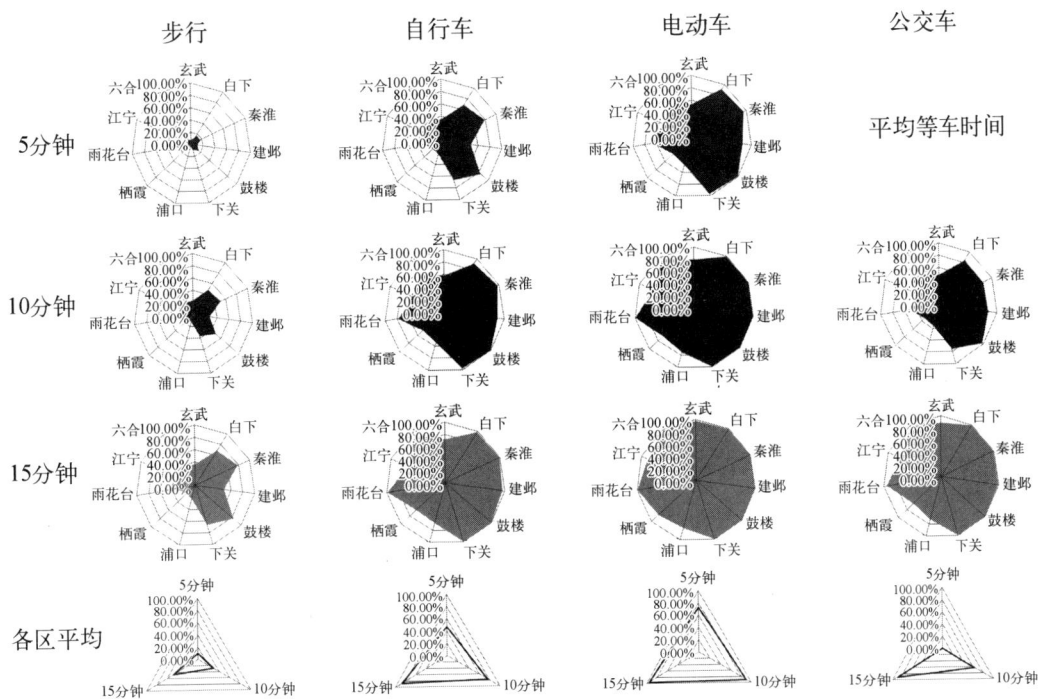

图 6-35 社区卫生服务中心 5 分钟、10 分钟、15 分钟可达性范围之内各区居住用地占总用地比例及平均比例

(3)三甲医院

三甲医院是为目标提供服务功能的市级设施,满足城市居民较高层面的公共服务需求,发挥区域辐射职能,考虑到居民选择综合医院偏好服务质量的因素,本书选择综合医院中的三甲医院作为研究对象,排除综合医院中的企事业单位医院、原县城医院等综合医疗水平相对较为薄弱的医院,意在平衡部分由于选择偏好所带来的影响。当然居民对于综合医院的选择还受到医疗保险、病情种类等多种要素的影响,考虑到数据分析与基层设施之间的可比性,如上文所述本书假设居民对于三甲医院也满足就近原则进行分析。

结果显示,若以 15 分钟健康圈为目标,南京市目前三甲医院还远远不能达到要求,15分钟内都市区全区内可达性范围所覆盖的居住用地不超过总居住用地的 30%。若单独以公交车作为交通方式进行计算,30 分钟内都市区全区内可达性范围所覆盖的居住用地占总居住用地的 72%,但是这仅根据平均等车时间 5 分钟以及就近原则来计算。实际生活中等车时间超过 15 分钟的情况也较为常见,且再加上居民选择医疗设施的偏好,实际时间大约为 45 分钟,而边缘三区进入主城区就医大多超过 1 个小时(图 6 - 36、图 6 - 37)。

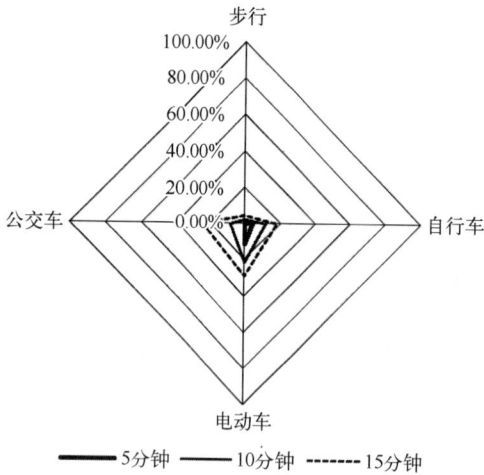

图 6 - 36　三甲医院 15 分钟可达性范围内居住用地占都市区总用地比例

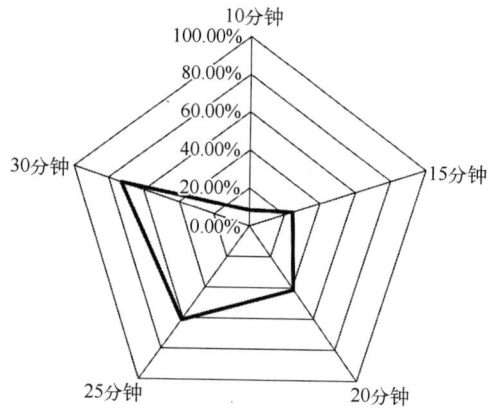

图 6 - 37　三甲医院 15 分钟可达性范围内居住用地占都市区总用地比例(公交车)

(4) 15 分钟之外的盲区居住用地比例——E'_1

上述结果可以进一步通过 15 分钟可达性范围之外的盲区居住用地比例进行验证。有近一半的居民不能达到基层设施通过步行即可到达的需求。

其中社区卫生服务站若采用自行车或者电动车作为交通工具,在主城区除栖霞区之外盲区比例可控制在 10% 以内,栖霞区与江宁区、浦口区可控制在 20% 以内,六合区水平稍差一些。社区卫生服务中心若采用自行车、电动车或者公交车作为交通工具,除主城区玄武区、栖霞区以及外围的六合区,盲区比例可控制在 10% 以内。

从不同的交通方式还可看出,若采用自行车,玄武区、栖霞区、江宁区、浦口区盲区比例在 30% 左右,但若采用公交车,主城区内的玄武区盲区比例相对于其他三个区大大减小,降低到 10% 左右,采用电动车降低到 5% 以内;而相反在其他三区若使用公交车,盲区比例并没有明显减少甚至与自行车相同,电动车也只是按速度成比例减小。公交车的使用从侧面说明主城区玄武区公共交通的配给优于其他三区,而电动车的使用说明玄武区的道路系统相对其他三区较完善(图 6 - 38、图 6 - 39)。

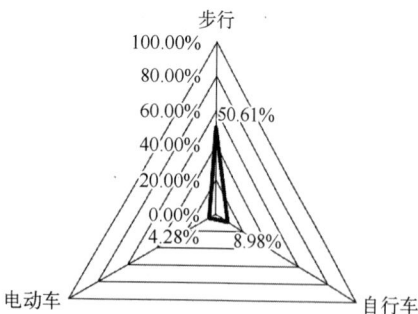

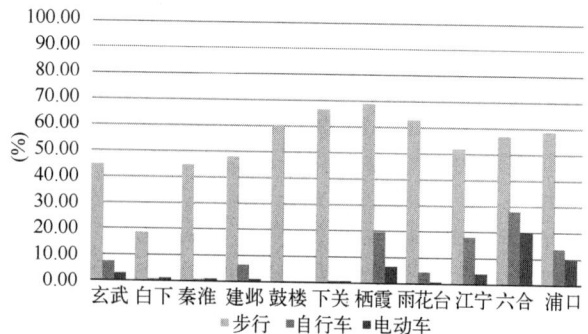

图 6 - 38　社区卫生服务站 15 分钟可达性范围之外各区居住用地占总用地比例及平均比例

3) 设施服务效率——D

D(空间效率)值主要针对基层设施即社区卫生服务站和社区卫生服务中心。社区卫

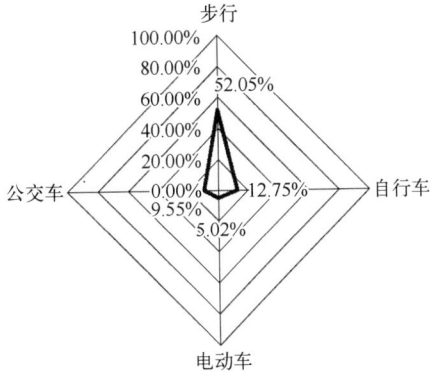

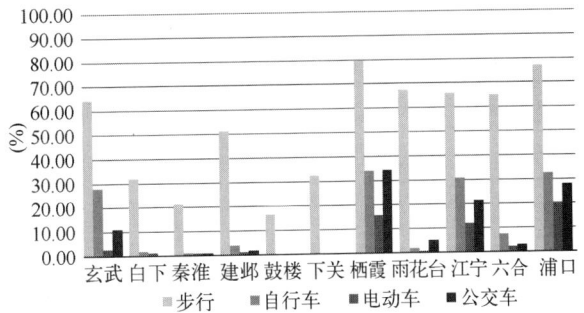

图6-39　社区卫生服务中心15分钟可达性范围之外各区居住用地占总用地比例及平均比例

生服务站5分钟效率较高,10分钟与15分钟效率相当;社区卫生服务中心按时间段划分的效率从高到低分别为5分钟、15分钟和10分钟。从不同的交通方式来看,社区卫生服务站与社区卫生服务中心的步行效率均大于自行车和电动车,除步行之外的其他交通方式效率相当。按照15分钟健康圈的目标,15分钟内各区的平均效率,秦淮、鼓楼、下关位于第一梯队,第二梯队为建邺、白下、玄武,其余的为第三梯队(图6-40、图6-41)。

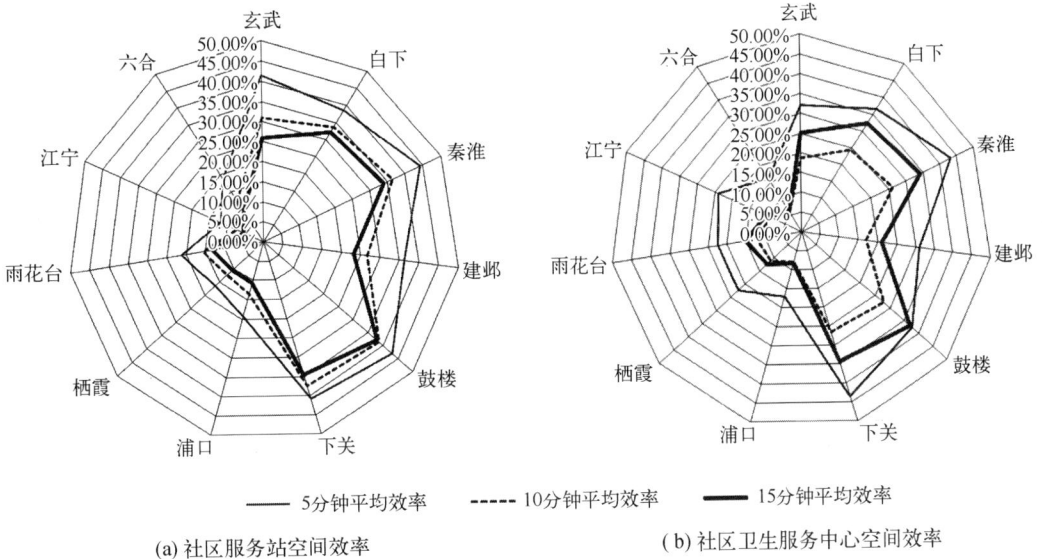

(a) 社区服务站空间效率　　　　　　　　(b) 社区卫生服务中心空间效率

图6-40　不同时间段社区卫生服务站和社区卫生服务中心空间效率

当然仅从设施的空间布局不能完全反映医疗卫生设施的现状效率情况,为能够更全面地探讨南京都市区内各区基本医疗卫生设施的服务效率,本书选取病床使用率、病床周转次数以及平均住院日三个指标分析社区卫生服务中心内部运营效率。其中病床使用率反映了病床的一般负荷情况,说明了医院病床的利用效率。平均住院日是指一定时期内每一出院者平均住院时间的长短,是一个评价医疗效益和效率、医疗质量和技术水平的比较硬性的综合指标。它不仅反映了医院的医疗、护理、医技力量,而且还能全面反映医疗经营管理水平。床位周转次数是指在一定时期内每张床位的病人出院人数,也能够反映医院的工作效率(图6-42)。

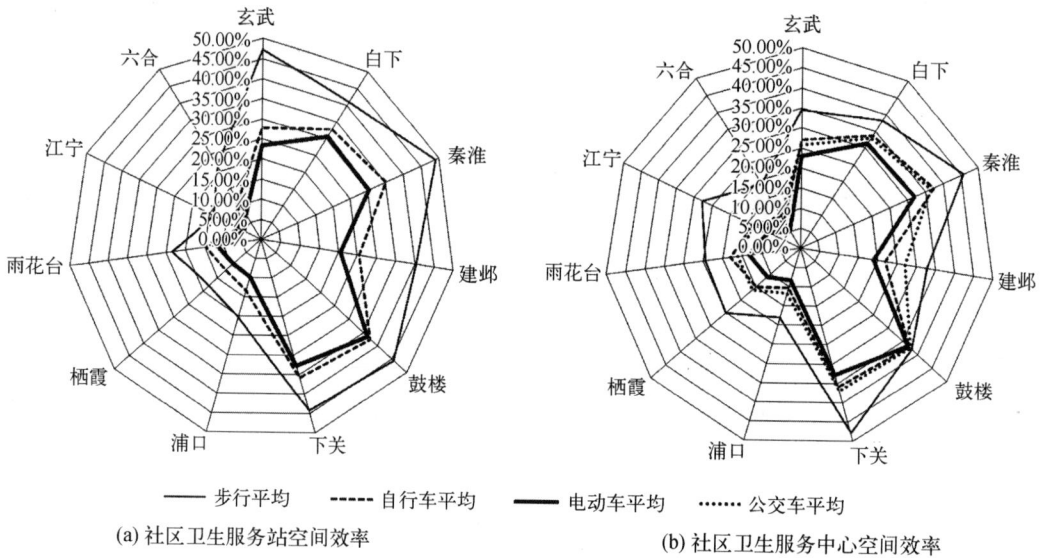

图 6-41　不同步行方式社区卫生服务站和社区卫生服务中心空间效率

(a) 社区卫生服务站空间效率　　　(b) 社区卫生服务中心空间效率

——— 步行平均　　----- 自行车平均　　▬▬ 电动车平均　　······· 公交车平均

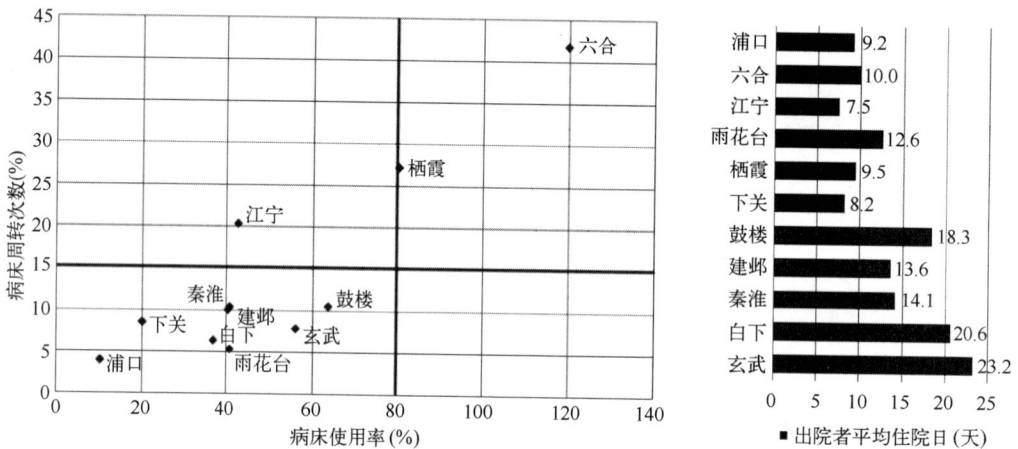

图 6-42　社区卫生服务中心病床使用效率

　　从社区卫生服务中心的情况来看,11 个区大部分都存在病床使用率低且病床周转次数偏低的情况,栖霞区病床使用效率较高,江宁区因病床周转次数较高,病床空置率相对提升,存在供大于求的状况,而六合区却相反,目前的社区卫生服务中心已经完全超出所能承担的病患,供不应求。

　　与基层设施相比,部属和市属三甲、综合医院的情况恰恰相反,病床使用率以及周转次数都较高,其中病床使用率大多超出 100%,周转次数大部分也大于 25%,供给明显不足。出现这种情况的原因是:第一,由于南京市主城内部医院过度集中,全部在中心城区,其中鼓楼区最为集中(图 6-43、图 6-44);第二,南京市作为省会城市除了要承担来自于南京市主城内各区患者以及郊县地区的患者,还要承担包括安徽在内的周边地区来南京就医的人员,在主城用地紧缺的条件下医院拥挤现象严重,难以保障居民正常的就医需求;第三,基层医疗设施由于服务水平较差,将很大一部分就医居民推向综合医院,没有很好地承担应有的功能。

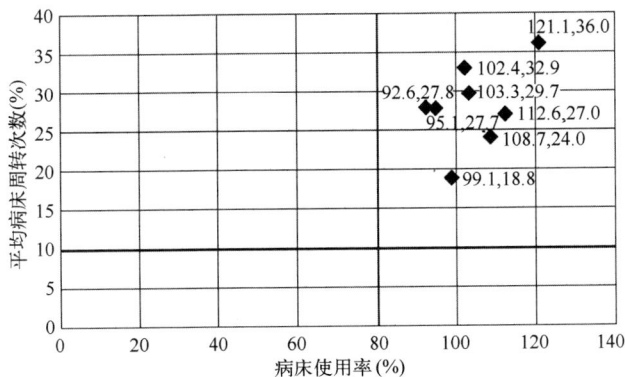

图 6-43　三甲医院病床使用效率散点图

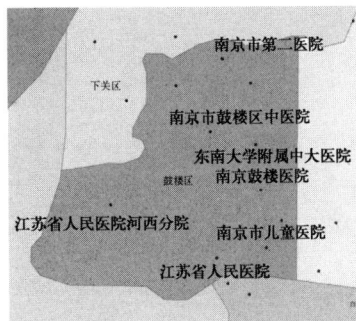

图 6-44　三甲医院空间布局图

4）综合公平度——Y

对各区的公平与效率进行综合评价,选择基层设施空间效率,15 分钟健康圈外盲区比例以及站(中心)平均诊疗人数作为评价要素并赋予权重。按照相关配套标准,社区卫生服务站 5 分钟以及步行赋予权重最高,社区卫生服务中心步行、自行车以及 5 分钟、10分钟赋予权重最高①,具体权重如表 6-15 所示。

表 6-15　各要素权重赋值情况

	社区卫生服务站						社区卫生服务中心							
站平均服务人口数	空间效率(0.45)			15 分钟外盲区比例(0.45)			中心平均诊疗人次	空间效率(0.45)			15 分钟外盲区比例(0.45)			
	5 分钟	10 分钟	15 分钟	步行	自行车	电动车		5 分钟	10 分钟	15 分钟	步行	自行车	电动车	公交车
权重	0.1	0.5	0.3	0.2	0.5	0.3	0.2	0.1	0.4	0.4	0.2	0.4	0.4	0.1	0.1

通过局部自相关分析反映都市区内部各区与其相邻单元之间的相关关系,从而反映整个区域的设施发展公平情况。其中社区卫生服务站的综合发展水平中,秦淮、白下以及鼓楼为高高聚集区,即自身以及周边区的发展水平都较好,江宁、栖霞为低高聚集区,即自身发展水平低于周边区发展水平。社区卫生服务中心的综合发展水平中,鼓楼、下关为高高聚集区,浦口、栖霞为低高聚集区。两类设施的发展情况说明目前基本公共卫生服务设施存在明显的空间不公平特征,主城区中心下关、鼓楼、白下与秦淮为高公平程度集聚区,在这一地区与公共服务设施使用相关的道路建设、公共交通配套等都明显优于其他各区。沿长江的浦口与栖霞为低公平程度集聚区,不仅受到地理要素的影响,区内街道之间发展水平的巨大差异也造成整个区域公平性较低。主城区外围雨花台、建邺、玄武各区的综合公平程度与外围的江宁、六合类似,这几个区处于低水平均衡状态。整个区域范围呈现设施不公平分布的特征(图 6-45)。

进一步分析各区基层设施空间效率(D)与空间公平(E)之间的关系。对空间公平与

---

①　按照《南京新建地区公共设施配套标准规划指引》,社区卫生服务站属于基层社区级公共服务设施,5 分钟之内可达为最优配置,出行方式以步行为主,因此这两者权重最高;社区卫生服务中心为居住社区级公共服务设施,5 分钟、10 分钟之内可达均可,出行方式以步行和自行车为主,因此这四项权重设置最高。

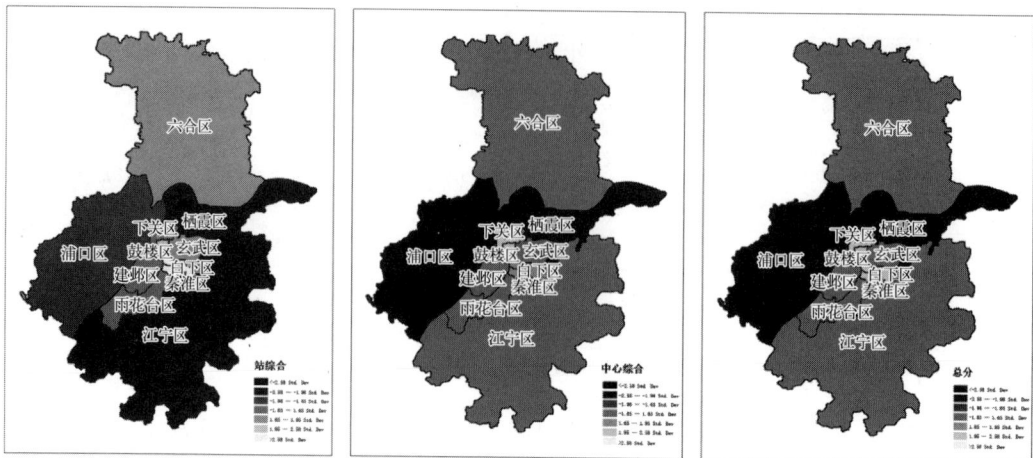

图 6 - 45   医疗设施 Local Moran's I 分析结果

空间效率的绝对数值进行标准化处理并绘制散点图,两者之间的关系有以下四种情况(图 6 - 46):

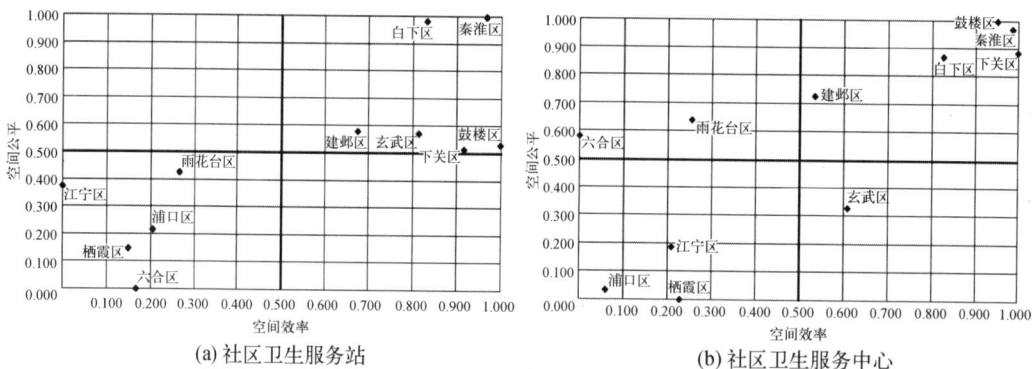

图 6 - 46   空间公平与空间效率的相关关系

（1）空间公平与空间效率双低:设施的供给数量不足且现有设施的空间布局不够合理,与现状居住用地结合得不够紧密或者由于片区人口密度过低,居住用地比例较少所导致的设施空间效率低下,这些问题主要出现在主城区边缘区及城郊结合地区一些快速城市化地区,如社区卫生服务站中的浦口区、栖霞区、六合区和社区卫生服务中心中的浦口区、江宁区、栖霞区。

（2）空间公平＞空间效率:设施的供给数量满足需求,但是设施的空间布局选址与居住用地结合得不够紧密,这些问题主要出现在主城区边缘区或郊县地区,如社区卫生服务中心中的雨花台区和六合区,社区卫生服务设施的网络体系较为完善但未来将会面临主城区边缘区由于用地功能"退二进三"所带来的城市更新以及郊县地区由于行政建制调整,片区功能提升所带来的人口规模扩大,将会在一定程度上提升其设施的空间效率。

（3）空间公平＜空间效率:设施的供给数量不能满足需求,存在服务盲区,但现有设施的空间使用效率较高,可结合盲区居住用地布局增加设施数量来改善空间公平,如社区卫生服务中心中的玄武区。

（4）空间公平与空间效率双高:设施的供给数量能够满足大部分人的需求,且与居住用地结合得较好,一般出现在主城中心区,人口密度较高,配套相对完善,由于用地结构

基本公共服务设施区位评价

相对稳定,已经度过了由于人气不足所带来的暂时性效率低下问题,加之中心城区的配套服务包括交通、道路等相对完善,进一步提升了设施的空间公平与效率,如社区卫生服务站中的白下区、秦淮区和社区卫生服务中心中的白下区、下关区、鼓楼区和秦淮区。

6.4.2 教育设施

1）数据来源

现状基础数据包括研究范围内的陆地、山体、水域、道路以及各类居住用地,主要来源于《南京市城市总体规划成果(2010—2020年)(报省修改稿)》现状图。基本教育设施的空间布点从谷歌地图上获得并结合各区调研所获得的设施详细属性资料进行比对整理。各区教育相关数据来源于《南京市教育设施布局规划》。经测算,目前南京都市区内幼儿园为496所,小学412所,中学217所(办学类型主要选择公办)(图6-47),具体数值如表6-16所示。

表6-16 各区教育设施数量　　　　　　　　　　　　　　　（所）

	鼓楼	秦淮	白下	玄武	下关	建邺	雨花台	栖霞	六合	浦口	江宁	合计
幼儿园	37	21	37	39	30	26	31	74	79	49	73	496
小学	36	24	26	25	20	15	15	27	65	59	100	412
中学	16	11	19	19	12	10	7	19	33	31	40	217

2）设施服务公平——E_1

（1）幼儿园

幼儿园为居民日常教育服务的最小单元,服务半径一般为200—250 m,以0.5万—1.0万居民为服务对象,按照相关标准应满足步行3—4分钟可达。经测算南京都市区步行5分钟内可到达幼儿园的各区平均所覆盖的居住用地均未超过总居住用地的50%,其中六合、栖霞、鼓楼、秦淮、白下情况稍好一些,刚刚达到或接近40%。如果将标准放宽,考虑步行10分钟的情况,都市区内的平均覆盖率为65%,其中江宁、浦口、建邺、雨花台和玄武未超过60%(图6-48)。

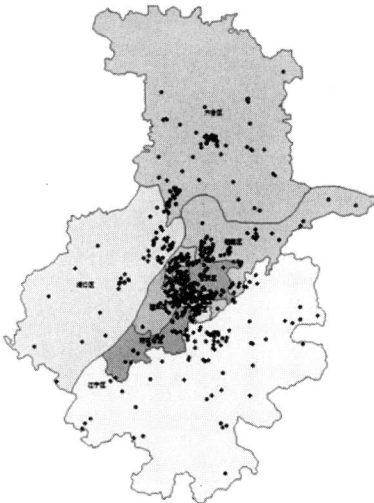

图6-47 幼儿园空间布局示意图

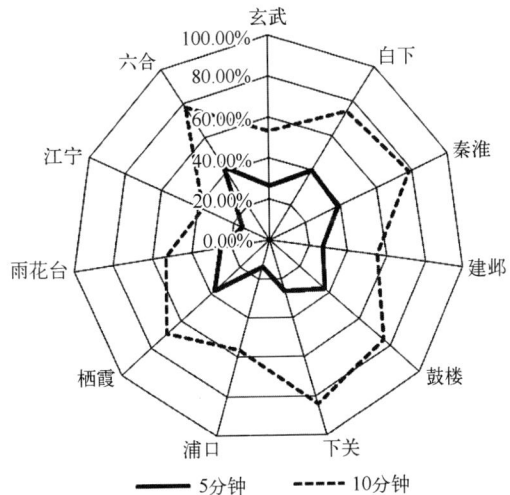

图6-48 幼儿园步行5分钟、10分钟可达性范围之内各区居住用地占总用地比例

（2）小学

小学为居民日常教育服务的次级单元，服务半径一般为 400—500 m，以 3 万左右居民为服务对象，按照相关标准应满足居民在步行 7—8 分钟、自行车 3—4 分钟以内可达。经测算南京都市区步行 10 分钟范围内可到达的各区中，鼓楼区超过 80%，六合区紧随其后；其次为秦淮、白下、下关、玄武，都为 50%—70%；而位于主城边缘区的雨花台、江宁、栖霞、建邺、浦口均低于 50%，有些甚至小于 30%。六合区 10—15 分钟变化不大，说明小学的布局 10 分钟内已经基本满足需求。而栖霞、浦口、雨花台等行政区变化较大，小学的布局还存在盲区（图 6-49）。

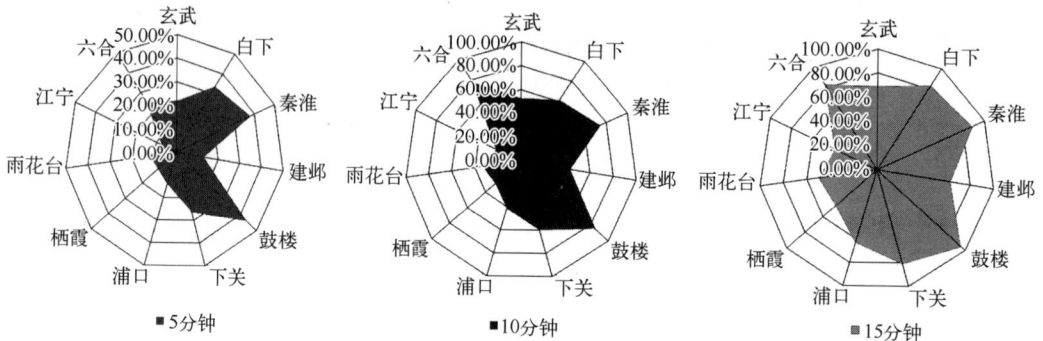

图 6-49　小学步行 5 分钟、10 分钟、15 分钟可达性范围之内各区居住用地占总用地比例

若采用自行车作为交通工具，5 分钟与 10 分钟小学可达性范围内的居住用地变化较大，主要还是说明包括江宁、栖霞这些行政区的小学目前只能通过自行车交通 10 分钟才能够基本满足 70% 左右的居民，与 5 分钟的目标差距还较大。其他行政区基本能在 5 分钟内覆盖 80% 左右的居民，包括鼓楼区、秦淮区、下关区、白下区以及六合区（图 6-50）。

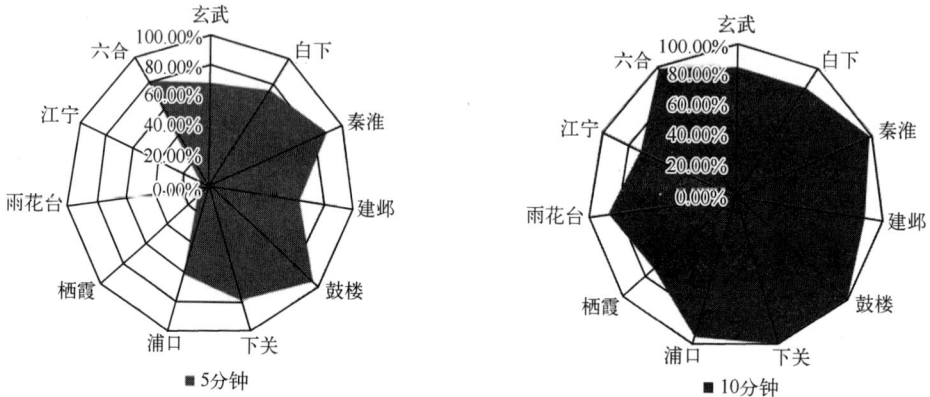

图 6-50　小学自行车 5 分钟、10 分钟可达性范围之内各区居住用地占总用地比例

六合区与江宁区虽然都属于都市区边缘区，但六合区幼儿园与小学设施的可达性覆盖率明显好于江宁区，主要由于近几年江宁商品房的大量开发而导致教育设施的建设远远落后于居住用地扩张的速度，而六合区由于一江相隔，发展相对较为缓慢，设施与用地布局的结合度相对较为稳定。

（3）中学

调研中的中学主要包括独立初中、独立高中、完中（其他的职业中学、九年一贯制等学校由于数据不全暂不考虑在内）。高中的选择受到教育质量、学生学习水平等因素的影响。本书选择二星级以上教育部门承办的高中作为研究对象,意在平衡部分由于选择偏好所带来的影响,计算全区不同时间段独立高中以及完中时间可达性边界内居住用地占都市区总用地的比例。

经过计算,高中15分钟可达性范围内,只有选择公交车、电动车以及自行车才能基本达到高中60%以上的覆盖率,若采用步行,覆盖率则不到30%。若单独以公交车作为交通方式进行计算,15分钟内都市区全区内可达性范围所覆盖的居住用地超过总居住用地的80%,但是如果加上平均等车时间5—10分钟以及非就近原则学校使用的情况来看,实际生活中高中生上学的时间集中在20—30分钟,有些甚至超过40分钟或1个小时,这与本书后进行的问卷调研数据基本相符(图6-51至图6-53)。

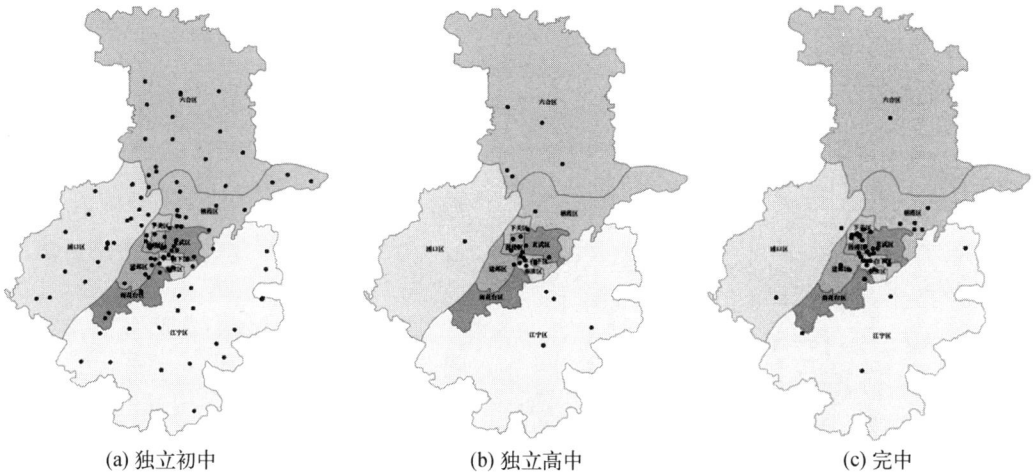

(a) 独立初中　　　　　　　(b) 独立高中　　　　　　　(c) 完中

图 6-51　中学布局示意图

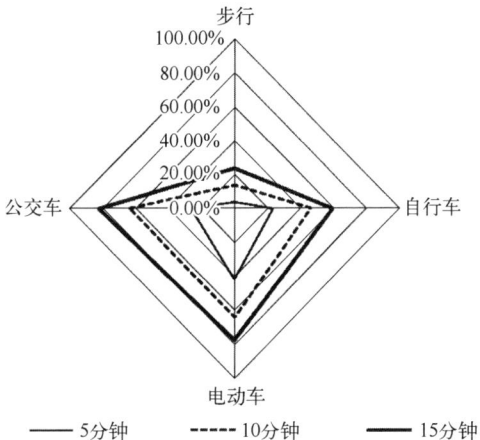

图 6-52　高中15分钟可达性范围内居住用地占都市区总用地比例

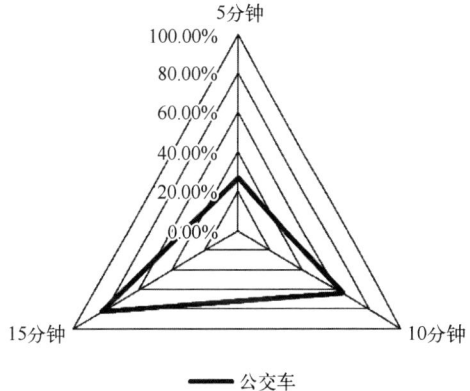

图 6-53　高中15分钟可达性范围内居住用地占都市区总用地比例(公交车)

(4) 盲区居住用地比例——E'_1

幼儿园步行10分钟之外的盲区比例较高,不仅主城区的玄武、建邺、雨花台,比例超过40%,边缘区的浦口、江宁也超过40%。小学步行15分钟,各区的分异情况类似于幼儿园,自行车10分钟之外的边缘区栖霞和江宁盲区比例接近30%(图6-54、图6-55)。

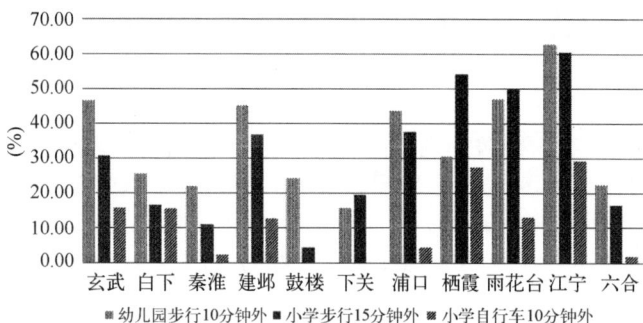

图 6-54 幼儿园和小学盲区比例

图例：
■ 幼儿园步行10分钟外　■ 小学步行15分钟外　▨ 小学自行车10分钟外

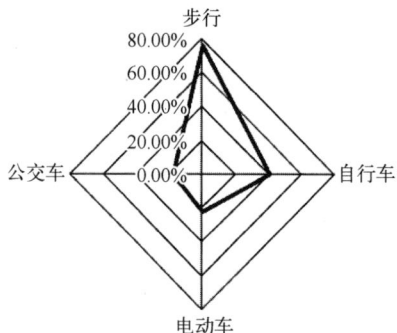

图 6-55 中学各种交通方式 15 分钟外盲区比例

3）设施服务效率——D

D 值主要针对幼儿园与小学，幼儿园 5 分钟效率基本高于 10 分钟效率；小学按时间段划分的效率从高到低分别为 5 分钟、10 分钟和 15 分钟。小学步行的服务效率大于自行车的服务效率。幼儿园除了浦口和下关之外各区服务效率相当（图 6-56 至图 6-58）。

小学中，玄武、白下、秦淮、鼓楼、下关位于第一梯队，第二梯队为建邺、雨花台，第三梯队为浦口、栖霞、六合和江宁。

同样，仅从设施的空间布局不能完全反映教育设施的现状效率情况，为能够更全面地探讨南京都市区内各区基本教育设施的服务效率，本书选取师生比分析小学与中学内部效率，从中可以看出师生比的情况与设施布局的各区差异并不相同，

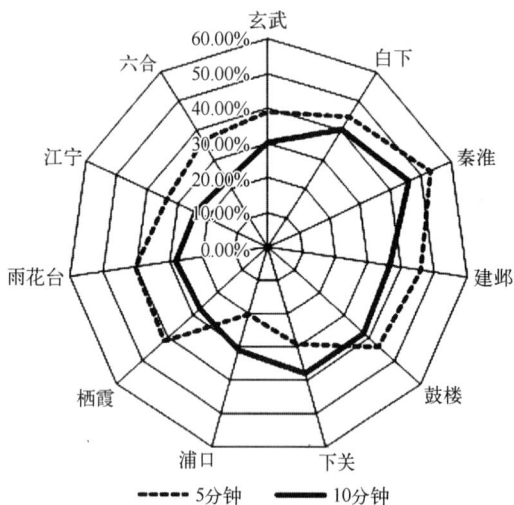

图 6-56 幼儿园步行服务效率

图例：- - - 5分钟　—— 10分钟

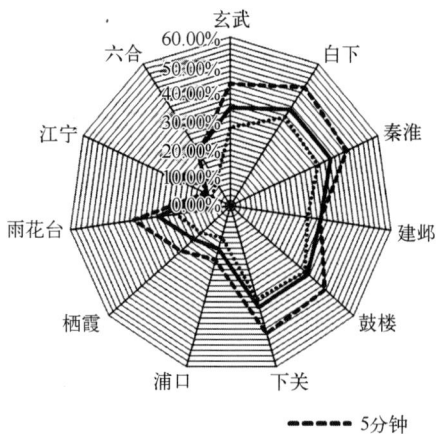

图 6-57 小学步行服务效率

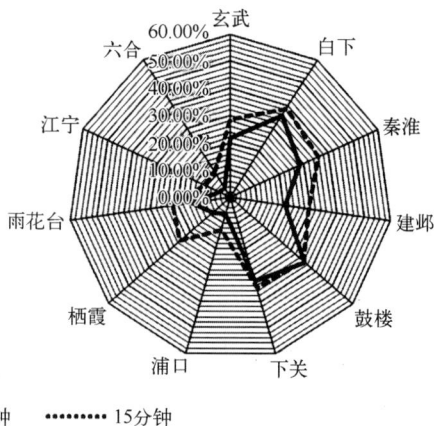

图 6-58 小学自行车服务效率

图例：- - - 5分钟　—— 10分钟　……… 15分钟

小学中的六合、浦口、栖霞、建邺均大于1∶13,而教育质量较好的鼓楼、白下、玄武都小于1∶14,这从另一个侧面反映出主城区教育资源拥挤的问题,而这种由于教育质量差距所带来的学生流动也造成了郊县地区学生的外流。江宁区又一次与主城各区的数据相差无几,进一步说明了江宁区近几年快速发展所带来的人口增加使得江宁区的教育资源利用率高于其他郊县地区,居民对江宁的期望值也相对较高。中学情况与小学类似(图6-59)。

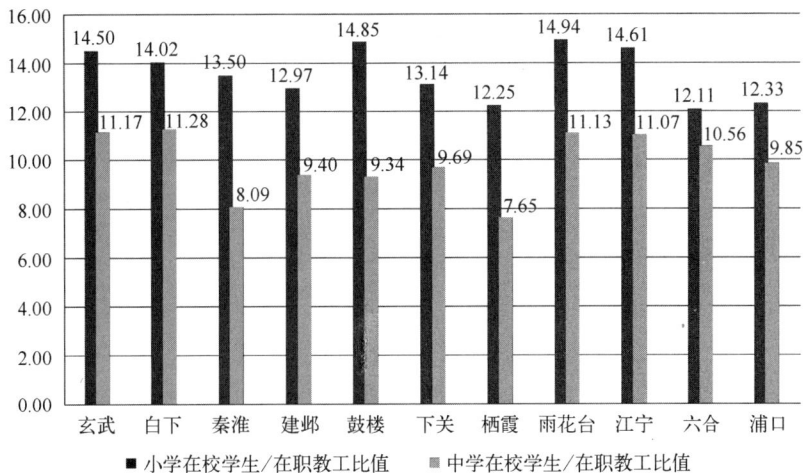

图6-59 各区小学和中学师生比

注:分析过程中生均教师数量可能偏高主要是因为教师数量由教职工总数来计算。

4)综合公平度——Y

对各区基层教育设施的公平与效率进行综合评价,选择幼儿园和小学空间效率,10分钟以及15分钟可达性范围外盲区比例作为评价要素并赋予权重。按照相关配套标准,幼儿园步行以及5分钟赋予权重较高,小学步行以及5分钟赋予权重较高,具体权重如表6-17所示。

表6-17 各要素权重赋值情况

	幼儿园			小学				
	空间效率 (0.5)		空间公平 (0.5)步行	空间效率 (0.5)			空间公平 (0.5)步行	
	5分钟平均效率	10分钟平均效率		5分钟平均效率	10分钟平均效率	15分钟平均效率	步行	自行车
权重	0.8	0.2	1.0	0.5	0.3	0.2	0.6	0.4

通过局部自相关分析反映都市区内部各区与其相邻单元之间的相关关系,从而反映整个区域的设施发展公平情况。其中幼儿园综合发展水平除了江宁区设施公平度较低之外,其他各区的设施空间发展水平较为类似;小学的空间综合发展水平中,下关、鼓楼、白下为高高集聚区;两类教育设施的发展情况说明目前基本教育设施中,小学存在明显的空间不公平特征,空间差异类似于医疗服务设施。主城区中心鼓楼、白下与秦淮为高公平程度集聚区,区内基本没有服务盲区。沿长江的浦口区以及南部的江宁区为低公平程度集聚区,区内街道之间发展水平的巨大差异以及较快的楼盘开发造成整个区公平性

较低。主城区外围雨花台、建邺、玄武各区的综合公平程度与外围的六合类似,这几个区处于低水平均衡状态(图6-60)。

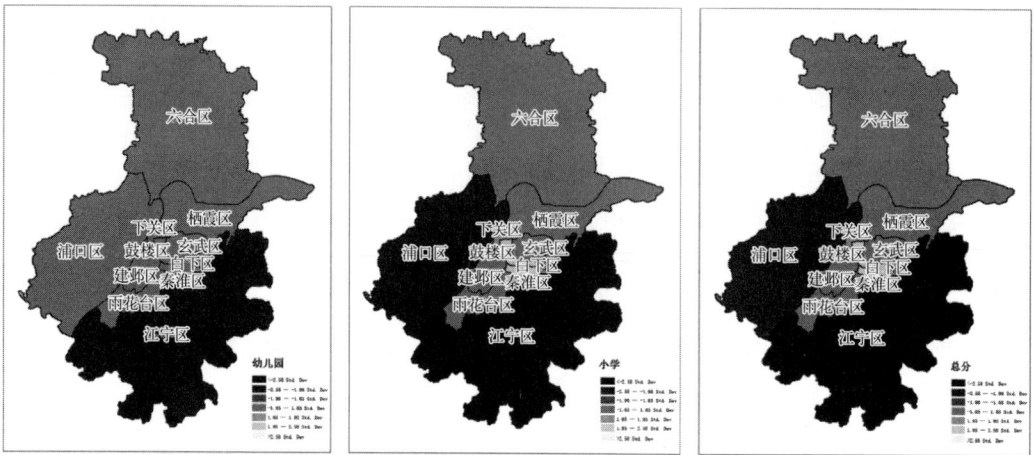

图6-60 教育设施 Local Moran's I 分析结果

进一步分析各区设施空间效率(D)与空间公平(E)之间的关系。对空间公平与空间效率的绝对数值进行标准化处理并绘制散点图,教育设施与医疗设施的评价结果类似,两者之间的关系有以下四种情况(图6-61):① 空间公平与空间效率双低:包括幼儿园中的浦口区、江宁区和小学中的六合区、浦口区、江宁区、栖霞区。② 空间公平>空间效率:如幼儿园中的六合区和下关区。③ 空间公平<空间效率:设施的供给数量不能满足需求,存在服务盲区,但现有设施的空间使用效率较高,主要出现在主城区空间范围相对较大或受到自然山水阻隔的行政片区,如幼儿园中的建邺区。④ 空间公平与空间效率双高:主要出现在幼儿园中的秦淮、白下、鼓楼和栖霞各区以及小学中的白下、鼓楼、下关、秦淮、玄武和建邺各区。值得一提的是,南京都市区边界内小学的空间公平与空间效率综合发展水平呈现明显的线性相关关系,空间公平高的地区空间效率也较高,反之都较低,这又进一步说明了公平与效率之间相互制约与相互促进的关系。

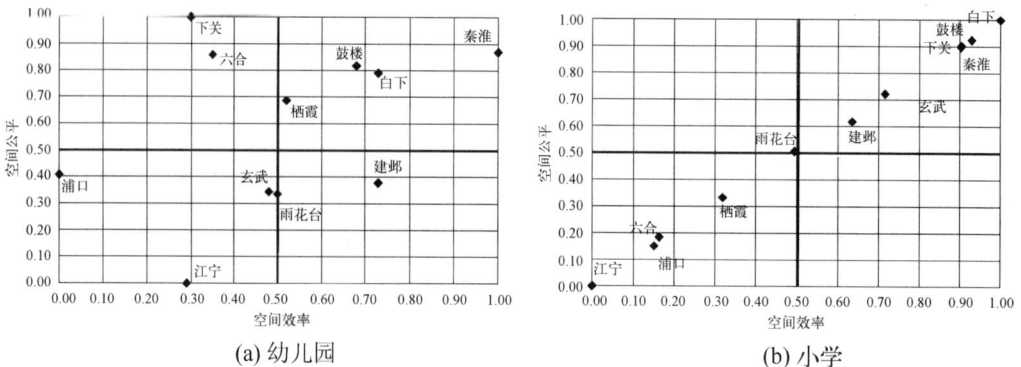

(a) 幼儿园　　　　　　　　　　(b) 小学

图6-61 空间公平与空间效率的相关关系

7 综合评价总结及延伸性探讨

结合第 6 章的实证案例分析,在城市的不同地区,空间公平与空间效率的相互关系各不相同,而这些不同的区位关系也对应着不同的使用主体的满意度和需求。本章将结合不同城市空间的不同发展模式进行总结并进一步探讨这些现象出现的内部深层次原因。在此基础上,对综合评价体系的可行性与延伸性进行探讨并提出新时期公共服务设施规划的内容建议。

7.1 综合评价总结

首先从大区位将公共服务设施的发展分为几类,包括主城区、主城区边缘区以及乡镇地区;接着从微观区位的空间公平与效率的相对关系与绝对数值、居民满意度、居民需求等几个方面进行总结与分析;进一步验证第 5 章所提出的空间公平与空间效率的四大相关关系,即起步发展型、过渡发展型、非均衡发展型以及成熟发展型。同时结合居民满意度以及实际的需求在行政区内部又进行了进一步的划分。其中绝对数值为第 6 章针对教育设施和医疗设施空间评价的平均数值估算所得。

7.1.1 主城区

主城区基本公共服务设施的发展存在两种模式,模式Ⅰ为空间公平和空间效率双高的类型,模式Ⅱ为空间公平小于空间效率的模式。两种模式都对应了不同的居民满意度的可能性以及居民不同的需求种类(图 7 - 1)。

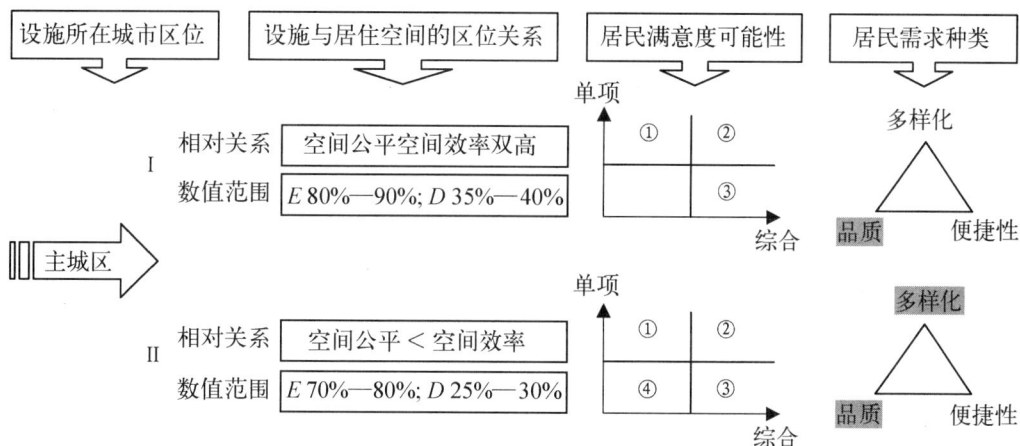

图 7 - 1 主城区评价总结模式图

(1) 模式Ⅰ——主城区成熟发展型

第一种模式为主城区的常见模式,即空间公平与空间效率双高的模式,通过对南京市主城区的分析,空间公平即设施的覆盖率情况为 80%—90%,空间效率为 35%—40%。主要为主城区的中心城区,半径大致为 0—5 km,如鼓楼区东部、白下区西部,以及玄武区西部地区。基本公共服务设施在这类地区的发展已经经历了前期的不稳定而走向了成熟。在这一城市发展空间内,各类公共服务设施种类和等级都比较全面,尤其是一些大型设施的集中布局,也从一定程度上弥补了基层设施配套欠缺所带来的问题。通过对主城区的调研,居民对设施配套比较满意包括三种可能性,三种情况依次递进。第一种为居民周边某一类设施的配套在整个城市中的地位较高或者水平较高,居民感到服务的绝对优势;第二种为综合满意度较高,虽然主城区小区建设的复杂性带来了一些历史遗留问题,某一类或者某两类设施的完善度稍有欠缺,但由于主城区本身各类设施使用较方便且环境较好,居民的满意度依旧很高;第三种为各类设施的完善度都较高所产生的累积满意度,这也从一方面说明了主城区不同的设施建设模式。正是由于主城区用地的限制,重建的可能性已经不高,主要面临的问题是如何通过对原有设施质量的提升以及服务水平的提高而满足居民对基本公共服务设施的品质需求,以及进一步考虑由于主城区老龄化程度的提升所带来的一些特殊设施的配套。

(2) 模式Ⅱ——主城区非均衡滞后发展型

第二种模式主要出现在主城区内一些特殊的地区,如南京市玄武区的东部片区。这些地区所在的行政区内部本身就存在着严重的不均衡发展现象,产生空间公平小于空间效率的主要原因是由于行政区偏大,发展非均衡并存在设施配套盲区。一方面,若按照街道来进行空间公平与空间效率的计算则会呈现比较明显的圈层递减结构,半径大致为5—10 km,属于主城区的外溢区。但是由于主城区本身设施配套水平、供给能力优于其他地区,空间公平和空间效率与更外围地区相比仍旧较高。另一方面,从南京市的分析结果也可以看出,目前在主城区发展的落后地区基本公共服务设施配套的选择仍旧是空间效率大于空间公平,这与新型城镇化阶段公平优先的原则有悖。在这一模式下,居民满意度的水平除了上述的三种之外,还有一种单项满意度和综合满意度都较低的情况,这类居民的最大需求是对公共服务设施的多样化需求。

(3) 小结

第一,主城区的发展除了个别由于自然要素以及历史行政区划原因所造成的发展滞后之外,大部分地区的发展已经步入稳定期,而且已经开始由均等化走向均优化发展。第二,主城区的用地构成复杂,除了商品房小区和拆迁安置房小区之外,还有大量的历史保护居住区,如评事街小区,在这些地区不能依靠常规的配套方法进行布局,应当尽量保持保护区内的完整性,选择使居民满意度较高的综合补充型配套方法,通过周边大型设施或者小区环境的优化来弥补由于小区本身设施欠缺所带来的问题。第三,在公共服务设施的运营过程中逐步精细化,从配套的公平优先走向人性关怀。

7.1.2 主城区边缘区

主城区边缘区(开发区)基本公共服务设施的发展存在三种模式,分别为模式Ⅰ——空间公平小于空间效率的模式;模式Ⅱ——空间公平大于空间效率的模式;模式Ⅲ——空间公平与空间效率双低的模式。三种模式也分别对应了不同的居民满意度的可能性以及居民不同的需求种类(图7-2)。

(1) 模式Ⅰ——主城内边缘区非均衡发展型

这种模式类似于主城区的模式Ⅱ,半径为10—15 km,不完全围绕主城区,如栖霞区东部地区和雨花台区南部地区,是源于行政区本身内部的非均衡所导致的综合非均衡现象。但是由于其发展阶段并没有主城区成熟,表现在空间公平与空间效率的数值关系略低于主城中心片区。但其相对关系仍旧是空间公平<空间效率。由于行政区内的空间

设施所在城市区位　设施与居住空间的区位关系　居民满意度可能性　居民需求种类

主城区边缘区（开发区）

I
相对关系：空间公平＜空间效率
数值范围：E 60%—80%; D 15%—20%
单项／综合坐标：① ② ④ ③
多样化／品质／便捷性

II
相对关系：空间公平空间效率双低
数值范围：E 50%—70%; D 10%—15%
单项／综合坐标：④
多样化／品质／便捷性

III
相对关系：空间公平＞空间效率
数值范围：E 70%—80%; D 20%—25%
单项／综合坐标：① ② ③
多样化／品质／便捷性

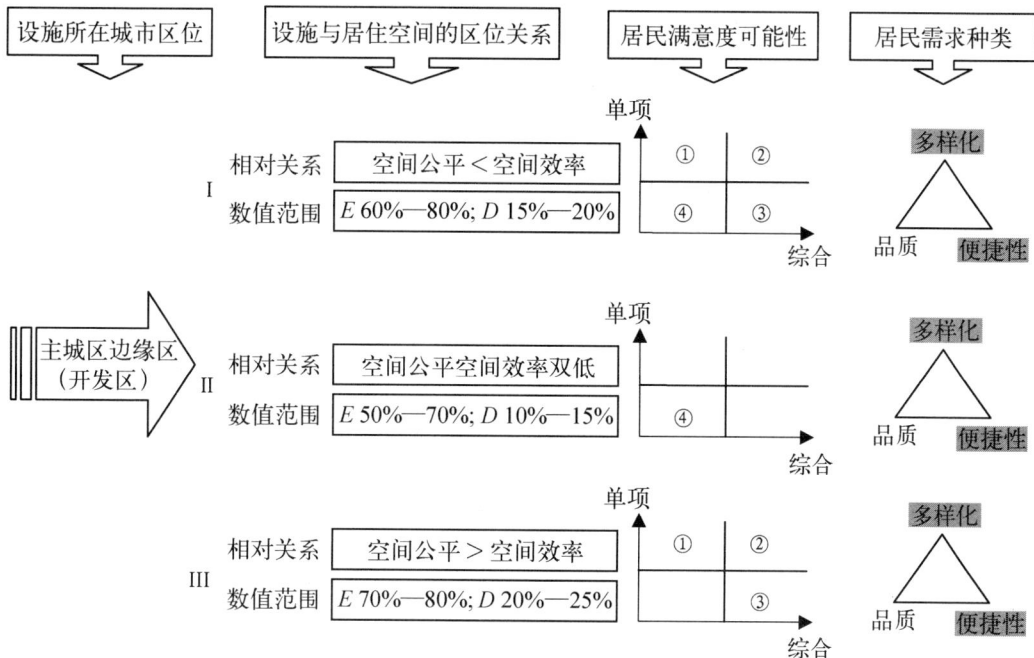

图7-2　主城区边缘区（开发区）评价总结模式图

发展水平呈多样化的状态,从而导致居民的满意度模式存在上述所描述的四种类型,从内到外满意度逐渐降低。同时在这一地区由于交通状况稍逊于中心地区,居民的需求除了多样化需求外,在地铁沿线之外的其他地区对交通便捷度也有一定的要求。

（2）模式Ⅱ——主城区边缘区城乡融合带过渡发展型

第二种模式半径为 15—20 km,在主城边缘区所占比例最高。空间公平与空间效率的比例都较低,主要包括浦口沿江地区,江宁北部与主城区交接地区等区域。这一区域受主城区辐射的影响,自身公共服务设施的配套体系较差,同时受到大型设施及道路交通切割空间的影响,存在严重的公共服务设施缺失问题,公共服务设施的种类缺失且层次偏低。就浦口区而言,医疗资源严重不足,现有二级医院三家,无三级医院,居民基本都依靠主城区的大型医疗设施。浦口区北侧的泰山街道、沿江街道和盘城街道的桥北高新片区没有大型公益性文化娱乐设施。由于城市空间的拓展速度不断加快,公共服务设施的原有配套设施难以和目前的居住用地进行有效叠合,从而又进一步造成了服务效率的低下。在这一情况下,居民满意度普遍较低,基本公共服务设施存在明显的供需不平衡的状态,居民不仅在多样化需求、便捷性需求甚至最基本的大型设施的品质需求方面都没有得到满足。

（3）模式Ⅲ——主城区边缘区类县域地区独立发展型

第三种模式主要出现在主城区边缘区类县域地区的中心城区,半径为 20—30 km,这类地区所在的行政区虽然进行了行政区划调整,由县改区,但是在具体的规划管理层面大部分仍旧延续了郊县的行政管理体制,在公共服务设施的配套方面也区别于主城区其他行政区,由于距离主城较远,能够形成相对完善的公共服务设施体系,如六合区中心城区。与浦口区不同,六合区受到主城区的辐射相对较小,目前设施配套的空间公平度较好,但由于供给能力的原因尚属于低水平均衡型,居住人口较少以及设施服务水平较低导致基本公共服务设施的综合效率低于主城区的公共服务设施。但是随着区级行政体制和运营方式的不断完善以及改制后定位的调整,城市的格局将会面临着重大的空间调整。在新型城镇化背景下随着职住一体化理念的不断深入,原有工业区与居住区将不断融合、协调发展,人口的迅速增长以及大面积的房地产开发,公共服务的数量和质量都会有比较大的调整,随着用地的"退二进三"、产业结构的不断升级以及行政管理体制的不断成熟,基本公共服务设施将由低水平均衡逐步走向高水平均衡,并进一步推进高品质大型设施的建设。在这一过程中,需要对未来的人口和居住用地的分布进行准确的预测来尽量避免原有设施的浪费以及设施建设的过度。

（4）小结

综上可以看出主城区边缘区在基本公共服务设施的综合供给评价中面临着最复杂的空间与社会问题,与主城区之间存在明显的差距,尤其体现在医疗设施与文化设施的配套当中。同时,主城区边缘区内部也存在一个基本公共服务设施供给效率的距离门槛,当小于该距离门槛时受主城影响较大,设施供给效率偏低,且这一地带也是边缘区中矛盾最为突出、发展最快的地区,如栖霞区;而当大于这一门槛之后,基本公共服务设施的供给效率并不随着与主城距离的增大而减小,而是与其本身的经济发展水平、行政管理体制相关。

7.1.3 乡镇地区

为保证几类模式对城市空间的全覆盖性,笔者根据近几年对乡镇地区的调查也对其公共服务设施发展模式进行了总结,分别为模式Ⅰ——空间公平与空间效率双低以及模式Ⅱ——空间公平小于空间效率。但由于本书主要分析内容仍旧针对城市空间,因此仅讨论其空间公平与效率的相对关系(图7-3)。

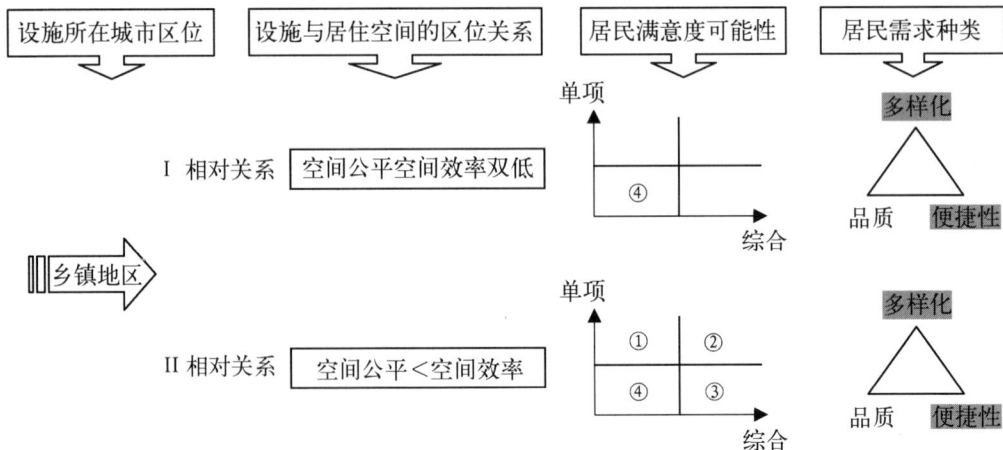

图7-3 乡村地区评价总结模式图

（1）模式Ⅰ——近郊融入都市区过渡发展型

模式Ⅰ主要出现在近郊乡村地区,发展情况类似于主城区边缘区模式Ⅱ,半径为15—20 km。空间公平与空间效率都较低,在未来发展中,这些乡镇驻地都将有可能被作为都市组团加以提升,目前仍处于起步不稳定发展期。由于发展定位的相对模糊造成一些乡镇撤并后原有设施闲置难以得到良好的利用,尤其是一些乡村中小学的大幅度撤并带来初中、小学学生就学半径明显扩大,超出了少年儿童阶段合理的出行能力,也没有相应的校车等配套措施,造成许多安全隐患。但这一片区未来并不会按照乡村原有的模式进行发展,将会配备与主城相同或接近品质水平的配套设施和供给。在过渡发展期空间公平与空间效率双低的情况下应当采取有效措施,如首先配套基础设施以提供便捷的公共交通,配套基层教育与医疗设施来减少居民生活的不便。

（2）模式Ⅱ——远郊保留乡镇发展型

第二种模式为远郊保留乡镇发展型,主要为半径大于 20 km,除了行政区中心城区之外的经过乡镇撤并之后的保留乡镇地区。由于目前苏南乡镇撤并基本实现了全省乡镇村行政区划调整工作会要求的“促进农村各种生产要素在更大范围向小城镇集聚,优化资源配置,减少重复建设,加快小城镇建设步伐,精简乡镇机构和人员,提高行政管理效率,减轻财政和农民负担”这一政策。各类公共服务设施的相关撤并也随着乡镇本身的撤并而进行,虽然这一政策在提高公共服务设施使用效率方面的效果已得到广泛的认同,但是,不可忽视的是,苏南地区乡镇撤并形成的超过 400 个被撤并乡镇驻地以及原来附属的工业园区并没有消失,而是继续作为乡村重要的聚落节点存在。受到管理体制变化的影响,被撤并乡镇驻地公共服务功能的弱化使得长期形成的好的市政和社会服务基础大多处于自然消解状态,造成基本公共服务设施空间公平小于空间效率的情况。在调研过程中,除了在乡村社区集中居住的居民之外,有大量零散居住的农村居民对子女上学以及日常的就医满意度较低。

（3）小结

目前,乡镇地区撤并所带来的公共服务设施使用的问题已经得到了重视。正因为如此,教育部已于 2012 年 7 月 23 日公布《规范农村义务教育学校布局调整的意见》(征求意见稿),着力解决学校撤并带来的路途变远、交通隐患、班额过大等突出问题,并提出了如有需要可恢复已撤并学校的建议。同时,该征求意见稿中明确了农村义务教育学校布局要保证“就近上学”的具体标准,包括各地的学校覆盖范围一般应保证学生每天上学单程步行时间不超过 40 分钟;具备公共交通或校车服务条件的,学生每天上学单程乘车时间应不超过 40 分钟。原则上每个乡镇应至少设置一所初中,3 万人口以上的乡镇可设置两所初中;人口相对集中的村寨,要设置村小学或教学点;人口稀少、地处偏远、交通不便的地方,应保留或设置教学点等。

7.2 南京市基本公共服务设施配套矛盾产生的主要原因

从上述的分析可以看出南京市基本公共服务供给与需求矛盾最为突出的地区为主城区边缘区以及乡镇地区,本书分别对这两个区域公共服务设施现状的成因进行了深入的探究。

7.2.1 主城区边缘区

（1）边缘区人口构成的复杂性带来公共服务配套的相对困难

大都市边缘区的外来人口众多,依托开发区建设的新城(新市区)是吸收外来就业人口以及承接主城人口和功能外溢的主体。以江宁区为例,江宁开发区的城市化是在南京主城的近域城市化、本地人口的就地城市化、外来就业人口城市化三重作用下共同推动的。因此,江宁开发区的人口构成主要包括以下四个群体:原住地拆迁安置农民、外来购房者、外来务工人员和大学城师生。这四个群体具有鲜明的群体特征,对于公共服务需求也各有侧重。

在边缘区发展初期,开发区的一部分就业者会选择在主城居住,同时在开发区就业的过程中,也较少使用当地的公共服务设施,但是随着公共服务设施配套的发展,一部分人又会选择从主城转移出来而居住在工作点附近。这就需要对大都市边缘区的动态发展过程进行科学的研究,并对公共服务设施配套的数量进行合理的判断。

(2) 边缘区管理主体的多样性带来公共服务设施配套的相对混乱

南京市的大都市边缘区如六合区、江宁区和浦口区都经历了撤县改区的过程,致使边缘区出现"市—区—街道办事处—居民委员会"和"市—区—镇—村民委员会"并存的行政体系,同时,由于边缘区一般由开发区建设引导,产权体制复杂,新旧体制并存,管理体制也比较混乱。管理权限的冲突造成很多地区公共服务设施建设的缺口,同时,边缘区既不同于乡村,也不同于城市,现有标准的缺失使公共服务设施的配套存在混乱。以栖霞区为例,长期以来,栖霞区既与六个主城区、雨花台区一道属于江南八区,又与浦口、六合、江宁、溧水、高淳、雨花台一起属于七郊县范畴。与江宁等区县采用县级管理体制不同,市政府对栖霞区在实施土地出让金等相关政策方面与六个主城区情况一致,却在公共服务和基础设施投入方面与六个主城区相比存在较大差异和不均等现象,造成了发展目标与实际能力之间的错位。再从江宁区公共服务设施的运营来看,江宁区的公共服务设施配套一般由江宁科学园出资,日常问题由科学园和社区共同管理,物业公司负责维护运营。教育、医疗、健身是由政府提供的公共服务设施,采取了一方投资、双方管理、多方监管的模式,但公共设施管理部门的职能重合明显,在公共设施配套问题的处理上却不能合力处理,时常出现相互推诿责任的现象。

(3) 边缘区大型载体建设对公共服务发展的制约影响

在城市拓展初期,城市边缘区由于其所具有的优良的土地资源优势,往往选择建设大学、开发区等引擎型的发展主体,这些大型载体有利于带动相关领域的产业发展,但在开发区作为独立产业区的发展阶段,往往以招商引资、促进产业集聚为主要目标,忽视载体环境的建设,到开发区发展的中后期,随着人口的不断集聚,开始注重学校、医院等配套设施的建设,但是此时由于用地的制约和管理权限的分割,很难从全局发展的角度进行安排,只能是见缝插针。这种各自为政的发展方式,以及这些载体空间布局的随意性,导致周边服务设施布局过程中缺乏有效的统筹与整合。

以浦口区北部桥北高新组团为例,该片区虽然只由三个街道组成,但是却拥有包括南京大学金陵学院、东南大学成贤学院等在内的五个高等教育机构,受学生这一巨大消费群体的吸引,大学周边形成了众多的沿街商铺,但是由于缺乏有效的管理,这些商铺的流动性很大,等级较低,难以形成体系。另外这一片区还包括南京汽车集团有限公司、南京南瑞集团公司、南京锦湖轮胎有限公司、南京中萃食品有限公司等南京综合实力100强企业(图7-4)。这些大型企业的员工每天坐班车上下班,很少出厂活动,也难以带动周边公共服务的发展。

(4) 基本公共服务设施建设片区差异性大,统筹与共享度差

大都市边缘区内部空间的形成具有多样化的特征,既有在原有老县城的基础上所形成的地区,也有经历了工业用地再开发过程的地区,还有一部分完全是在未开发地区的城市空间的拓展,因此发展基础的不同形成了边缘区内部基本公共服务设施建设的差异性。以江宁区为例,东山片区依托老县城的发展基础,公共服务设施配给齐全,与现状人口分布基本达到供需平衡;百家湖片区为江宁开发区一期用地,已有一定的发展积累,公共服务配给也较为理想;九龙湖片区作为开发区二期用地,配备了如同仁医院、南京师范大学附属中学江宁分校等高水平的公共设施,呈现明显的服务引导趋势;而大学城片区由于人口构成相对单一,公共服务配套基本依托高等院校内部自主配置,社会公用型服

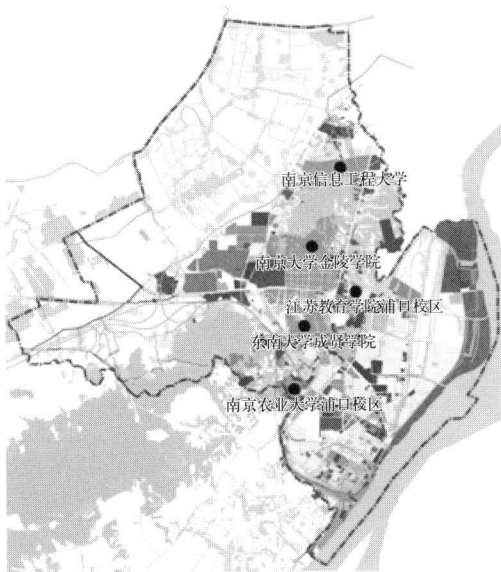

图 7 - 4　大型载体建设示意图

务设施相对缺乏。

　　除了发展基础不同之外,受到边缘区区位以及人口构成等影响,这些地区也面临着基本公共服务发展过程中不同的核心矛盾。如浦口区泰山街道社区类型多样,大多面临着老龄化所带来的问题,缺乏老年活动设施;沿江街道近几年房地产发展迅速,却忽视了相关公共服务设施的配套,公共交通严重缺失,大量电动三轮车等交通工具的使用给居民的出行安全带来隐患;盘城街道受龙王山的阻隔,相对独立,在基本公共服务设施的使用选择中与大厂地区的联系更多而与主城区、浦口新城区的联系较少。

　　(5)边缘区公共服务设施用地比例普遍偏低

　　2009年江宁区第二产业产值占地区总产值的62.0%,栖霞区第二产业占到79.3%,浦口区接近50.0%,六合区为65.0%(不包括市直统驻区企业,包括南京化学工业园)。在第二产业发展占主导地位的情况下,以体现城市功能为主的公共服务设施的发展滞后。公共服务设施用地的比例普遍偏低,栖霞区公共服务设施用地比例为13.23%,但大多为高校教育科研用地,公益性公共服务设施用地比例不到5.0%,六合区2009年公共服务设施用地仅占5.4%。

　　(6)边缘区超级楼盘的快速发展影响基本公共服务设施的配套

　　大都市边缘区与主城相比地价较低,且土地资源相对宽松,从而导致在边缘区出现大量超级楼盘的建设。这些超级楼盘建成之后,公共服务的配套与社区脱钩,完全依靠开发商自身的自觉性配套设施,由于缺乏适当的监督管理体制,原有规划中的公共服务设施往往滞后建设,给居民带来使用设施的不便。同时,边缘区的超级楼盘存在大量的投资性购房,尤其是2005年以后开发的小区,入住率低下,考虑到设施配套的效益问题,低入住率也难以引起开发商的建设动力。以浦口区北部片区为例,近几年开发的大型楼盘都难以满足基本公共服务设施的配套,给小区现有的居民带来极大的不便。

　　(7)边缘区城乡二元化的特色明显,基本公共服务的种类多样

　　大都市边缘区城乡二元化的特色明显,不仅存在由于城市建成区不断外拓所形成的圈层结构,同时也包括被城市建成区所围绕的还没有拆迁的村庄,乡村地区与城市建成

区的紧密关系导致乡村居民与城市居民的互动强烈,同时,越来越多的乡村居民迁往临近的城市建成区居住,乡村居民的生活方式也发生转变,在这种互动的过程中带来了城市化率的提高,但是却是一种低层次的半城市化现象。很多乡村社区面临拆迁,因此不会主动建设公共服务设施,而一些城市建成区内由于居住着大量拆迁安置居民,配套与城市居民相同的基本公共服务设施并不能满足这部分人群的日常生活需要,还会造成一定程度上的浪费。因此需要充分考虑基本公共服务的种类与层次是否能够适应发展的需求。

7.2.2 乡村地区

(1) 农村地区公共服务设施资金供给不足

城乡二元结构导致农村公共服务投入不足。新中国成立后,我国逐步建立了城乡二元分割的经济社会体制。长期以来,受"重工轻农"与"重城轻乡"的二元结构思想主导,各级政府在年度财政预算中往往对城市的基础设施、医疗卫生、教育、社会保障等公共服务供给方面投入重金,而对农村投入则相对不足。同时农村供给主体单一导致农村公共服务投入不足。农村公共服务设施供给的事权下放以及财权上收,导致县乡两级政府的财政缺口进一步扩大,通过上级政府的财政转移支付只能维持政府机构正常运转和义务教育经费的正常需要,对农村公共服务的投入资金来源较少,无法为农村居民提供充足的公共服务。

供给决策机制不完善导致农村公共服务供给数量不足和质量较差。在改革开放后的很长时间里,主要采取向农民集资的方式来筹集农村公共服务供给的资金。这些资金的使用主要由政府官员决定,由于农民对公共服务的需求得不到有效表达,得不到公共服务决策者的重视,对资金的使用也缺乏有效的监督,因而农村公共服务供给不足,同时供给效率低下。供给效率低下主要表现在公共服务供给的支出大大高过实际生产成本。近年来,中央政府向农村转移支付规模大幅增加,但是供给效率低下的问题并没有得到实质改变,中央政府向农村转移支付的资金,有些并没有用到农村最稀缺、农民最需要的地方。

(2) 农村地区公共服务设施供给的非均衡化现象严重

第一,公共服务供给的城乡间非均衡化。在城市,实行的是以政府为主导的公共服务供给制度,公共服务无论从质量上还是数量上都绝对优于农村;在农村,实行的是以乡民为主的"自给自足"型公共服务供给制度,农民生产、生活所需的公共产品很大程度上是由农民自己负担。第二,公共服务供给的区域间非均衡化。由于地缘差异因素,我国农村各地区的经济和社会发展不平衡。市场经济发达、乡镇企业多和财源丰裕的东南部沿海地区,政府的财政收入充足,政府能够提供较多的公共服务;而资源条件相对落后、交通不便、乡镇企业少的中西部地区,政府的财政投入不足,公共服务供给呈现短缺的现象。第三,公共服务供给的群体间非均衡化。我国公共服务还存在着受益群体的不均衡现象,社会弱势群体在医疗保障、社会福利及公共教育等方面受到了严重的不公正待遇。尤其是残疾人群体存在明显的城乡倒挂现象,乡村地区残疾人数量多却得不到应有的公共服务设施,难以保障基本的日常生活需求。

(3) 不同乡村的类型与等级影响不同的公共服务设施体系

不同的乡村类型会带来侧重点不同的公共服务设施体系。第一,乡村的经济发展水平影响到农民的需求水平、消费能力以及乡村集体组织的供给能力;第二,按照城乡关系区位,可以将乡村分为边缘型、郊区型和一般乡村。不同的空间区位影响到公共服务设施配置的共享可能性、等级规模以及种类。另外,乡村不同的建设类型也对公共服务设施的布局有特定的要求。比如《江苏省村庄建设规划导则》中将现有村庄分为改建扩建型和新建型两大类型。其中改建扩建型村庄规划要在加强公共服务设施综合配套的同时,处理好新旧村以及乡镇、城乡统筹的关系;新建型村庄要通过合理的用地布局,打造有序的村庄空间布局结构。

(4) 农村地区生活方式的改变影响公共服务设施的种类

随着经济和社会的进一步发展,原有独立的、分散的、以家庭为单元的生产方式正在被打破,向以生产分工、规模化、网络化为特征的现代生产方式转变。专业分工越来越细,某些地区甚至形成了以某种特色产业为主的专业镇、专业村。例如常熟康博村的服装生产,一个村就拥有像波司登、雪中飞等著名的羽绒服生产品牌。乡村的生产方式也不再以单纯的农业生产为主,逐渐向兼有农业、工业、旅游业、服务业等多元为主的生产方式转变。

伴随着生产方式的变化,农村地区的生活水平进一步提高,苏南地区乡村生活方式正在由传统的"日出而作、日落而息"型的农村生活方式向现代型生活方式转变。家庭消费结构由传统的以食品支出为主向耐用型消费品和提升生活品质支出转变,例如昆山市2007年农村居民食品支出占生活消费支出的比重仅为33.9%。私家车在乡村地区的逐渐增多、机动化水平的提高对停车和道路等提出新的要求,家用电器的普及和家庭数字化对现代水电等市政设施提出新的需求,家庭小型化、核心化带来的家务活动社会化对现代生活服务的需求等。同时,乡村居住模式正进一步分化,由传统的分散型村庄居民点向城市、镇集中居住区、新型农村社区转变。乡村居住模式向城市生活模式的靠拢使得原有单一的乡村规划向集约型、综合型城乡统筹一体的规划模式转变。

7.3 综合评价模型的可行性与延伸性探讨

正如本书理论研究部分所提出的观点,针对基本公共服务设施的研究是归属于社会这一特殊的复杂巨系统体系之下的,该复杂系统的研究本身就具有典型的本体论意义,因为针对复杂对象的方法论体系是无法脱离复杂对象本身以及各主体而存在的。方法论体系当中任何一个要素的改变都会影响最终的研究结果,这区别于传统科学,在传统科学中,最终理论研究可以脱离研究对象本身而进行重复性的实验且能够得到相类似或相同的研究实验结果。

尤其是作为基本公共服务设施这样一个涉及规划师、政府以及居民多个主体的复杂对象,其方法体系针对不同的复杂对象,在不同的范围和条件下都是不可完全复制的,本书实证案例中针对南京市的评价模型检验以及结果仅仅是针对这样一个特殊的研究范围,其最终提出的几种区位模型并不具有广泛的适用性而只能作为研究其他城市的对比性参照。因此,本书进一步探讨了第5章所提出的综合评价模型进一步推广的可行性、适用范围以及适用条件等内容。

7.3.1 评价模型的适用范围

本书所提出的评价模型相关的定量与定性分析虽源于居住小区,但可以适用于城市范围内的任何空间。在本书的实证案例研究中,选择行政区作为最终落脚点,目的在于结合行政区内部的相关配套政策机制,能够较为容易地分析得出基本公共服务设施发展所出现的各种内在原因。在此基础上可以更进一步选择街道甚至社区作为落脚点,从而得到更加准确的分析结果。如在南京市的基本公共服务设施评价研究中,玄武区可以将其内部的七个街道再进行细化,这样能够更好地针对实际情况进行公共服务设施配套的完善与调整。

7.3.2　评价模型的适用条件

评价模型的适用条件包括三个方面。首先为时间条件,每一个城市根据其城市化发展水平的不同以及整体社会经济发展的要求,对基本公共服务设施配套的具体目标大相径庭。本书的模型构建以新型城镇化阶段作为背景,以公平优先、兼顾效率作为原则构建评价模型并赋予相关权重系数。如社会经济发展相关原则改变则需要针对不同的发展阶段以及不同的发展空间进行调整从而得到适用于研究对象发展目标的评价结果。其次为空间条件,由实证案例可以发现,不同的城市发展空间受其发展阶段的影响,基本公共服务设施的发展目标也不尽相同,因此也需要因地制宜,根据研究对象所处的城市区域制定评价目标,同时了解居民可以接受的满意度水平而进行综合分析。最后为人的出行行为,每个城市受到交通环境以及居民生活水平的影响,人的出行结构大不相同,同时,不同的居民群体也具有不同的出行结构,因此需要对研究对象进行详细的问卷调研,从适用主体角度对定量评价模型进行优化。

7.3.3　评价模型的可靠性与可行性分析

通过定量分析,本书得出的分析结果与通过定性手段以及面上分析所得到的南京市基本公共服务设施的发展特征具有较强的一致性,再一次证明了评价模型结果的可靠性。同时本书所得出的南京市基本公共服务设施区位评价的几种模式也是第5章所提出的基于不同发展空间和发展阶段四大类型的进一步细化与阐释,再次说明通过空间公平与空间效率的相对和绝对关系来分析城市基本公共服务设施空间发展水平的可行性。另外,模型所涉及的相关数据包括各类居住用地空间布局、居民满意度水平以及需求状况,设施布点情况都可以通过相关规划资料、部门调研资料以及问卷访谈得到,使评价模型具有很强的可操作性。

7.4　新时期公共服务设施规划框架与内容建议

在理论研究与实证案例的基础上,本书进一步提出了新时期公共服务设施规划的框架与内容建议。

基本公共服务设施作为公共服务设施规划的重要组成部分,其配套和所在的城市空间区位、服务人群的属性、设施本身的属性、城市的总体发展阶段都有紧密的关系。原有规划中仅从设施的空间、服务半径等来进行公共服务设施的规划远远不能达到居民使用的需求,忽视了社会阶层以及城市空间差异性的存在。在新型城市化的背景下,公共服务设施的配套应当因地制宜,尽量减少由于社会阶层的差异以及社会发展阶段所带来的影响,有效协调公平与效率的关系,提高可行性与科学性。框架分为两个阶段和五大层次(图7-5)。

7.4.1　总体规划阶段

总体规划的规划框架分为宏观判断、体系建立以及设施布局三个层次,分别对应着不同的分析方法和规划内容。

1) 宏观判断

按照第4章的分析,在新型城市化阶段,不同层次的基本公共服务水平对应了不同

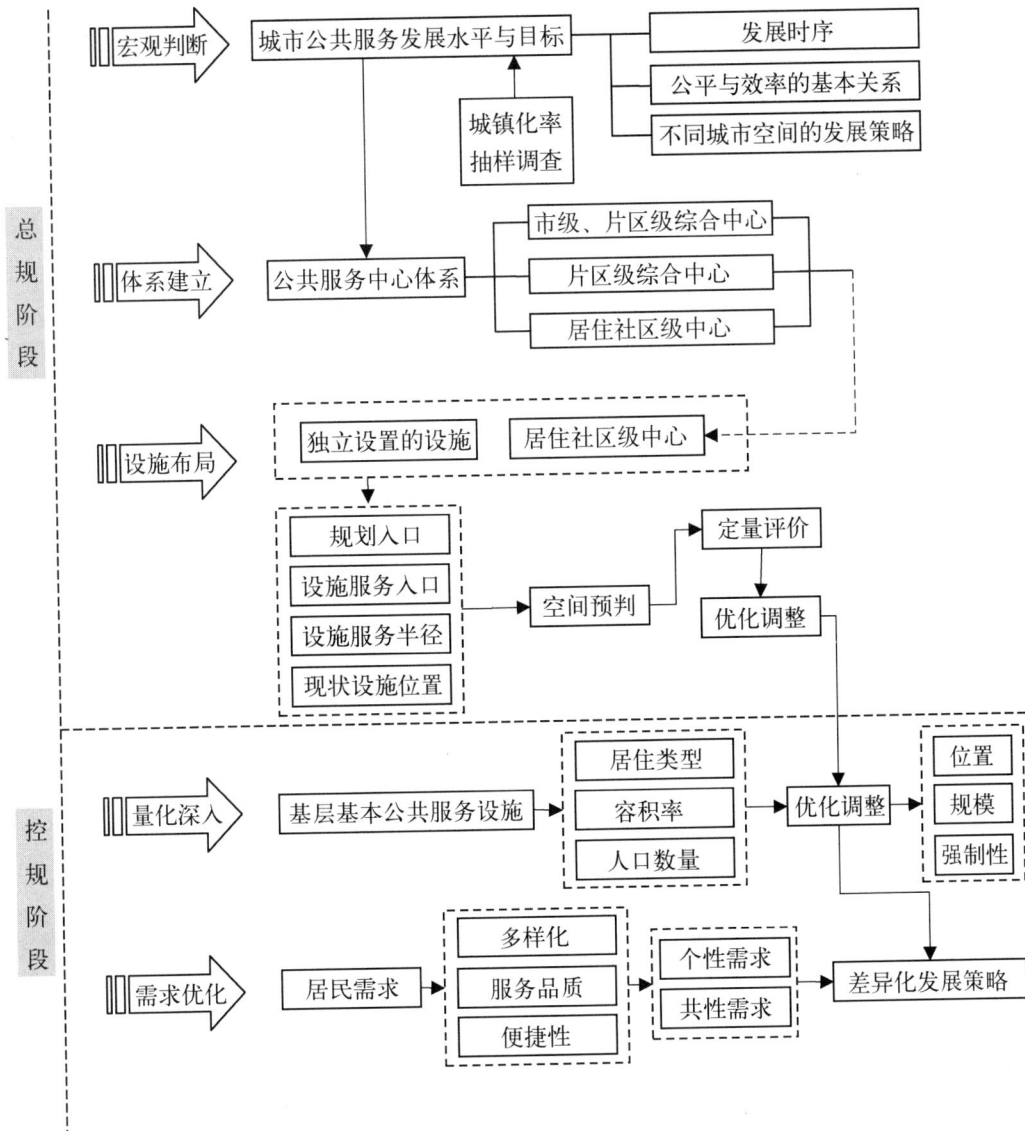

图 7-5　新时期公共服务设施规划框架

程度的城市化水平。基本公共服务的供给完善度是体现城市化质量的重要表现。因此,在总体规划的第一步即是依照对城市化水平的预测提出相对应的公共服务发展水平和发展目标;明确提出在相应的发展时间段公平与效率的协调关系从而有效地指导整个城市公共服务的供给标准;同时按照城市基本公共服务供给圈层递减的规律,提出不同城市空间的发展策略以及过渡阶段的应对措施。在这一过程中,通过对全市居民的抽样调查,得到每类公共服务设施目前所面临的突出矛盾以及在城市的不同空间公共服务设施发展的核心问题。

2) 体系建立

在确定整个城市的公共服务发展水平与发展目标的基础上建立公共服务中心体系。除了一些对空间位置有特殊要求的设施如教育、医疗设施等之外,不同级别的公共服务中心一般由相应等级的公共服务设施集聚形成,为了增强公共服务中心的完整性,参照

表 7-1 公共服务中心体系分类

等级	类型
第一级	市级、片区级综合型公共服务中心
第二级	片区级专业型中心（生产性服务中心、科技研发中心等）
第三级	居住社区级以及基层社区级公共服务中心

《南京城市新建地区配套公共设施规划指引》中的四级分类,本书将同一类功能性设施聚集所形成的专业型中心也考虑在内。按照不同级别公共服务中心集约化与均等化发展的要求,共分为三级五小类(表 7-1)。

（1）市级、片区级综合型公共服务中心

该类公共服务设施的空间布局受上位规划的影响较大,一般按照"三心集聚"(即可达性中心、人口分布中心和经济发展中心)的原则进行规划合理性的评价;此类公共服务中心与商业金融、贸易咨询、旅馆业、市场等行业紧密相关,同时也包括一些大型公益性社会服务设施以满足城市居民较高层面的公共服务需求,不论是政府投资还是市场经营都希望实现使用效率的最大化,集约化发展保证其服务质量和水平。

（2）片区级专业型中心

该类中心受地区原有发展基础的影响较大,考虑其与市级、片区级中心的关系,对现状用地可更新调整的可能性等,对可选择的中心进行合理性评价,结合轨道交通以及公交枢纽站点进行协调,同时用可达性方法进行验证。基本保证在每个功能区内部的集约化发展以及在全区范围内结合片区综合型中心后的相对均等化布局。

（3）居住社区级以及基层社区级公共服务中心

为居民提供较为综合、全面的基本日常生活服务项目包括社区管理、文化娱乐、体育、行政管理、社区服务、医疗卫生、基层商业服务等设施,以居住小区为载体,服务范围小,地域性强,与居民的日常生活紧密相关且使用频率高,以"均等化"布局为主要原则,以服务半径与服务人口确定居住社区级公共服务中心,再根据两级中心的配比要求调整基层社区的数量与位置,强调居民在使用公共服务过程中的公平性(图 7-6)。

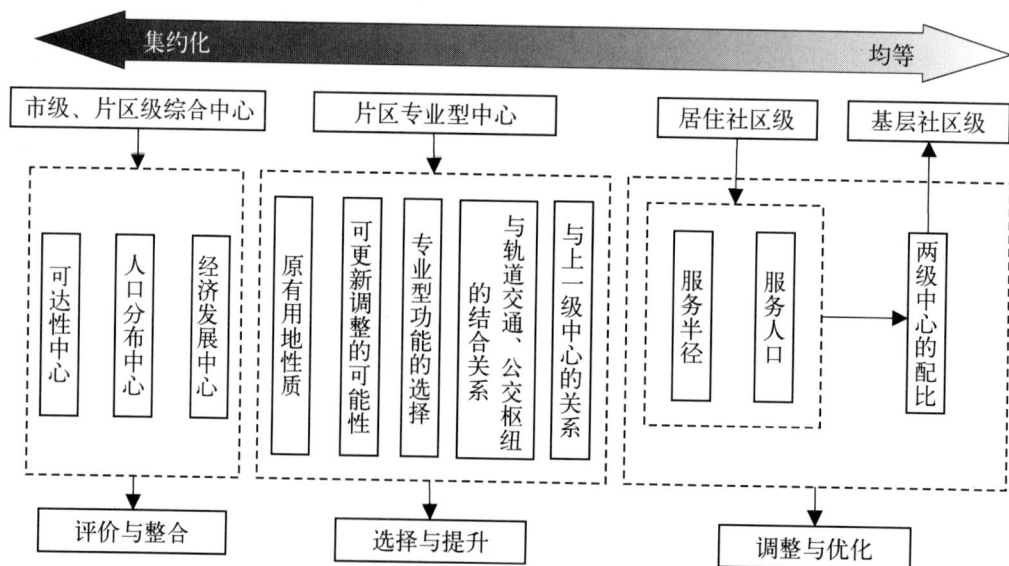

图 7-6 不同级别公共服务设施中心空间布局影响要素及原则

3）设施布局

在确定好公共服务中心体系之后，大型设施结合相对应的公共服务中心体系进行布局，同时需要进一步考虑每类设施空间布局的个性化要求，进行优化与调整。在此基础上，结合本书第5章所提出的基本公共服务设施综合评价模型，对片区级以及社区级现状设施进行评价，总结出各类设施空间布局的问题与发展矛盾。从城市空间结构出发，针对不同的城市空间类型，提出空间公平与空间效率的合理化目标以及初步的基于现状设施的布局方案。把握在不同等级、不同类型基本公共服务设施布局中调整与补充、提升与优化、新建与重建三大策略的合理实施。

7.4.2 控制性详细规划阶段

在控制性详细规划阶段基本公共服务设施规划的内容主要包括量化深入和需求优化，分别从实际规划地块的具体情况深入总体规划阶段的内容与准确性，从而能够提高建设的可操作性。

1）量化深入

对于基本公共服务设施的空间布局，按照控制性详细规划所确定的容积率进一步确定规划片区的人口数量，同时考虑不同居住类型居住人口的出行结构，对总体规划阶段所确定的初步的基本公共服务设施的位置、规模进行进一步的优化调整，并对强制性的内容提出要求。

如以南京市桥北高新片区居住社区级和基层社区级公共服务中心的调整为例（图7-7），基于ArcGIS平台，利用泰森多边形对现有控制性详细规划拼合中的社区中心进行分析，共有24个社区中心，其中8个社区中心服务人口小于1.5万人，按照每个社区服务中心服务2万—5万人的标准对其进行调整，与周边的社区中心进行适当合并，调整后为19个，平均服务人口为3万人。

● 社区中心　■ 规划居住用地

(a) 调整前 　　　　　　　　　　　　　　　　(b) 调整后

图7-7　社区服务中心调整前后泰森多边形分析结果

在居住社区中心下设二级服务站，即基层社区中心。按照0.5万—1.0万人配建基层社区中心，一个居住社区中心平均下辖3个基层服务站。现有规划中部分街道基层社

区中心空间布局较为均衡,服务人口保持在0.5万—1.0万人,而另外一些街道中心服务
人口过多,需要增加基层社区中心的数量。调整后整个桥北高新片区基本能够满足基层
社区中心均等化的布局,由原来的49个增加到62个。同时按照规划人口分布的状况给
出增加中心的建议位置(图7-8)。

● 社区中心　　● 基层社区中心　　■ 规划居住用地

(a) 调整前　　　　　　　　　　　　　　　　　　　　　　　　(b) 调整后

图7-8　基层社区服务中心调整前后空间布局示意

2)需求优化

为能进一步提高设施使用的居民满意度,切实保障居民使用设施的权利,在控制性
详细规划阶段对于规划片区内部的居民需求进行深入的调查,基于居民需求角度对公共
服务设施使用状况的调研一方面可以反映原有规划的落实程度,另一方面也有利于根据
实际发展情况对其空间布局进行优化与调整,提升其服务质量与水平,从而更加切合实
际发展需求。同样以南京市桥北高新片区为例,可结合问卷调研中出现的问题制定以下
差异性的发展策略:

(1)多样性——制定基本公共服务设施配置的时间准入门槛

以入住率高低作为标准划分小区的类型,用以指导设施的配套时间,不仅能够避免
基本服务设施缺失所带来的生活不便,同时也能够避免设施使用效率低下所带来的
浪费。

第一,在小区建设初期保障最基本的服务设施,比如幼儿园、小学、菜市场、卫生服务
站等,特别提出将公共活动广场也纳入其中,因为通过调研发现小区内的广场作为承载
居民公共活动的重要空间载体,在小区建设初期能够有效弥补文体设施的缺失所带来的
缺陷,有利于居民进行自组织的户外活动,提升小区活力(表7-2)。

在小区发展期即入住率达到50%—70%时,按照《南京新建地区公共设施配套标准
规划指引》必须配置其中刚性要求的居住社区以及基层社区的所有公共服务设施才能满
足由于居民增长所带来的新需求,同时也能够保证设施的使用效率;当区域内小区入住
率普遍大于70%之后,结合地区级公共服务设施的建设逐步走向区域公共服务设施的多
样化发展。

表 7－2 以小区入住率为参照的基本公共服务设施建设建议表

小区类型	入住率(%)	教育设施		医疗设施		社会福利与保障设施		文化体育设施				行政管理与社区服务设施		商业金融设施	
		幼儿园、托儿所、小学	中学	卫生服务站、中心	综合医院、妇幼保健医院及其他专科医院	托老所	养老院	公共文化体育活动广场	文化体育活动站	文化体育活动中心	大型文体设施	社区服务中心、派出所	菜市场、便利店、银行储蓄	大型购物中心、超市等	其他商业设施
小区建成初期	30—50	✓		✓				✓				✓	✓		
小区发展期	50—70	✓	✓	✓		✓		✓	✓	✓		✓	✓		✓
成熟小区	>70	✓	✓	✓	✓	✓	✓	✓	✓	✓	✓	✓	✓		✓

第二,将几类地区级公共服务设施也纳入配套时间建议表中,比如综合型医院、大型文体设施,由于这几类设施与居民的日常生活紧密相关,区域配套的完善程度将严重影响到周边小区居民的日常生活,可通过片区内部成熟小区所占比例的情况进行配置。目前桥北高新片区已经有大量成熟小区,对此类设施的需求意愿强烈,需要尽快建设。

第三,表 7-2 中灰色部分的公共服务设施宜集中设置,小区入住率的提升有利于增强小区的归属感和活力。在小区发展期所建设的部分小型便利店、餐馆以及其他一些商业设施可在小区周边适当分散布局,既可以服务于本小区居民同时也可以服务于小区外部人员,以提高其经济效益。其他设施按照不同设施的专业属性参照相关标准进行独立设置,如教育设施可参照《南京市普通中小学办学条件标准》。

(2)便捷性——倡导公共交通引导下的低碳交通模式

目前桥北高新片区大量缺失的基层设施需要综合考虑服务人口和服务半径进行补充性建设,以达到全覆盖的目标。而针对供需矛盾突出的大型医疗、文化体育设施则需要结合可达性中心、人口分布中心并考虑其与轨道交通等公共交通枢纽的结合关系进行建设,如大型文化娱乐中心可充分考虑规划地铁 3 号线、轻轨 11 号线对区域发展的影响。

在交通方面,重点发展公共交通主导的交通模式,形成以轨道交通为骨架,常规交通为主体的公共交通系统。首先,为应对巨大的过江交通量,建议将南京长江大桥设置为公共交通(包含单位班车)专用的过江通道,并且提升公共交通跨江运载能力,进一步优化交通出行结构,缓解过江交通压力。其次,将私家车分流到其他收费过江通道,通过收费调控,促使更多的人群选择公交、单位班车这种更高效低碳的出行方式。同时,增加区域内部公共交通线路以及跨区域线路,改善公共交通线路少、站点不足,乘坐舒适度低的情况。通过改善公共交通环境,提高设施使用的便捷性,给予居民使用公共服务设施时更多地自由选择的机会。

(3)服务品质——打造以满足个性需求为最终目标的品质提升策略

第一,针对该片区社区类型的多样化鼓励建设创新型公共服务模式。由于该片区园街统筹发展的背景,各街道合并之后社区类型多样,如果仅用相同的标准建设公共服务设施很难满足居民多样化的需求，因此可以结合不同社区的特点进行建设。可以在一些大型居住社区形成"社区服务中心＋大型购物中心"的建设模式；在轨道交通枢纽地区可以尝试通过转型发展调整一定规模的工业用地建立大型公共服务设施；在边界地区可以借助先期公共交通的完善，促进该区域与周边公共服务较完善地区的公共服务设施的共享，作为一种过渡发展模式。

第二，针对典型社区加强特定类型公共服务设施的配套。针对一些原有的老社区，建议可结合社区周边的公园或者环境较好的地段加强老年公共服务设施的配套。同时也可以结合一些人性化的养老服务进一步满足由于老龄化加剧所带来的问题。除了平时的活动要求之外，也充分考虑老年人就医的需求，可以建立社区卫生站、养老院、医院一体化的老年就医模式方便老年人就医。针对环境污染严重且短期内无法进行有效治理的社区尽快安排搬迁，保障居民的身体健康。在大型工业企业集中区，打造适合于青年务工人员，集居住、工作、休闲于一体的功能完善的高科技产业社区，建设内容丰富的文化娱乐设施，增加室外活动场所。

第三，按弹性需求的公共服务设施配套时序策略。该片区公共服务设施发展的街道差异较大，需按照不同的发展阶段进行配置。在发展水平较好的街道应全面提升公共服务水平，并增加高等级公共服务设施的配套；在区域边缘区基本公共服务薄弱地区，近期建设的重点应整合、完善原有的基本公共服务资源，健全服务体系，集中突破，消除盲区；最终实现公共服务在地域空间、社会群体、服务领域方面的协调发展。

7.4.3　小结

公共服务设施种类的多样化与等级的多层次性带来了公共服务规划的复杂性。针对公共服务设施空间布局的研究若从设施本身入手，往往会陷入到每类设施错综复杂的影响要素之中，而事实上很多设施的空间布局影响因子具有相似性，可以统筹考虑。因此本书所提出的新时期公共服务设施规划框架首先从公共服务中心体系的空间布局入手，通过梳理各层级公共服务中心的影响要素，构建以"自上而下"为主的公共服务中心体系优化方法，在此基础上将本书中针对基本公共服务设施区位评价的体系纳入到下一层级的规划布局当中，结合设施与居住用地的定量评价与居民实际使用情况的调研，形成以"自下而上"为主的优化方法，并在控制性详细规划中针对不同片区、不同的居民群体进行量化深入与定性优化，使得公共服务设施的规划更具"人性化，进一步体现居民的实际需求与城市差异化发展的目标。

7.5　基于综合评价模型基础上的政府工作考核框架

为了加强本书所提出的综合评价体系的可操作性，进一步探讨了空间思维下的政府工作考核框架。改革开放以来，中国政府通过政策制定、实施与考核释放出了巨大的制度性生产力，在城乡经济社会建设方面以极高的速度与极高的效率取得了辉煌的成绩，被国际社会誉为"中国模式"。但同时，从政府和居民两个角度出发的绩效评价和满意度评价由于与空间相脱离，政府所谓的均等化以及便捷化，或者说是否给予公众公平的机会和服务，财政投入是否达到了应有的效率和效果都难以测量。在公平优先、兼顾效率的时代，政府要落实基本公共服务的相关政策，必须要重视在绩效考核中引入空间思维，避免关起国门自说自话的自我吹嘘和脱离空间的"隔靴搔痒"式的人文关怀。因此，在上文定性与定量相结合的综合评价模型的基础上，本书选择以供给主体（政府）作为突破口,以空间公平和空间效率为考核内容,初步构建促进"政策落地与争先作为"的基本公共服务供给绩效考核框架,如表7-3所示。

表7-3 空间公平与效率考核框架

考核对象	空间公平		空间效率		考核评价
	空间覆盖成效	设施匹配程度	空间覆盖盲区	设施浪费程度	
地方政府 A	□	△	△	□	优秀
地方政府 B	◇	□	△	△	良好
地方政府 C	△	◇	◇	○	合格
地方政府 D	◇	○	○	○	不合格
...					

注:"□"表示该项评分为"优秀";"△"表示该项评分为"良好";"◇"表示该项评分为"及格";"○"表示该项评分为"不及格"。

在考核评价的过程中,现阶段权重分配应向空间公平倾斜,强调政府工作重心首先是满足基本公共服务供给的公平性与全覆盖;其次是优化空间布局,避免设施浪费,提高基本公共服务的空间效率。

另外,考核结果还有潜在的含义:一是绝对的考核结果,即是否满足国家规定的硬性基本要求,以此确定考核成绩;二是相对的考核评价,其辖区范围内的下级政府主体之间相互评比,有利于后发展地区跨越追赶,也有利于先进地区更上一层楼,不断增加和优化供给,提供更加优质高效的基本公共服务。

8 结语

8.1 主要结论

本书以基本公共服务设施作为研究对象，以公平与效率作为研究视角，引入"复杂科学"的理念，探讨了基本公共服务设施供给、使用、规划三方之间的动态演化关系及对设施区位的影响作用。本书以 ArcGIS 9.3 以及 SPSS 软件为分析平台，运用时间可达性、空间自相关等空间分析方法以及因子分析、交叉分析等数据处理方法，构建了一个基于共同价值观的多学科、多元主体统一的区位评价框架与模型。从复杂科学认识论、方法论的角度梳理了该框架的理论基础、构成主体的协调关系以及评价的基本原则与方法。在此基础上，以南京市为实证研究对象，通过对这一评价框架模型的应用，揭示了不同的城市空间公平与效率的协调关系及其形成原因，并进一步提出了新时期公共服务设施的规划框架与内容建议以及政府工作的考核框架。

本书的主要结论如下：

（1）基本公共服务设施及其区位的内涵

基于"基本公共服务"的概念，本书将"基本公共服务设施"的概念界定为在特定的社会发展条件下，为维持经济发展的稳定以及社会的公平与正义，满足全体公民最基本的生存和发展所必须提供的具有空间表现形态的公共服务设施。结合国内外相关理论研究和建设标准，本书将基本公共服务设施具体分为六大类、两个级别。六大类型分别为教育设施、医疗设施、体育设施、文化设施、社会福利与保障设施、行政管理与社区服务设施；两个级别分别为基层社区级设施和居住社区级设施。同时，依据基本公共服务设施的属性特征，从居住空间、就业空间以及服务空间三大空间目前的相关研究以及居民一天内的时空移动特征出发，本书提出"基本公共服务设施区位"的概念：一方面指基本公共服务设施本身的空间位置，另一方面包括依据基本公共服务设施的等级、规模所设定的一定地域内的可达性范围或未覆盖到的盲区以及这些区域与周边居住空间的相关关系。

（2）基本公共服务设施的区位评价理论框架

本书从复杂科学认识论中主客体的研究视角出发，通过对基本公共服务设施研究中主客体关系的解析，提出了以设施为共同客体，从供给主体、使用主体以及规划协调中介三个方面共同认识基本公共服务设施的研究模式，建立了基于供需平衡原则的主体协调均衡区位评价理论框架，其中供给即指供给主体在社会经济发展的某一时期内，与居民的需求相对应，其愿意且有能力提供的设施，供给受到供给主体价值观、供给模式以及制度构建的影响；需求指的是人们在日常生活中需要并愿意使用某个设施的欲望，居民的需求受到其社会属性、生活习惯、个人偏好等方面的影响；规划协调中介的作用即通过建立一个基于供给主体与使用主体相互认可的价值观，通过空间与时间实现供需均衡。

（3）基本公共服务设施的区位评价的空间模型

本书界定了基本公共服务设施公平与效率的内涵，其中基本公共服务设施公平一方面指个体公平,即居民具有平等享受基本公共服务设施的权利以及具有公平选择基本公共服务设施的机会,另一方面主要指立足于个体公平基础上的城市区域公平,是建立在城市内部空间差异化最小基础上的公平。基本公共服务设施效率一方面指居民的使用效率,是居民使用便捷度最大化下的效率,另一方面指政府的投入效率,是基本公共服务设施财政投入使用最充分、设施布局最优化下的效率,最直接的表现形式即用最小的公共服务财政投入服务到更多的居民。基于公平与效率基本内涵提出了空间公平与空间效率的概念并在此基础上运用时间可达性、空间自相关等空间分析方法构建了空间公平与空间效率的计算模型。

(4)基本公共服务设施的区位评价的体系框架

本书在区位评价理论框架的基础上,从"公平与效率"的共同价值观即"公平优先,兼顾效率,并尽量满足效率最大化的公平"出发,基于复杂科学方法论的视角,构建了"以人为本"理念下的还原与整合双路径区位评价综合框架。其中还原路径通过对不同主体影响要素的梳理,构成了基本公共服务设施区位评价体系的重要基础内容;而整合路径则通过规划协调中介的作用以空间区位的形式将供给主体与使用主体的要求表现出来,是基本公共服务设施区位评价中的核心组成部分,是对还原路径中各主体不同影响要素的深入反思与整体分析。

(5)基本公共服务设施的区位评价综合框架的应用

本书以南京市为研究对象进行基本公共服务设施区位评价综合框架的应用研究。分析得出南京市江南八城区和外围三区基本公共服务设施存在整体性非均衡以及明显的区域分异特征:城市主城核心区设施的空间公平与空间效率水平都较高且各区之间呈空间正相关关系;主城边缘区、城乡结合部以及乡村地区两者的关系更加复杂,包括空间公平大于空间效率,空间公平小于空间效率以及两者双低等情况。本书进一步提出了包括空间公平与空间效率的相关关系与绝对数值,居民满意度的可能性以及需求种类在内的七大发展模式:主城区成熟发展型、主城区非均衡滞后发展型、主城内边缘区非均衡发展型、主城区边缘区城乡融合带转型发展型、主城区边缘区类县域地区独立发展型、近郊融入都市区过渡发展型以及远郊保留乡镇发展型。

(6)新时期公共服务设施规划的框架与内容

本书结合理论和应用研究内容,从公共服务中心体系的空间布局入手,通过梳理不同层次规划类型公共服务设施的影响要素,优化了目前的公共服务设施规划框架,提出了"两个阶段、五大层次"的公共服务设施规划框架。其中总体规划阶段分为宏观判断、体系建立以及设施布局三个层次;控制性详细规划阶段分为量化深入和需求优化两个层次。

8.2 研究不足与有待解决的问题

本书在研究范围的划定、设施属性的交叉影响、城乡公共服务设施的差异等方面仍旧存在着一些不足和有待解决的问题。

(1)空间自相关的准确性应当在更小的行政单元进行分析

空间自行关分析除了能够得出相邻的两个空间单元之间的相关关系之外,还能够得出一个区域内的冷点与热点,而过大的行政单元难以达到这个目标,但考虑到数据处理的复杂性,本书目前是以较大的行政片区作为研究范围。后续的研究将进一步以街道甚至社区作为基础分析单元,进一步分析行政片区内部基本公共服务发展的差异性,才能够根据现状提出更有针对性的解决方案。

（2）居住与就业共同影响基本公共服务设施的布局

在本书的分析假设过程中，居民都是以居住地作为出发点去使用公共服务设施，但实际过程中，很多居民也有可能以就业地作为出发点去看病或者接小孩放学等。但是在分析过程中直接从用地上提取就业空间又难以确定该就业空间居民具体的居住空间，需要进行大量的问卷调研才能够获取准确的数据，同时还涉及居民的行为方式等细节要素，这是本书欠缺之处也是未来深化研究的主要方向。

（3）不同设施空间布局的规律特点

本书提出了具有普适性的针对基本公共服务设施的空间公平与空间效率的评价模型与方法，同时也尝试性地提出了根据各类设施的相关运营指标来补充与优化评价模型，由于数据的可获取性目前仅根据医疗设施和教育设施进行了分析，未来还需要针对其他各类基本公共服务设施（如文化设施、体育设施、社会保障设施等）进行定量分析，然后再通过对比不同设施之间的空间布局关系与特点以及相关影响要素，从而进一步优化评价模型并尝试提出布局模型。

（4）农村公共服务设施空间布局的研究

农村公共服务设施空间布局的特点与城市区别较大，以教育设施为例，农村地区考虑到难以实现布局的公共性而推荐部分学生采取寄宿与走读相结合的方式，这样其所接受的时间范围以及空间范围与城市相比都不相同，需要进行广泛的调研才能得到。本书对农村地区的研究主要以定性的方式为主，对乡村地区评价标准的设定也将是未来又一重要的研究方向。

8.3 研究展望

基本公共服务设施的区位研究在新型城市化的背景下必将成为城市规划关注的重要内容之一，也是评价城市化质量的重要角度。本书尝试性地提出了针对现状设施布局的整合优化评价模型与方法，指出了基本公共服务设施不仅存在设施内部的属性差异，也存在城市不同空间的发展差异。根据笔者在本书中涉及的内容以及主要的研究不足，未来的研究主要有以下几个可以继续深化的方向：基本公共服务设施在城市不同空间的配置标准；乡村基本公共服务设施的空间布局标准与方法；居民行为差异在基本公共服务设施配套中的影响等。目前以居民需求为标准进行规划的模式在笔者参与的相关规划中已经得到了应用，并且空间公平与空间效率的评价方法在相关控制性详细规划中也有了尝试性的运用并取得了良好的效果。

附录

基本公共服务设施调研问卷

问卷编号：_____　　调研地点：_____

城乡公共服务设施使用及需求状况调查

尊敬的先生/女士：

　　您好！为了了解南京市主城区（主城边缘区）公共服务设施的使用及需求状况，特请您参加本次的调查活动。感谢您抽出时间填写该问卷。本调查问卷采用匿名填写，问卷统计结果仅用于科研及设计参考用途。谢谢您的合作！

东南大学

　　1. 您的年龄为_____

　　A. <20 岁　B. 20—30 岁　C. 30—40 岁　D. 40—50 岁　E. >50 岁

　　2. 文化程度为_____

　　A. 初中及以下　B. 高中及中专技校　C. 大专及本科　D. 本科以上

　　3. 月收入水平为_____

　　A. <1 000 元　B. 1 000—2 000 元　C. 2 000—3 000 元　D. 3 000—5 000 元　E. 5 000 元—1 万元　F. >1 万元

　　4. 您家的住房类型是下面哪一项_____，住房面积：_____ m²

　　A. 拆迁安置房　B. 商品房　C. 单位福利房　D. 企业或学校集中宿舍　E. 自建　F. 租房

　　5. 入住时间：_____年，您选择在此居住的主要原因是_____

　　A. 靠近工作地点　B. 交通方便　C. 房价合适　D. 子女教育　E. 周边设施配套齐全　F. 环境　G. 其他

　　6. 您所居住的小区内或者附近是否配备有：幼儿园_____（是/否）；小学_____（是/否）（重要！！）

　　7. 子女上学的交通方式为_____，学校是否配备有校车_____（"√"有；"×"无）

　　A. 步行　B. 自行车　C. 电动自行车　D. 摩托　E. 公交车　F. 私家车　G. 学校班车

　　8. 子女上学途中所花费的时间为：幼儿园_____；小学_____；高中_____（按情况选择填写，重要！！）

　　A. 10 分钟以内　B. 10—20 分钟　C. 20—30 分钟　D. 30 分钟—1 小时　E. 1—2 小时

　　9. 您选择教育设施考虑的主要因素是_____

　　A. 离家近　B. 教育水平高　C. 就学费用低　D. 原户籍所在地　E. 其他原因_____

　　10. 您对本服务区内教育设施的满意程度为_____

　　A. 非常满意　B. 比较满意　C. 不太满意　D. 很不满意

　　11. 您所居住的小区内或者附近是否配备有医疗卫生服务站（中心）_____（是/否）

　　12. 您选择医疗设施考虑的主要因素是_____

　　A. 离家或工作地点较近　B. 医疗技术让人信赖　C. 医疗费用低　D. 享受医保　E. 其他原因_____

　　13. 您在就医途中所花费的时间：医疗卫生服务站（中心）_____；医院_____（请逐个填写，

重要!!)

  A. 10分钟以内　B. 10—20分钟　C. 20—30分钟　D. 30分钟—1小时　E. 1—2小时

  14. 您最常去的市内综合医院一般为＿＿＿＿＿＿＿＿（请填写名称）

  15. 您去该医院就医通常选择的交通方式为＿＿＿＿

  A. 步行　B. 自行车　C. 电动自行车　D. 摩托　E. 公交车　F. 私家车　G. 出租车

  16. 您对本服务区内医疗设施的满意程度＿＿＿＿

  A. 非常满意　B. 比较满意　C. 不太满意　D. 很不满意

  17. 目前您居住的小区有哪些文化体育设施(多选!)＿＿＿＿（请在下列选项中直接勾选!),您是否经常使用＿＿＿＿（是/否）

  A. 社区图书(阅览)室　B. 室内娱乐场馆(如棋牌、乒乓球)　C. 室外健身运动设施　D. 社区居民学校　E. 青少年文化娱乐设施　F. 老年活动设施　G. 其他＿＿＿＿

  18. 您认为平常最需要的设施是＿＿＿＿＿＿＿（请填写名称,可参考17题选项）

  19. 您对本服务区内文化体育服务设施的满意程度＿＿＿＿

  A. 非常满意　B. 比较满意　C. 不太满意　D. 很不满意

  20. 您认为本区域内公交系统的配备是否能够满足您日常使用上述公共服务设施的需要＿＿＿＿（是/否）

参考文献

·中文文献·

阿马蒂亚·森.2002.以自由看待发展[M].任赜,于真,译.北京:中国人民大学出版社.

安体富,任强.2008.中国公共服务均等化水平指标体系的构建——基于地区差别视角的量化分析[J].财贸经济,(6):79-82.

蔡荣鑫.2009."包容性增长"理念的形成及其政策内涵[J].经济学家,(1):102-104.

曹小曙,阎小培.2003.经济发达地区交通网络演化对通达性空间格局的影响——以广东省东莞市为例[J].地理研究,22(3):305-312.

柴彦威,刘志林,沈洁.2008.中国城市单位制度的变化及其影响[J].干旱区地理,31(2):155-163.

柴彦威,张艳.2009.关于"中国城市单位转型研究"[J].国际城市规划,24(5):1.

柴彦威.2010.城市空间与消费者行为[M].南京:东南大学出版社.

陈昌盛,蔡跃洲.2007.中国政府公共服务:体制变迁与地区综合评估[M].北京:中国社会科学出版社.

陈光.2005.公共服务评价:理论与实践——首届中国公共服务评价国际研讨会综述[J].学术动态,(4):21-23.

陈洁燕.2008.社区公共服务设施规划布局思考——以无锡市中心城为例[J].科技创新导报,(34):88-89.

陈文福.2004.西方现代区位理论述评[J].云南社会科学,(2):62-66.

陈新汉.1991.马克思主义认识论与真善美统一[J].求索,(5):64-68.

陈秀雯.2007.城市居住社区公共服务设施评价指标体系探讨[D].[硕士学位论文].重庆:重庆大学.

陈莹.2008.基于GIS的基础教育资源空间布局研究[D].[硕士学位论文].北京:首都师范大学.

成思危.1999.复杂科学与系统工程[J].管理科学学报,2(2):1-7.

迟福林.2009.城市基本公共服务均等化与城乡一体化[M]//迟福林,殷仲义.中国农村改革新起点——基本公共服务均等化与城乡一体化.北京:中国经济出版社.

丁元竹.2008.促进我国基本公共服务均等化的对策[J].宏观经济管理,(3):24-26.

董嘉明,庞亚军,王琳.2008.准确把握新型城市化的内涵与特征——浙江省新型城市化评价指标体系研究[J].浙江经济,(7):62-63.

房艳刚,刘继生.2008.基于复杂系统理论的城市肌理组织探索[J].城市规划,32(10):32-37.

弗里德里希·克拉默.2000.混沌与秩序[M].柯志阳,等,译.上海:上海科技教育出版社.

高军波,周春山,叶昌东.2010.广州城市公共服务设施分布的空间公平研究[J].规划师,26(4):12-18.

高尚全.2008.推进基本公共服务均等化 实现人的全面发展[J].财会研究,(5):19.

高伟,龙彬.2012.复杂适应系统理论对城市空间结构生长的启示——工业新城中工业社区适应性空间单元的研究与应用[J].城市规划,36(5):57-65.

葛丹东,陈弋.2009.开发区公共服务设施体系规划初探——以浙江省杭州湾经济开发区为例[J].浙江大学学报(理学版),36(3):341-345.

郭建军.2009.新时期农村基础设施和公共服务建设[M]//迟福林,殷仲义.中国农村改革新起点——基本公共服务均等化与城乡一体化.北京:中国经济出版社.

郭湛.2011.主体性哲学——人的存在及其意义[M].北京:中国人民大学出版社.

何芳,李晓丽.2010.保障性社区公共服务设施供需特征及满意度因子的实证研究——以上海市宝山区顾村镇"四高小区"为例[J].城市规划学刊,(4):83-90.

何怀宏.2001.公平的正义——解读罗尔斯《正义论》[M].济南:山东人民出版社:2.

何铁.2008.论新型城市化发展道路[J].湖南医科大学学报(社会科学版),10(2):92-94.

胡俊成,刘兴政,周勇.2006.基于复杂系统理论的城市集群研究[J].现代城市研究,(7):51-59.

胡畔,张建召.2012.基本公共服务设施研究进展与理论框架初构——基于主体视角与复杂科学范式的递进审视[J].城市规划,36(12):84-90.

黄升旗.2010.我国新型城市化问题探讨[J].中国集体经济,(2):45-47.

黄欣荣,2011.复杂性科学的方法论研究[M].2版.重庆:重庆大学出版社.

吉云松.2006.地理信息系统技术在中小学布局调整中的作用[J].地理空间信息,4(6):62-64.

姜永生,等.2008.中国新型城市化道路的基本思路[J].改革与战略,24(4):32-34.

金相郁.2004.20世纪区位理论的五个发展阶段及其评述[J].经济地理,24(3):294-298.

孔云峰,李小建,张雪峰.2008.农村中小学布局调整之空间可达性分析——以河南省巩义市初级中学为例[J].遥感学报,12(5):800-809.

李连芬,刘德伟.2010.西部地区教育公共服务均等化:指标体系及其测度[J].重庆社会科学,(3):20-23.

李如贵,张静,陶勇,等.2008.高密度外来人口地区公共服务设施规划的探讨——以温州市蒲状片分区规划为例[J].浙江建设,25(12):1-3.

林康,陆玉麒,刘俊,等.2009.基于可达性角度的公共产品空间公平性的定量评价方法——以江苏省仪征市为例[J].地理研究,28(1):215-225.

刘宝,胡善联,徐海霞,等.2009.基本公共卫生服务均等化指标体系研究[J].中国卫生政策研究,2(6):13-17.

刘成奎,王朝才.2011.城乡基本公共服务均等化指标体系研究[J].财政研究,(8):25-29.

刘国军.2008.关于实现农村基本公共服务均等化的探析[J].现代乡镇,(4):19-21.

刘国军.2009.实现基本公共服务均等化与广东城乡一体化发展[J].现代乡镇,(Z1):53-57.

刘厚俊.2005.现代西方经济学原理[M].4版.南京:南京大学出版社.

刘继生,张文奎,张文忠.1994.区位论[M].南京:江苏教育出版社.

刘静,盛明科.2008.基于模糊多属性决策的政府公共服务公众满意度测评研究[J].当代经济管理,30(2):44-47.

刘娟,黄惠,郝冉.2007.北京市公共服务满意度指数调查研究[J].首都经济贸易大学学报,(5):77-85.

刘文静.2008.中国城乡基本公共服务均等化研究[D].[硕士学位论文].济南:山东大学.

卢文刚.2011.城市地铁突发公共事件应急管理研究——基于复杂系统理论的视角[J].城市发展研究,18(4):119-124.

芦鹏.2007.基本公共服务均等化趋势下县级公共财政的构建[D].[硕士学位论文].武汉:华中师范大学.

陆大道.1988.区位论及区域研究方法[M].北京:科学出版社:45-47.

罗震东,韦江绿,张京祥.2010.城乡基本公共服务设施均等化发展特征分析——基于常州市的调查[J].城市发展研究,17(12):36-42.

罗震东,韦江绿,张京祥.2011.城乡基本公共服务设施均等化发展的界定、特征与途径[J].现代城市研究,(7):7-13.

吕维霞.2010.论公众对政府公共服务质量的感知与评价[J].华东经济管理,24(2):128-132.

吕炜,王伟同.2008.我国基本公共服务提供均等化问题研究——基于公共需求与政府能力视角的分析[J].经济研究参考,(34):2-13.

米子川,高岳.2004.公众满意度测量指标体系研究[J].山西财经大学学报,7(4):70-73.

苗长虹,崔利华.2003.产业集聚——地理学与经济学主流观点的对比[J].人文地理,18(3):42-46.

牛文元.2009.中国新型城市化报告2009[M].北京:科学出版社.

牛文元.2011.中国新型城市化报告2011[M].北京:科学出版社.

彭红碧,杨峰.2010.新型城镇化道路的科学内涵[J].理论探索,(4):75-78.

彭健.2009.促进城乡基本公共服务均等化的财政对策[J].财政研究,(3):46-48.

彭尚平,谭雅丽,雷卫,等.2010.成都市城乡公共服务均等化的评价指标体系研究[J].四川教育学院学报,26(12):34-38.

祁毅,徐建刚.2006.基于空间可达性栅格建模的公共设施布局规划分析方法[G]//高等院校地理信息系统(GIS)论坛组委会,教育部地理信息软件及其应用工程研究中心.创新与发展·2006高校GIS论坛论文集.北京:高校GIS论坛.

钱学森,等.1988.论系统工程[M].长沙:湖南科学技术出版社.

秦红岭.2010.城市规划——一种伦理学批判[M].北京:中国建筑工业出版社.

秦小平,李明.2010.体育基本公共服务均等化的内涵分析及评价指标构建[J].河北体育学院学报,24(5):15-18.

琼·希利尔.2010.战略性引导的方法在复杂规划理论与实践中的运用[J].林剑云,译.国际城市规划,25(5):44-59.

仇保兴.2009.应对机遇与挑战——中国城镇化战略研究主要问题与对策[M].2版.北京:中国建筑工业出版社.

仇保兴.2009.复杂科学与城市规划变革[J].城市发展研究,33(4):11-26.

仇保兴.2010.复杂科学与城市的生态化、人性化改造[J].城市规划学刊,(1):5-13.

石楠.2009.复杂[J].城市规划,33(8):卷首语.

司马贺.2004.人工科学[M].武夷山,译.上海:上海科技教育出版社.

宋刚,唐蔷.2007.现代城市及其管理——一个开放的复杂巨系统[J].城市发展研究,14(2):66-70.

宋香丽.2011.美国社区服务模式经验与启示[J].重庆教育学院学报,24(4):82-85.

宋妍,朱宪辰,晏鹰.2008.偏好差异与城市社区共享资源的自发治理——以南京富丽山庄社区的居民自治为例[J].城市,27(12):55-57.

宋正娜,陈雯,袁丰,等.2010.公共设施区位理论及其相关研究述评[J].地理科学进展,29(12):499-508.

宋志英,李淑敏,胡智英.2008.天津市居住区公共服务设施指标体系研究[J].城市,(1):55-57.

孙代勇.2008.新加坡加强社区组织建设与管理的启示[J].新重庆,(3):44-47.

孙晖,梁江.2002.是计划决定,还是市场决定——谈公共设施用地的分类原则[J].城市规划,26(7):14-18.

孙庆国.2009.论基本公共服务均等化的衡量指标[J].中国浦东干部学院学报,3(1):57-62.

塔娜,柴彦威.2010.时间地理学及其对人本导向社区规划的启示[J].国际城市规划,25(6):36-39.

唐钧.2007."公共服务均等化"保障6种基本权利[J].时事报告,(2):42-43.

陶海燕,徐勇.2007.广州市海珠区公共医疗卫生服务的公平性研究[J].疾病监测,22(6):408-411.

田忠林.2008.推进基本公共服务均等化的探索与思考[M]//中国(海南)改革发展研究院.民生之路——惠及13亿人的基本公共服务.北京:中国经济出版社.

万终盛.2008.重庆都市区公共服务设施指标体系研究[D]:[硕士学位论文].重庆:重庆大学.

王德,顾晶.2010.上海市流动人口的公共设施使用特征——以虹锦社区为例[J].城市规划学刊,(4):76-82.

王海文.2010.服务业地理空间研究进展与文献评述[J].地理科学进展,2(29):199-206.

王立,王兴中.2010.基于新人本主义理念的城市社区生活空间公正结构探讨[J].人文地理,25(6):

30 - 34.

王谦.2009.城乡公共服务均等化问题研究[M].济南:山东人民出版社.

王亭娜.2007.基于可达性的公共产品空间布局研究——以仪征市医院和高级中学为例[D]:[硕士学位论文].南京:南京师范大学.

王伟同.2009.城市化进程与城乡基本公共服务均等化[M]//迟福林,殷仲义.中国农村改革新起点——基本公共服务均等化与城乡一体化.北京:中国经济出版社.

王兴中.2000.中国城市社会空间结构研究[M].北京:科学出版社.

王兴中.2004.中国城市生活空间结构研究[M].北京:科学出版社.

王兴中.2011.城市生活空间质量观下的城市规划理念[J].现代城市研究,(8):40 - 48.

王永昌.2007.坚持走新型城市化道路合力提升城市综合竞争力[J].中国发展,(1):99.

王郁,范莉莉.2011.环保公共服务均等化评估与地区差距分析[J].上海交通大学学报(哲学社会科学版),19(3):41 - 49.

韦江绿.2011.正义视角下的城乡基本公共服务设施均等化[J].城市规划,35(1):92 - 96.

吴传钧.1990.论地理学的研究核心——人地关系地域系统[J].经济地理,11(3):1 - 5.

吴建,张亮,赵要军,等.2011.基本公共卫生服务均等化评估框架设计与构建[J].中国卫生经济,30(8):26 - 28.

吴建军.2008.基于GIS的农村医疗设施空间可达性分析——以河南省兰考县为例[D]:[硕士学位论文].郑州:河南大学.

吴健安,郭国庆.2004.市场营销学[M].北京:高等教育出版社.

吴孔凡.2008.我国农村基本公共服务均等化:现状、问题与对策[J].西部财会,(11):15 - 19.

吴晟.2002.关于修订北京市居住区公共服务设施配套建设指标的基本思路[J].居住区规划建设,(12):72 - 75.

吴彤.2004.算法复杂性科学历史书评[J].系统辩证学学报,(1):27.

夏锋,常英伟,等.2008.推进基本公共服务均等化重在制度建设[M]//中国(海南)改革发展研究院.民生之路——惠及13亿人的基本公共服务.北京:中国经济出版社.

夏锋.2007.基本公共服务均等化与城乡差距分析[J].经济前沿,(10):38 - 43

夏红宇.2011.城市市区公共服务设施配置体系指标研究——以韶关市为例[D]:[硕士学位论文].长沙:中南大学.

项继权.2008.基本公共服务均等化:政策目标与制度保障[J].华中师范大学学报(人文社会科学版),(1):2 - 9.

谢晖.2010.基于公共产品视角的开发区与城市整合机制研究——以长江三角洲地区为例[D]:[硕士学位论文].南京:东南大学.

徐德信.2011.公共经济学[M].合肥:中国科学技术大学出版社.

徐怡珊,周典,玉镇珲.2011.城市社区老年健康保障设施规划设计浅析——西安老年使用者实态调查[J].城市规划,(9):68 - 73.

宣莹,陈定荣.2006.城市和谐社区公共设施的规划策略——兼议《南京新建地区公共设施配套标准指引》[J].城市规划学刊,(2):17 - 21.

杨重光.2009.新型城市化是必由之路[J].中国城市经济,(11):38 - 43.

杨帆,王晓鸣,陈亮.2005.基于复杂适应系统的旧城改造利益共生参与机制[J].华中科技大学学报(城市科学版),22(3):40 - 43.

杨开忠,薛领.2002.复杂区域科学:21世纪的区域科学[J].地理科学进展,12(1):5 - 11.

杨魁森,李连科.1994.真善美统一的认识根源——关于真善美统一的思考之一[J].学习与探索,(1):15 - 22.

杨吾扬,江美球.1982.地理学与人地关系[J].地理学报,37(2):206 - 215.

杨吾扬,梁进社.1997.高等经济地理学[M].北京:北京大学出版社.

杨吾扬.1988.区位论与产业、城市和区域规划[J].经济地理,8(1):3-7.

于小千,段安安,曹学明,等.2008.公共服务绩效考核理论探索与实践经验[M].北京:北京理工大学出版社.

约翰·霍兰.2001.涌现——从混沌到有序[M].陈禹,等,译.上海:上海科技教育出版社.

约翰·罗尔斯.1997.正义论[M].何怀宏,等,译.北京:中国社会科学出版社.

约瑟夫·斯蒂格利茨,卡尔·沃尔什.2005.经济学(上册)[M].黄险峰,张帆,译.3版.北京:中国人民大学出版社.

张庭伟.2007.中美城市规划和建设比较研究[M].北京:中国建筑工业出版社.

张纯,柴彦威,陈零极.2009.从单位社区到城市社区的演替:北京同仁堂的案例[J].国际城市规划,24(5):33-36.

张大伟,陈伟东,李雪萍,等.2006.城市社区公共服务设施规划标准与实施单元研究——以武汉市为例[J].城市规划学刊,(3):99-105.

张帆.2011.基本公共服务均等化衡量指标分析[J].财政监督,(13):50-52.

张钢,牛志江,贺珊.2008.地方政府公共服务质量评价体系及其应用[J].浙江大学学报,38(6):31-40.

张浩.2010.新型城市化是上海城市发展转型的必由之路[J].科学发展,(8):103-106.

张娟,倪建伟.2009.以基本公共服务均等化为重点推进城乡一体化[M]//迟福林,殷仲义.中国农村改革新起点——基本公共服务均等化与城乡一体化.北京:中国经济出版社.

张乐.2011.广东省基本公共服务均等化绩效评价指标体系实证研究[D].[硕士学位论文].广州:华南理工大学.

张强.2009.基本公共服务均等化:制度保障与绩效评价[J].西北师大学报(社会科学版),46(2):70-74.

张曙光.2005.哈耶克自由主义理论[J].读书,(7):122-131.

张霄兵.2008.基于GIS的中小学布局选址规划研究[D].[硕士学位论文].上海:同济大学.

张雪峰.2008.基于GIS的巩义市农村中小学空间布局分析[D].[硕士学位论文].郑州:河南大学.

张中华,王兴中.2009.城市社区资源的可接近性与规划保障体系的构建——以西安为例[J].建筑学报,(5):18-22.

赵渺希.2009.人口年龄结构与社区服务设施规划配置指标研究——以上海市江湾、凉城社区控制性详细规划为例[J].南京人口管理干部学院学报,(1):25-28.

赵民,林华.2002.居住区公共服务设施配套指标体系研究[J].住区规划研究,(12):72-75.

赵燕菁.2012.从底层到前沿:城市化面临的若干重大问题[R].南京:区域规划与城市经济学术委员会.

赵怡虹,李峰.2009.基本公共服务地区间均等化:基于政府主导的多元政策协调[J].经济学家,(5):28-33.

郑谦.2012.公共物品"多中心"供给研究——基于公共性价值实现的分析视角[M].北京:北京大学出版社.

中国(海南)改革发展研究院.2008.加快推进基本公共服务均等化(12条建议)[J].经济研究参考,(3):19-25.

中国(海南)改革发展研究院.2008.2007/08中国人类发展报告——惠及13亿人的基本公共服务[M].北京:中国对外翻译出版公司.

中国城市经济政府公共服务满意度调研组.2008.全国十五城市公共服务满意度调查[J].中国城市经济,(8):34-36.

中国发展研究基金会.2010.中国发展报告2010——促进人的发展的中国新型城市化战略[M].北

京：人民出版社.

周干峙. 2002. 城市及其区域——一个典型的开放的复杂巨系统[J]. 城市规划,26(2):7-8.

邹兵,吴晓莉. 2002. 也谈市场经济条件下公共设施用地分类的原则——兼与孙晖、梁江两位老师商榷[J]. 城市规划,26(11):80-85.

邹军,朱杰. 2011. 经济转型和新型城市化背景下的城市规划应对[J]. 浙江经济,(2):9-10.

臧乃康. 2009. 基本公共服务均等化的政府绩效评估障碍与消解[J]. 江苏社会科学,(3):115-120.

·外文文献·

Abdolsalam G, Mohammad S J. 2012. Modeling the budget-constrained dynamic uncapacitated facility location - network design problem and solving it via two efficient heuristics: a case study of healthcare [J]. Mathematical and Computer Modelling, 57:382-400.

Allen J. 1992. Services and the UK space economy: regionalization and economic dislocation[J]. Transactions of the Institute of British Geographers, 17(3): 292-305.

Anderson D, Tyler P, McCallion T. 2005. Developing the rural dimension of business-support policy [J]. Environment and Planning C: Government and Policy, 23(4): 519-536.

Arentze T A, Borgers A W J, Timmermans H J P. 1994. Geographical information systems and the measurement of accessibility in the context of multipurpose travel: a new approach[J]. Geographical Systems, 1: 87-102.

Arthur M. 1990. Victim compensation revisited: efficiency versus equity in the siting of noxious facilities[J]. Journal of Public Economics, 41(2): 211-22.

Barbara. S. 2012. Primary care: an increasingly important contributor to effectiveness, equity, and efficiency of health services[J]. Gaceta Sanitaria, 26(1): 20-26.

Bennett R J, Daniel J G, Bratton W. 1999. The location and concentration of businesses in Britain: business clusters, business services, market coverage and local economic development[J]. Transactions of the Institute of British Geographers, 24(4): 393-420.

Brownlie A D, Prichard M F L. 1963. Professor Fleeming Jenkin, 1833—1885 pioneer in engineering and political economy[J]. Oxford Economic Papers, 15(3): 204-216.

Bryson J R, Daniels P W. 1998. Service Industries in the Global Economy[M]. Cheltenham, UK: Edward Elgar.

Cheol J C. 1998. An equity-efficiency trade-off model for the optimum location of medical care facilities[J]. Socio-Economic Planning Sciences, 32(2):99-112.

Church R L, ReVelle C S. 1974. The maximal covering location problem[J]. Papers of the Regional Science Association, 32: 101-118.

Cingranelli D. 1981. Race, politics and elites: testing alternative models of municipal services distribution[J]. American Journal of Political Science, 25: 665-692.

Coe N M, Townsend A R. 1998. Debunking the myth of localized agglomerations: the development of a regionalized service economy in South-East England[J]. Transactions of the Institute of British Geographers, 23(3): 385-404.

Cox K R, Robert K. 1979. Location and Public Problems: a Political Geography of the Contemporary World[M]. Oxford: Blackwell.

Current J R, Storbeck J E. 1988. Capacitated covering models[J]. Environment and Planning B: Planning and Design, 15(2): 153-163.

Damesick P J. 1986. Service industries, employment and regional development in Britain: a review of recent trends and issues[J]. Transactions of the Institute of British Geographers, 11(2): 212-226.

Daniels P W. 1985. Service Industry: a Geographical Appraisal[M]. New York: Methuen.

Dear M. 1992. Understanding and overcoming the NIMBY syndrome[J]. Journal of the American Planning Association, 58(3): 288 – 300.

Densham P J, Rushton G. 1996. Providing spatial decision support for rural public service facilities that require a minimum workload[J]. Environment and Planning B: Planning and Design, 23 (5): 553 – 574.

Downe J, Martin S. 2007. Inspecting for improvement? Emerging patterns of public service regulation in the UK[J]. Environment and Planning C: Government and Policy, 25(3): 410 – 422.

Eberts D, Randall J E. 1998. Producer services, labor market segmentation and peripheral regions: the case of Saskatchewan[J]. Growth and Change, 29: 401 – 422.

Frost M E, Spence N A. 1995. The rediscovery of accessibility and economic potential: the critical issue of self-potential[J]. Environment and Planning A, 27: 1833 – 1848.

Fujita M, Krugman P, Venables A J. 1999. The Spatial Economy: Cities, Regions, and International Trade[M]. US: The MIT Press.

Gabriel D. 2008. Urban Networks-Network Urbanism[M]. Washington, DC: Island Press.

Geertman S C M, Ritsema V E J R. 1995. GIS and models of accessibility potential: an application in planning[J]. International Journal of Geographical Information Systems, 9: 67 – 80.

Hay A M. 1995. Concepts of equity, fairness and justice in geographical studies[J]. Transactions of the Institute of British Geographer, 20: 500 – 508.

Homeé F E, Shroff T, Gulledge R, et al. 1998. Siting efficiency of long-term health care facilities [J]. Socio-Economic Planning Sciences, 32(1): 25 – 43.

Hsueh S C, Chin H L. 2011. Exploring an integrated method for measuring the relative spatial equity in public facilities in the context of urban parks[J]. Cities, 28(5): 361 – 371.

Illeris S. 1996. The Service Economy: a Geographical Approach[M]. Chichester: John Wiley & Sons.

James R. 1992. Nash-efficient siting of hazardous facilities[J]. Socio-Economic Planning Sciences, 26(3): 191 – 202.

Jean-François V, Mathieu H, et al. 2011. Environmental justice in a French industrial region: are polluting industrial facilities equally distributed[J]. Health & Place, 17(1): 257 – 262.

Jenna P, Andy J, Melvyn H. 2008. Equity of access to physical activity facilities in an English city [J]. Preventive Medicine, 46(4): 303 – 307.

Joao C T, Antornio P A. 2008. A hierarchical location model for public facility planning[J]. European Journal of Operational Research, 185: 92-104.

John F. 1996. A cost-benefit location-allocation model for public facilities: an econometric approach [J]. Geographical Analysis, 28(1): 67 – 92.

John M O, Douglas L A, Andy B A. 1996. A longitudinal analysis of environmental equity in communities with hazardous waste facilities[J]. Social Science Research, 25(2): 125 – 148.

Jones K, Kirby A. 1982. Provision and well being: an agenda for public resources research[J]. Environment and Planning A, 14(4): 297 – 310.

Justo P, Federica R, Andrea S. 2009. Extensive facility location problems on networks with equity measures[J]. Discrete Applied Mathematics, 157(5): 1069 – 1085.

Joseph M S, Don R R, Muris C, et al. 2000. A method for assessing residents' satisfaction with community-based services: a quality-of-life perspective[J]. Social Indicators Research, 49: 279 – 316.

Joseph M S, Tao G, Robert F Y. 2008. How does residents' satisfaction with community services influence quality of life(QOL) outcomes[J]. Social Indicators Research, 3: 81 - 105.

Kinman E L. 1999. Evaluation health service equity at a primary care clinic in Chilimarca Bolivia[J]. Social Science & Medicine, 49(5): 663 - 678.

Kirby A, Knox P, Pinch S. 1983. Development in public provision and urban politics: an overview and agenda[J]. Area, 15(4): 295 - 300.

Kirn T J. 1992. Growth and change in the service sector of the US: a spatial perspective[J]. Annals of the Association of American Geographers, 17(3): 292 - 305.

Ko W T, Yu T H, Yao L C. 2005. An accessibility-based integrated measure of relative spatial equity in urban public facilities[J]. Cities, 22(6): 424 - 435.

Krugman P. 1993. First nature, second nature and metropolitan location[J]. Journal of Regional Science, 133(2): 129 - 144.

Kunzmann K R. 1998. Planning for spatial equity in Europe[J]. International Planning Studies, 3(1): 101 - 121.

Lake R W. 1993. Rethinking NIMBY[J]. Journal of the American Planning Association, 59(1): 87 - 93.

Lessmann C. 2009. Fiscal decentralization and regional disparity: evidence from cross-section and panel data[J]. Environment and Planning A , 41(10): 2455 - 2473.

Marshall N, Wood P. 1995. Service & Space[M]. Harlow UK: Long-Man.

Marshall J N, Hodgson C, Bradley D. 2005. Public sector relocation and regional disparities in Britain[J]. Environment and Planning C: Government and Policy, 23(6): 883 - 906.

McAllister D M. 1976. Equity and efficiency in public facility location[J]. Geographical Analysis, 8: 47 - 63.

Meier K J, Stewart J, Englang R E. 1991. The politics of bureaucratic discretion: educational access as an urban service[J]. American Journal of Political Science, 35: 155 - 177.

Michael T M, David A S. 1994. Equity measurement in facility location analysis: a review and framework[J]. European Journal of Operational Research, 1: 1 - 17.

Miranda R A, Tunyavong I. 1994. Patterned inequality [J]. Urban Affairs Review, 29 (4): 509 - 531.

Mladenka K R, Hill K Q. 1977. The distribution of benefits in an urban environment[J]. Uran Affairs Quarterly, 13: 73 - 94.

Mladenka K R. 1980. The urban bureaucracy and the Chicago political machine: who gets what and the limits to political control[J]. American Political Science Review, 74: 911 - 998.

Mumphreys A J, Seley J E, Wolpert J. 1971. A decision model for locating controversial facilities [J]. Journal of the American Institute of Planners, XXXVII (6): 397 - 402.

Ogryczak W. 2000. Inequality measures and equitable approach to location problems[J]. European Journal of Operational Research, 122: 374 - 391.

Paul M G, Christina R S, Julie L S. 2008. Optimization of community health center locations and service offerings with statistical need estimation[J]. IIE Transaction, 40: 880 - 892.

Pirkul H, Schilliing D A. 1991. The maximal covering location problem with capaciies on total workload[J]. Management Science, 37(2): 233 - 248.

Pooler J A. 1995. The use of spatial separation in the measurement of transportation accessibility [J]. Transportation Research, 29(6): 421 - 427.

Raul P L, Climis A D. 2002. Fair share: siting noxious facilities as a risk distribution game under nontransferable utility[J]. Journal of Environmental Economics and Management, 43(2): 251 - 266.

Richard A N, Ali M K, Steven R L. 2007. Integrating public service and marketing differentiation: an analysis of the American express corporation's charge against hunger promotion program[J]. Service Business, 1: 275-293.

Rieper O, Mayne J. 1998. Evaluation and public service quality[J]. Scaninavian Journal of Social Welfare, 72: 118-125.

Robert L R, Carlos E C, Luis C G, et al. 1991. Primary health services in Ecuador: comparative costs, quality, and equity of care in ministry of health and rural social security facilities[J]. Social Science & Medicine, 32(12): 1327-1336.

Rosemary G. 2004. A Study of Policy and Alternative Dispute Resolution as Related to the New York State Department of Public Service Office of Hearings and Dispute Resolution[D]. New York: State University of New York Empire State College.

Salvador B, Carmen B. 2006. Location public facilities by maforily: stability, consistency and group formation[J]. Games and Economic Behavior, 56: 185-200.

Savas E S. 1978. On equity in providing public services[J]. Management Science, 24(3): 800-808.

Searle G H. 1998. Changes in producer services location, Sydney: globalization, technology and labor[J]. Asia Pacific Viewpoint, 39(2): 237-255.

Sirat M. 1998. Producer services and growth management of a metropolitan region: the case of Kuala Lumper, Malaysia[J]. Asia Pacific Viewpoint, 39(2): 221-235.

Smith D M. 1994. Geography and Social Justice[M]. Oxford: Blackwell.

Sokal R R, Oden N L, Thomaon B A. 1998. Local spatial autocorrelation in biological model[J]. Geographical Analysis, 30(4): 331-354.

Southworth F, Vogt D P, Curlee T R. 2005. Rural transit systems benefits in Tennessee: methodology and an empirical study[J]. Environment and Planning A, 37(5): 861-875.

Sullivan A M. 1985. The pricing of urban services and the spatial distribution of residence[J]. Land Economics, 61(1): 17-25.

Talen E, Anselin L. 1998. Assessing spatial equity: an evaluation of measures of accessibility to public playgrounds[J]. Environment and Planning A, 30: 595-613.

Tammy D, Zvi D, Jeffery G. 2009. Equitable service by a facility: minimizing the gini coefficient[J]. Computers & Operations Research, 36(12): 3240-3246.

Teitz M B. 1968. Toward a theory of public facility location[J]. Papers of the Regional Science Association, 21: 35-51.

Terry L B, Nancy J, Miller R M. 2011. Community amenity measurement for the great fly-over zones[J]. Social Indicators Research, 3: 81-105.

Thill J C, Rushton G. 1992. Demand sensitivity to space-price competition with Manhattan and Euclidean representation of distance[J]. Annals of Operation Research, 40: 381-401.

Walker R M, Li L H. 2006. Institutional reform in the provision of public services in Hong Kong: an efficiency evaluation[J]. Environment and Planning C: Government and Policy, 24(4): 597-614.

Wernerheim C M, Sharpe C A. 2003. High order producer service in metropolitan Canada: how footloose are they[J]. Regional Studies, 37(5): 469-490.

Winston H. 1988. Efficient vs open-access use of public facilities in the long run[J]. Journal of Environmental Economics and Management, 15(4): 462-469.

Wolch J, Dear M. 1993. Malign Neglect: Homelessness in an American City[M]. San Francisco: Jossey-Bass Publishers.

Yang L, Deuse J. 2012. Multiple-attribute decision making for an energy efficient facility layout design[J]. Procedia CIRP, 3: 149 - 154.

Yasushi A, Masahisa F, Jacques F T. 1993. A land capitalization approach to the efficient provision of urban facilities[J]. Regional Science and Urban Economics, 23(4): 487 - 522.

图片来源

图 1-1 源自:笔者绘制

图 1-2 源自:Gabriel D. 2008. Urban Networks-Network Urbanism[M]. Washington D C:Island Press

图 1-3 源自:笔者绘制

图 2-1 源自:笔者绘制

图 2-2 源自:笔者根据《中国统计年鉴 2010》相关数据整理绘制

图 2-3 源自:笔者根据《2010 中国社会统计年鉴》整理绘制

图 2-4 源自:笔者根据历年《江苏统计年鉴》整理绘制

图 2-5 源自:笔者根据历年《中国城市统计年鉴》绘制

图 2-6 源自:笔者根据《2009 江苏文化年鉴》绘制

图 2-7、图 2-8 源自:笔者根据某地级市城市教育设施专项规划整理绘制

图 2-9 源自:笔者根据谷歌(Google)地图、西安搜房网相关资料绘制

图 2-10、图 2-11 源自:笔者根据《南京市城市总体规划成果(2010—2020 年)》中居住用地现状及 Google 地图社区卫生服务中心空间位置绘制

图 2-12 源自:仇保兴.2009.应对机遇与挑战——中国城镇化战略研究主要问题与对策[M].2 版.北京:中国建筑工业出版社

图 2-13 源自:笔者根据历年我国城市化率数据整理绘制

图 3-1 源自:笔者绘制

图 3-2 源自:王兴中.2004.中国城市生活空间结构研究[M].北京:科学出版社

图 4-1 源自:黄欣荣.2011.复杂性科学的方法论研究[M].2 版.重庆:重庆大学出版社

图 4-2 源自:笔者绘制

图 4-3 源自:徐德信.2011.公共经济学[M].合肥:中国科学技术大学出版社

图 4-4、图 4-5 源自:笔者绘制

图 5-1 至图 5-9 源自:笔者绘制

图 5-10 源自:黄欣荣.2011.复杂性科学的方法论研究[M].2 版.重庆:重庆大学出版社

图 5-11 源自:笔者绘制

图 6-1 源自:《南京市城市总体规划成果(2010—2020 年)》相关内容

图 6-2 源自:笔者绘制

图 6-3、图 6-4 源自:《南京市教育设施布局规划》相关内容

图 6-5 至图 6-25 源自:笔者绘制

图 6-26 源自:2011 年东南大学暑期本科生公共服务调研报告

图 6-27 至图 6-61 源自:笔者绘制

图 7-1 至图 7-8 源自:笔者绘制

表格来源

表 1-1 源自:笔者参照《城市居住区规划设计规范》(GB 50180—93)(2002 年版)整理绘制

表 1-2 源自:笔者绘制

表 2-1 至表 2-3 源自:笔者根据《中国统计年鉴 2010》相关数据整理绘制

表 2-4 源自:笔者绘制

表 2-5、表 2-6 源自:笔者根据全国及各大城市公共服务配套标准整理绘制

表 2-7 源自:谢晖.2010.基于公共产品视角的开发区与城市整合机制研究——以长江三角洲地区为例[D].[硕士学位论文].南京:东南大学

表 2-8、表 2-9 源自:笔者根据面上调研情况总结绘制

表 3-1 源自:王海文.2010.服务业地理空间研究进展与文献评述[J].地理科学进展,2(29):·199-206

表 3-2 源自:笔者根据 Michael T M, David A S. 1994. Equity measurement in facility location analysis: a review and framework[J]. European Journal of Operational Research,1:1-17

表 4-1、表 4-2 源自:黄欣荣,2011.复杂性科学的方法论研究[M].2 版.重庆大学出版社

表 4-3 源自:郑谦.2012.公共物品"多中心"供给研究——基于公共性价值实现的分析视角[M].北京:北京大学出版社

表 4-4 源自:笔者绘制

表 5-1 源自:笔者绘制

表 5-2 源自:中央编办、教育部、财政部《关于制定中小学教职工编制标准的意见》相关内容

表 5-3 源自:笔者根据南京市中心城区四大行政区教育与医疗设施的问卷调研数据整理绘制

表 5-4 源自:笔者根据南京市边缘区栖霞区教育与医疗设施的问卷调研数据整理绘制

表 5-5 源自:笔者根据南京市江宁开发区教育与医疗设施的问卷调研数据整理绘制

表 5-6 源自:笔者绘制

表 6-1 源自:笔者绘制

表 6-2、表 6-3 源自:《江苏省统计年鉴 2009》

表 6-4 至表 6-15 源自:笔者绘制

表 6-16 源自:笔者根据《南京市教育设施布局规划》整理绘制

表 6-17 源自:笔者绘制

表 7-1 至表 7-3 源自:笔者绘制

后记

　　本书是在我博士论文的基础上修改完成的。回想自己硕士、博士五年的时间，依然能够清晰地记得自己选择攻读博士学位时的欣喜与激动。博士论文的完成所经历的一切，让我充分体会到学术研究这条道路的艰辛与压力。基本公共服务这一研究课题起始于我的本科毕业论文，而与课题相关的调研、一系列研究专题到本书的撰写以及最后的完善与修改几乎贯穿了我硕士、博士生涯。本书的完成是对我这五年学习的总结，也是我学生生涯所提交的最后一份成绩单。在攻读博士学位的过程中，我虽有过彷徨、有过挫折，但也时时因为自己研究的小成果而欣喜若狂。五年来在导师的言传身教下，在师门团队的磨炼中，我慢慢体会着自己的成长，我庆幸自己能够在南京大学和东南大学这两所高校中度过自己青春中最重要的时光。毕业在即，喜悦与深深的感激之情油然而生。

　　首先要向五年来给予我悉心指导和关怀的导师王兴平教授表示深深的感谢。导师严谨的治学风格、渊博的学术知识、敬业的学术态度让我受益匪浅，这些优良的品质不仅是我能够完成本书的重要支撑，也是我未来在教师岗位上继续进行学术研究的重要财富。本书从选题、研究思路的形成、调研计划的安排，到具体的撰写过程始终得到导师的鼓励和悉心的指导。在博士期间导师尽一切可能安排相关的研究课题为本书一手资料的获取和思路的完善提供有力的支撑，并时刻关注本书的撰写情况，不厌其烦地与我探讨本书的思路并在我感到无助和松懈的时候给予及时的鼓励和敦促。本书最终得以完成，与导师的心血密不可分。除此之外，在生活上，导师对我们亦是关怀备切，节日的聚会，假期的嘱托，出行的关心，都让我这个在外求学的学子感到家庭般的问候和父母般的关切。

　　感谢南京大学的张京祥老师、祁毅老师，东南大学的杨俊宴老师、管驰明老师、刘博敏老师、孙世界老师、李百浩老师在本书撰写与修改过程中所提出的宝贵意见，这些意见对于我拓展研究视野、完善本书的结构与思路、推敲本书细节都起到了至关重要的作用。同时也感谢在调研过程中走访和访谈过的各相关部门人员的无私帮助，包括南京市发展和改革委员会发展规划处洪处长、曹处长、陶科长，南京市玄武区、江宁区、六合区、栖霞区以及溧水区（县）等社会事业相关部门的负责人员。他们所提供的宝贵资料以及对基本公共服务这一话题的真知灼见为本书的写作提供了强有力的支撑，也对本书思路的形成产生了重要影响。

　　感谢东南大学出版社徐步政老师和孙惠玉编辑对本书的策划和在书稿的修改完善方面给予的无私帮助。

　　感谢赵虎师兄、涂志华师兄、许景师姐、谢晖师姐、戎一翎同学、袁新国同学、陈浩同学在本书撰写过程中给予的宝贵意见；感谢朱凯、蒋瑞明、吕冬敏、李蔚然、李迎成、张一凡、丛喜静、张译丹、金亦晨、朱秋诗、沈思思等师弟师妹在本书调研以及数据处理过程中的无私奉献和帮助；感谢朱秋诗师妹在定量分析模型构建过程中提供的指导与帮助；感谢东南大学建筑学院几年来曾参与相关问卷发放的本科生同学；感谢室友许佩佩在读博期间的关心和支持。

感谢我的父母一直以来对我无私的关爱和学业的支持，不管我身在哪里，你们永远是我学习、生活最为恒久的动力源泉。感谢我的丈夫张建召在我硕士、博士五年的时间中对我学术研究的支持、鼓励与帮助，他是我能够顺利完成博士学业的重要支持！感谢所有那些在我人生道路上关心我、鼓励我并支持我的人，谢谢！

胡　畔

2014 年 5 月于东南大学